WO DE LUJU RENSHENG
——DING YULAN KOUSHUSHI

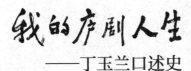

——丁玉兰口述史

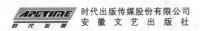

时代出版传媒股份有限公司
安徽文艺出版社

丁玉兰口述　段金萍采写　整理

丁玉兰，1931年生，安徽肥东人，著名庐剧表演艺术家，国家一级演员，国家级非物质文化遗产代表性传承人，现任合肥市演艺集团庐剧院名誉团长。丁玉兰8岁登台演出，12岁正式拜师学艺，主攻青衣、花旦。新中国成立前曾在皖中一带流动演出，深受群众喜爱。1949年加入合肥平民剧社。新中国成立后，历任皖北地方戏实验剧场、安徽省庐剧团、合肥市庐剧团主要演员，1981年任合肥市庐剧团副团长。退休后，在老年大学教庐剧，并组建玉兰庐剧艺术团，为传承庐剧而奋斗。丁玉兰戏路广，由其参演的剧目大概有近150出，其中犹以《借罗衣》《小辞店》《休丁香》《秦雪梅》《秦香莲》《双丝带》《双锁柜》《江姐》等最为拿手。曾受到毛泽东、周恩来等党和国家领导人多次接见。曾当选为全国第三、四次文代会代表，数次当选省、市人大代表、政协委员及常委。曾任安徽省文联委员，剧协常务理事，合肥市剧协副主席。享国务院特殊津贴。

段金萍，1983年生，山东临沂人，南京大学历史学硕士，现为安徽省社会科学院当代安徽研究所助理研究员，主要研究方向为中国近现代经济史、安徽当代史。近年来参与或主持国家、省、市级课题5项，参与编写了《安徽通史·新中国卷》《安徽历史》《中国历史读本》《合肥通史·当代卷》等著作，在省级以上期刊上发表论文10余篇。

合肥市人民政府资助项目

WO DE LUJU RENSHENG
——DING YULAN KOUSHUSHI

我的庐剧人生

——丁玉兰口述史

丁玉兰口述　段金萍采写 整理

ARTTIME
时代出版

时代出版传媒股份有限公司
安徽文艺出版社

图书在版编目（ＣＩＰ）数据

我的庐剧人生：丁玉兰口述史/丁玉兰口述；段金萍
采写整理.—合肥：安徽文艺出版社,2018.3（2024.2重印）
ISBN 978-7-5396-6271-8

Ⅰ.①我… Ⅱ.①丁… ②段… Ⅲ.①丁玉兰－传记
Ⅳ.①K825.78

中国版本图书馆 CIP 数据核字(2017)第 285750 号

出 版 人：姚 巍
责任编辑：朱寒冬　　胡 莉　　　　装帧设计：张诚鑫

出版发行：安徽文艺出版社　　www.awpub.com
地　　址：合肥市翡翠路 1118 号　　邮政编码：230071
营 销 部：(0551)63533889
印　　制：山东百润本色印刷有限公司　　(0635)3962683

开本：710×1010　1/16　印张：18.25　字数：300 千字
版次：2018 年 3 月第 1 版
印次：2024 年 2 月第 2 次印刷
定价：69.80 元

序　言

　　如果说融合了多种地方戏曲精华而成的京剧是中国的国粹,那么诸多根植于当地文化土壤的地方戏曲则是当地文化的代表。庐剧就是流行于合肥方言区及其周边地区的一个颇有影响的地方剧种。合肥,历史上的某些阶段曾称庐州,庐剧因此而得名。合肥有着五千多年的文明史,有着两千多年的城市史,《史记》《汉书》对合肥皆有记载,并称合肥为南北货物输会之所在,《汉书》更将合肥与寿春合在一起,列为当时全国八大都会之一。合肥历来处于中国经济、文化的连贯东西、融汇南北的重要节点上,为中华文明的产生、发展、丰富做出了重要贡献。正是因为合肥有着深厚的文化积淀并深得文化交流之利,庐剧才得以应运而生并广泛流传,成为合肥历史文化的重要体现之一。

　　每个剧种在不同时期都有代表性的领军人物,丁玉兰就是20世纪50年代以来庐剧的代表人物。在中共合肥市委、市人民政府领导的支持鼓励下,在丁玉兰先生和各位专家、学者的共同努力下,《我的庐剧人生——丁玉兰口述史》终于付梓出版。这是合肥文化事业发展史上一件可喜可贺的事情。

丁玉兰,著名庐剧表演艺术家,安徽庐剧艺术的名片和标志性人物,为庐剧的传承、创新和发展做出了杰出的、无与伦比的贡献,被誉为庐剧艺术"皇后"。特别是在20世纪50年代和20世纪60年代,丁玉兰的庐剧艺术传遍了江淮大地,家喻户晓,为万千百姓奉献视听大餐,丰富着人们的文化生活。丁玉兰的庐剧甚至唱到了北京城,唱到了中南海,毛泽东、周恩来等老一辈党和国家领导人都曾不止一次观看过她的精湛表演,并给予鼓励和赞许。如今已至耄耋之年的丁玉兰仍然活跃在庐剧艺术舞台和庐剧艺术传承与传播的事业中,她是为庐剧艺术而不断进取、不断追求、不断升华的人。正是因为以丁玉兰为代表的一批艺术家持之以恒地追求、探索和创新,庐剧艺术才能由小到大,由粗归精,由简及繁,由信马由缰到有序、按章地发展起来,成为合肥地区乃至江淮、皖中地区的代表性戏曲艺术,成为具有合肥地方文化特色的戏曲剧种,甚至成为合肥地方文化的重要表征之一。

一个地区、一座城市,能够拥有自己独特的戏曲剧种,这在全国并不鲜见,却也并非每城皆有。有此,当是令这座城市的人们十分惬意而又引以为豪的事,也彰显着这座城市的文化标识。因为,它映衬出这座城市的悠久历史,更揭示出这座城市深厚的文化积淀。合肥,恰是这样一座令人神往、让人钦佩的城市。庐剧成了合肥这座城市的文化韵味。

当今时代,伴随着科技的日新月异,各式各样的文化艺术传播媒介层出不穷,人们汲取文化艺术营养的途径、方式和手段更加丰富、便捷,作为传统戏曲艺术的庐剧,无论在传播方式、手段等方面,还是在受众面上,都不可避免地呈现出冷落的状况。但是,文化是一座城市无法抹去的遗传基因,与城相伴,直到永远。所以,作为长期植根于民间的传统地方戏曲,庐剧在新时代的历练过程中,创新发展,一定会走出一片新天地。对此,我们每个合肥人都满怀信心!2016 年,传统庐剧剧目《秦雪梅》登上了中央电视台新年戏曲晚会,再一次续写着合肥地方文化艺术的辉煌。

合肥,是正在建设中的长三角世界级城市群副中心城市,是"大湖名城,创新高地"的梦想所在。当今的合肥,正处在由文化大市向文化强市转型发展的时期。打造凸显地方特色的文化精品,大力开展庐剧振兴工程,是合肥文化转型发展的重要举措。新编大型庐剧《东门破》,入选第二届安徽文化惠民"精品大戏",新版庐剧《孔雀东南飞之焦仲卿妻》走出合肥、走出安徽,赴上海、武汉、绍兴等地巡回演出,传播了庐剧艺术,也传播着合肥地方特色文化。今天,庐剧艺术正在以不断创新的勇气,承接着文化传播和文化繁荣的重任,成为合肥由文化大市向文化强市转型发展过程中的一支日益强大的力量。

我们相信,庐剧艺术大师丁玉兰和更多的中青年庐剧艺术家,一定会按照党的十九大"要繁荣文艺创作,坚持思想精深、艺术精湛、制作精良相统一,加强现实题材创作,不断推出讴歌党、讴歌祖国、讴歌人民、讴歌英雄的精品力作"的号召,不忘初心,继续前行,为繁荣社会主义文艺事业做出更多的贡献。

陆勤毅

2017 年 11 月

农历丁酉年秋收时节

目　录
Contents

序　言/陆勤毅 ……………………………………………… 001

第一章　苦难童年与庐剧结缘 ……………………………… 001

家庭与出生 …………………………………………………… 003

寄人篱下的童年生活 ………………………………………… 007

芦店谋生失败 ………………………………………………… 009

害眼疾 ………………………………………………………… 010

远走他乡讨饭 ………………………………………………… 012

父亲惨死 ……………………………………………………… 014

娘仨相依为命 ………………………………………………… 016

偶遇丁家班 …………………………………………………… 017

卖艺乞讨 ……………………………………………………… 019

随丁家班四处漂泊 …………………………………………… 020

第一次登台演出 ……………………………………………… 022

各种艺名由来 ………………………………………………… 025

丁家班演出概况 ……………………………………………… 026

备受欺侮 ……………………………………………………… 028

险遭刺脸 ……………………………………………………… 029

唱砸（讨）彩戏、唱赌戏 …………………………………… 031

和弟弟同台演出 …………………………………………… 032

启蒙师傅去世 ……………………………………………… 033

得伤寒　差点丧命 ………………………………………… 036

偷戏 ………………………………………………………… 038

和费家班合班演出 ………………………………………… 040

拜师傅 ……………………………………………………… 043

正式学艺唱戏 ……………………………………………… 045

遇到新四军 ………………………………………………… 048

成为皖中名角 ……………………………………………… 050

遭遇抢婚 …………………………………………………… 052

我的初恋 …………………………………………………… 054

被逼结婚 …………………………………………………… 055

我的第一个孩子夭折 ……………………………………… 057

第二章　艺术新生及辉煌 ………………………………… 059

加入合肥平民剧社 ………………………………………… 061

起名丁玉兰 ………………………………………………… 062

一炮打响 …………………………………………………… 064

人红遭嫉 …………………………………………………… 066

政府接收平民剧社 ………………………………………… 067

第一次电台录音 …………………………………………… 070

赴上海观摩学习 …………………………………………… 071

参加艺人训练班 …………………………………………… 073

无缘参演移植剧《梁祝》 ………………………………… 075

参演新戏《宝莲灯》 ……………………………………… 077

苦学文化　苦练功夫 ……………………………… 078

塑造"二嫂子"形象 ……………………………… 080

参加华东会演 …………………………………… 086

《借罗衣》大获成功 ……………………………… 088

排演《玉簪记》 …………………………………… 089

参加安徽省第一届戏曲观摩演出大会 ………… 092

塑造"丁香"形象 ………………………………… 094

赴京演出 ………………………………………… 098

在北京的首场演出 ……………………………… 098

《休丁香》在京演出大获成功 …………………… 100

周总理邀请我参加国宴　见到毛主席 ………… 101

在天安门观礼台上 ……………………………… 104

在怀仁堂演出　再次见到毛主席、周总理 …… 105

领导对庐剧的关爱与支持 ……………………… 108

拜访梅兰芳 ……………………………………… 110

周总理留我医治眼睛 …………………………… 111

被誉为"庐剧玉兰花" …………………………… 113

我是一名党员了 ………………………………… 114

"永远跟着共产党" ……………………………… 115

坚决不演坏戏 …………………………………… 117

排演《牛郎织女笑开颜》 ………………………… 119

为毛主席、周总理和中央领导演出 …………… 121

第一次拍电影 …………………………………… 124

上山下矿下乡巡回演出 ………………………… 127

反串小生 ………………………………………… 128

主演《双锁柜》 ……………………………………………… 130

赴福建前线慰问演出 ……………………………………… 131

参加全国第三次文代会 …………………………………… 132

教学生　带徒弟 …………………………………………… 133

谈庐剧的发声和嗓子的运用 ……………………………… 135

整理改编《秦雪梅》 ……………………………………… 138

抱病演出 …………………………………………………… 139

宴请梅兰芳 ………………………………………………… 141

挖掘整理传统剧目 ………………………………………… 143

张治中扶持和关心庐剧的发展 …………………………… 144

大演现代戏 ………………………………………………… 146

参加"四清"运动 ………………………………………… 147

第三章　"文化大革命"中的苦难遭遇 …………… 149

遭批斗 ……………………………………………………… 150

关牛棚 ……………………………………………………… 153

靠边站 ……………………………………………………… 155

大病一场 …………………………………………………… 156

"文革"期间当老师 ……………………………………… 157

不断提高演唱质量　保护演员声带健康 ………………… 158

难忘的 1976 年 …………………………………………… 162

第四章　艺术生涯再次辉煌 ……………………… 163

恢复演出 …………………………………………………… 164

庐剧像盘咸鸭子,越嚼越有味 …………………………… 167

演革命现代戏《江姐》 …………………………………… 168

恢复排演《秦香莲》 …………………………………… 170

参加全国第四次文代会 ………………………………… 173

关心民间剧团成长 ……………………………………… 174

重新整理《秦雪梅》 …………………………………… 175

上山下乡演出 …………………………………………… 177

出任合肥市庐剧团副团长 ……………………………… 179

母亲去世 ………………………………………………… 180

整理改编《小辞店》 …………………………………… 182

我的唱腔的形成 ………………………………………… 185

我的表演技巧及唱腔特征 ……………………………… 186

我的婚姻 ………………………………………………… 189

我的孩子们 ……………………………………………… 193

我的老舅 ………………………………………………… 195

第五章　为传承庐剧艺术而努力 …………………… 197

我的徒弟们 ……………………………………………… 198

希望在青年一代 ………………………………………… 200

既要练唱又要练气 ……………………………………… 202

训练也要劳逸结合 ……………………………………… 204

拍电视艺术片《双锁柜》 ……………………………… 205

甘为人梯做园丁 ………………………………………… 207

业余辅导 ………………………………………………… 209

庐剧兴衰之我见 ………………………………………… 211

1991年赈灾演出 ………………………………………… 214

争取庐剧招生名额 ……………………………………… 215

为合肥小戏院而奔波 …………………………………… 217

在老年大学任教 ···················· 218

老年大学庐剧专业教学浅谈 ·············· 220

组建合肥玉兰庐剧艺术团 ··············· 227

被评为国家级非物质文化遗产传承人 ········· 230

荣获德艺双馨终身成就奖 ··············· 233

排演新编庐剧《庆寿》 ················· 234

给玉兰剧团全体党员讲党课 ············· 235

我现在的生活 ···················· 240

附录一 我眼中的丁玉兰 ··············· 243

附录二 丁玉兰大事记 ················ 257

附录三 丁玉兰演出剧目 ··············· 273

附录四 "庐剧皇后"丁玉兰 ·············· 279

后 记/沈葵 ····················· 281

第一章　苦难童年与庐剧结缘

1930 至 1949 年的中国,处于苦难、贫穷、战乱与动荡之中。外敌入侵,国家面临灭亡之灾;内战不断,社会无有和平;经济落后,人民生活处于水深火热中。20 年间,落后与停滞始终困扰着亿万中国人。泱泱华夏,无论天南地北,无论山河水湖,人民看不到生活的希望,前途迷茫。国家深陷苦难的泥潭,难以自拔。

肥东县,位于安徽中部的江淮地区,紧邻省会合肥市的东边,因此得名,亦称合肥东乡。1949 年前的肥东,其贫穷与落后不言而喻,尤其在农村地区,许多人因为吃不饱饭而外出逃荒要饭。人们的生活状况,可见一斑。

1931 年农历八月十六日,丁玉兰出生在肥东的一个贫困农民家庭中。由于家境贫寒,父亲又身患残疾,丁玉兰和弟弟从小就被迫跟随母亲,过着衣不遮体、食不果腹、浪迹四方的乞讨生活。1938 年 10 月,日军侵占肥东梁园镇,丁玉兰的父亲惨遭杀害。走投无路之际,丁玉兰娘仨被唱倒七戏的班社丁家班收留。

在旧社会,唱小戏的艺人备受歧视,被蔑称为"戏子",属于三教九流之列的下等人,没有社会地位,被世人瞧不起。有些艺人因唱小戏被抓去游街、坐牢、顶芦席枷、绑在木桩上暴晒,有的甚至被毁容,无法再登台演出。班社规模小,大多不超过十个人,多在山乡集镇演出。戏班生存异常艰难,演员多为贫穷的乡村农民或小手工业者。班社多数是在农村、乡镇流动演出的"三打七唱"①的草台班子。他们行头破旧且少得可怜,道具、灯光更谈不上,没有演出舞台,靠临时搭的草台或干脆就在空旷一些的平地上演唱。戏班四处流浪,风餐露宿,

---

① "三打七唱":三打就是乐队只有大锣、小锣、鼓三样乐器;七唱就是只有七个演员,一人兼演几个角色,能凑合着演一台大戏。

每走一个码头,还要受当地官府、黑恶势力的刁难、盘剥和欺压,他们无力反抗,要么忍气吞声,要么逃走。戏班收入低微,生活艰难,艺人们穿旧衣、住破庙、滚稻草,肚子饱一顿饥一顿,形同乞丐。衣难遮体、食不充饥、住在破庙、行动受拘是当时艺人生活的真实写照。

庐剧,原名"倒七戏",俗称"小倒戏",是安徽省地方戏主要剧种之一,曾流行于淮河南北和长江两岸及大别山部分地区。倒七戏的形成年代,向无史料可供稽考。① 据老艺人相传,在太平天国时期,已有职业性的班社流动演出。早期的倒七戏,无论是剧目内容,还是表演艺术形式,都还比较粗糙,有些还有一些粗俗的甚至打情骂俏的色情成分。在解放前,倒七戏受到统治阶级的蔑视与压制,发展较为缓慢。清朝和民国政府都有"淫娼倒七,窝藏匪类,应按律治罪"的告示。倒七戏虽屡遭官府的诟病与歧视,却深受老百姓的欢迎。每逢农闲、四时八节或佳辰节令,或祝寿、得子、禁山、做谱等,老百姓常请倒七戏班社前来助兴,或在祠堂演出,或在晒场演出,或在田间溪头临时搭台,剧目因地因景而异,经费或由族、宗祠开支,或由主持者向村民筹集。在农忙劳动的间隙,百姓也爱唱几段倒七戏自娱自乐,以调节劳动气氛、消除劳动疲劳。清末民初,一些专业的倒七戏班社和当时逐渐衰落的徽班,以庙会、青苗等香火戏的形式合班演出(人们称之"四平带折班","四平"指徽调,"折"指倒七戏的折子戏、小戏②)。通过较长时间的合作,倒七戏在剧目、表演艺术等方面受到徽剧较大的影响,加快了发展速度。到20世纪20年代,倒七戏已经遍布合肥周边,成为这一带乡镇民众最喜爱的当家小戏。民间小戏班大量涌现,仅肥东一地就有不下十余家戏班,其中名声较大、演出活跃的有费家班、吕家班、丁家班以及王凤山戏班等。

在丁家班里,丁玉兰耳濡目染,从此与倒七戏结下了不解之缘。她8岁开

---

① 长期以来,由于官府禁止演出,倒七戏艺人只能在乡村活动,在偏远的山乡演出,由群众自发组织演唱。倒七戏属于乡村土戏,上层人士不屑一顾,且多方刁难,以致方志不载,名人专著亦从不道及。加之庐剧老艺人基本上都是文盲,剧目、唱腔全是口授,没有任何文字记载庐剧起源的年代。

② 在"四平带折班",一般先演徽剧,后演倒七戏,形成"大戏头小戏尾"。20世纪30年代初,有些倒七戏班社和少数艺人开始进入芜湖、合肥等城市,又和京剧合班演出,称为"乱弹班"。

始学艺、演出,12岁拜京剧、倒七戏兼通的郭士龙为师,专攻花旦和青衣。她凭借自己的聪明伶俐和勤奋好学,加之嗓音甜润,唱戏认真,很快成为戏班里的主要演员,拿手戏有《小辞店》《秦雪梅》《闯帘》《送香茶》《休丁香》等十多个剧目。16岁时,丁玉兰已在皖中一带声名鹊起。

年轻的丁玉兰虽已享有一定声名,但仍过着颠沛流离、受人欺辱、艰难困苦的生活。她常常为生活所迫,从日落唱到日出,有时,地主豪绅们还指名丁玉兰加演,稍不如意就会加以种种刁难,甚至迫害。加之当时社会动荡不安,一些恶霸、地痞流氓作威作福,艺人特别是女艺人经常遭受欺压和侮辱,整天过着提心吊胆的日子。艺人们虽拼命唱戏,但仍难以糊口,直到新中国成立前夕,仍处在饥寒交迫的生死线上。

家庭与出生

我是在外奶奶(即外婆)家出生的,也是在外奶奶家长大的,所以提起童年,首先想到的就是外奶奶。外奶奶家在肥东草庙集武集户村,这个村子大概有30多户人家,全都姓武。外奶奶家里很穷,主要靠租种地主家的田地来维持生活,住的房子是自己用泥巴盖起来的低矮的土房子,里面又黑又暗。当时租种地主家的田地,是要交地租的。每年的收获量,除去缴纳的地租外,只剩下很少的一部分了,仅能维持最低生活。外奶奶同当时的大多数农村妇女一样,没有正式的名字,因姓李,大家就叫她李氏。外奶奶为人善良,记忆中的她穿一件镶绲白边的黑褂子,头发梳得亮亮的,看上去清爽、利索。我出生时,外公武正尧已经去世了。听外奶奶讲,外公是个特别善良的人,与左右邻居都相处得非常融洽。农忙时,外公在田里耕田犁地、除草收割;农闲时,外公用扁担挑着两个筐子,经常到附近的窑厂,贩一些当时老百姓家常用的陶器来卖,赚些小钱买点油盐以贴补家用。由于常年辛苦劳累,外公的身体一天天衰老了。有一次,外公因过于劳累,打起瞌睡来,不幸被一只疯猫抓到了手,得了破伤风。当时农村医疗条件差,得了破伤风这种病无力医治且也无处求医,唯有自生自灭,结果不到三天,外公就去世了。

外公去世后,养家糊口的重担子,就全部落到外奶奶一个人的肩上。妈妈武子芳是家里的老大,大舅武子玉从小体弱多病,经常咳嗽,不能干农活,二舅武子银和小老舅①武子维又太小,妈妈就主动帮外奶奶分担一些家务,并下地干活,什么犁田打耙、割草收种等粗活、累活妈妈都会做,渐渐成了外婆的得力助手。

我爸爸叫杨永才,家在堂庄子,距离武集户村有数十里。爸爸妈妈很小的时候,就由双方父母给他们定下了箩窝亲(即娃娃亲)。爸爸的家境比妈妈家稍好一些,小时候在私塾读过几年书,他也是家里的老大,下面还有个妹妹和弟弟。在他十几岁的那年夏天,肥东草庙集一带连降暴雨,堂庄子的不少路面都被大水淹没了。爸爸家门口有个长满蘼草的池塘,大水漫进来之后,塘和路连成一片,分不清了。爸爸放学回家时,因看不清路,不小心滑到了家门口的蘼草池中,结果被毒蛇咬伤,落下了终生未愈的残疾。从此以后,爸爸就得了一种病,疾病发作时,晕倒在地不省人事,浑身抽搐,口吐白沫。不犯病的时候,如同正常人一般,只是一只手有些抖,一条腿走路时有些瘸。从此,爸爸丧失了劳动力,不能下地干农活了。

爸爸妈妈二十几岁的时候,双方父母按照当地风俗给他们举办了婚礼。按照肥东一带的风俗,迎亲时,男方要发两顶轿子到女方家,一顶红色的大轿子、一顶青色的小轿子。去女方家迎亲的路上,新郎坐大轿,媒人乘小轿,迎娶回男方家时,则新娘坐大轿,新郎乘小轿。偏偏不巧的是,成亲那天,爸爸突然犯病了,躺在地上浑身抽搐,不省人事,但婚期又不能临时变动,这可怎么办呢? 杨家的叔伯兄弟只好用麻绳将爸爸捆绑起来,塞进红色大轿子里,抬到武集户村去迎亲。

当轿子抬到武集户村时,立刻引来周围群众的围观。轿子停在外奶奶家门口时,围观的群众立刻拥上前来,大家想看看新郎官长的啥样子。杨家人担心爸爸的疯样子被乡亲们看见引起笑话,就连忙打躬作揖,劝说大家不要围观,都先回去,并说下次回门时,一定登门拜访。但不知情的群众怎肯离去? 无奈,杨家人只好硬着头皮将轿门帘子打开。结果,爸爸一头从轿子里跌了出来,栽倒

---

① 小老舅:又称老舅。合肥方言,合肥地区习惯上的称谓,即小舅,母亲最小的弟弟。

在地,口吐白沫,浑身颤抖。杨家、武家人见状,连忙解开捆在他身上的绳子,把爸爸搀进了屋里。看热闹的群众看到这种情况,有的震惊,有的叹息,大家纷纷说:"这么排场①的姑娘,怎么就嫁了个疯子?"

爸爸被扶进屋后,大家打来温开水,把他的手、脸都洗干净。等他恢复正常后,来跪拜岳母、长辈。外奶奶见大喜的日子女婿却疯疯癫癫,心里难过,觉得对不住女儿,不由得伤心地哭了起来。

对眼下发生的这一切,妈妈一无所知。在这之前,她从未见过爸爸,只是隐约听说,丈夫有些傻。但这又算什么呢? 在那个时代,父母之命、媒妁之言,已定过的亲,是不许反悔的。

妈妈结婚后,外奶奶家里就少了一个整劳动力了。田里的活就落到外奶奶和我两个舅舅的身上。大舅因身体不好,不能下田种地,就学了门手艺,在离家两里路远的芦店街上开了个裁缝店,但他只会缝不会裁,因此只能接些简单的裁缝活。但外奶奶渐渐老了,干不动了,二舅、老舅还小,也干不了多少农活。对此,妈妈总是放心不下,她说:"我是家里的老大,父亲不在了,弟弟们还小,我要回娘家帮他们耕田耙地,不然妈妈、弟弟们会收不到粮食,没有饭吃。"于是,婚后,妈妈在杨家住的时间少,在娘家待的时间多。爸爸因不能下田劳动,就经常一个人到外面去讨饭。

婚后不久,妈妈怀孕了,但她仍是婆家、娘家两边跑。妈妈临产时,正巧在外奶奶家。按照肥东当地的风俗,出嫁的女儿不能在娘家生孩子。于是,外奶奶赶紧护送妈妈回她自己家。结果,走到半路上,孩子就出生了,所以起名叫小路子。但小路子生下来没几天,就得了七天风病,死掉了。不久,我的爷爷奶奶家因意外被一场大火烧光,爷爷奶奶在大火中被烧死,我的叔叔和姑姑因在田里干活而幸免于难。一场大火,害得家破人亡。自此以后,我的叔叔和姑姑去了南京,在一个菜园里帮人家种菜,从此与我们失去了联系。爸爸仍常年在外讨饭,妈妈则搬到外奶奶家住。

按照肥东当地的风俗,嫁出去的女儿回到娘家是不能与丈夫住在一起的。

---

① 排场:合肥方言,意思是漂亮。

但爸爸家已被大火烧光,无处可住,总不能让爸爸一直在外露宿吧。为了让爸爸妈妈有个家,外奶奶就隔出半间房子给爸爸妈妈住。从此,妈妈就一心在娘家种田;爸爸仍早出晚归,白天出去讨饭,晚上回武集户来住。

不久,妈妈怀上了我。当我快要出生的时候,外奶奶却发愁了。都说出嫁的女儿不能在娘家坐月子,否则会给娘家带来不吉。但杨家已经被大火烧光了,让她到哪里去呢?左思右想,外奶奶终于想起家门口有个鸭棚,正好空着没用。于是她就把棚子打扫干净,铺上厚厚的一层稻草,然后在上面放上被子,临时产房就准备好了。妈妈临产时,就搬进了鸭棚里。

爸爸虽然身有残疾,不能干重活,但心里一直想为家里多做一些事。他知道妈妈快要临产了,每天都早早地出门,希望能够在外面多讨些东西,给妻子补补,还想给即将出生的孩子带点东西回来。

1931 年 9 月 27 日(即农历八月十六日)凌晨,我在外奶奶家的鸭棚里出生了。当时爸爸外出讨饭还未回来。外奶奶和妈妈生怕他在半路上犯了病,都在家里焦急等待着。天快亮的时候,爸爸终于回来,见到刚出生的孩子,高兴得不得了,连忙把讨回来的两根油条和两块小碎布递给了妈妈。妈妈埋怨他说:"怎么回来这么晚?"爸爸回答说:"想为你和孩子讨些有用的东西,我在梁园镇磕了好多头,求好心人帮忙,这次总算讨了些有用的东西回来。这块小花布,就是好心的布店老板听说你要生了,就把这剩下的零头布送给了我,给孩子做件衣服。"

妈妈对外奶奶说:"妈,丫头还没有名字呢,您给孩子起个名字吧。"

外奶奶说:"让孩子爸爸给起吧。"

爸爸却推辞说:"还是您老给起的好。"

于是外奶奶稍加思考,说:"伢子是在草棚里出生的,就叫棚姐吧。"

这时小老舅在一旁说:"棚姐不赞(音 zán)①,棚子边正好有棵梅花树,我觉得叫小梅姐比较赞。"

外奶奶和小老舅各执一词,都说自己起的名字好。爸爸在一旁说:"我看就叫小姐子吧。"

---

① 赞:合肥方言,好、棒、美、可爱的意思。

就这样，我一出生，就有了三个名字：棚姐、小梅姐、小姐子。

寄人篱下的童年生活

我出生后，妈妈带着我依然住在外奶奶家。不久，大舅和二舅都相继成家了。大舅虽然身体不太好，但长得高大帅气，所以找了个家境还不错的媳妇。大舅妈张氏长得小巧玲珑的，很漂亮。大舅成家后，在大舅妈娘家的帮助下，在芦店街上租房子开了家小饭店，大舅偶尔也接些裁缝活儿。二舅比较老实，会修房子、支灶台等手艺活。二舅妈叫李享兰，比较老实贤惠。起初，我们和舅舅们一起生活，没有分家，吃饭时在一起，但分开住。

我3岁多的时候，弟弟出生了，他也是在外奶奶家出生的，所以小名叫小外子。慢慢地，小外子也1岁多了，家里又多了一张吃饭的嘴。俗话说："穷怕亲戚富怕贼。"外奶奶和舅舅们可怜、同情我们，没什么好说的，但舅妈就有意见了，经常冷嘲热讽，在背地里嘀咕。后来发生了一件事，我们就与舅舅们分开，另起炉灶了。

那是1936年秋天，我5岁了，弟弟也2岁了。那时生活条件苦，物资匮乏，没有什么零食之类的东西，所以小孩子都特别馋。看着外奶奶家的院子里那棵大枣树上结满了红彤彤的枣子，我和弟弟都特别想吃。在我们的一再央求下，妈妈找来竹竿打了几个枣子下来。这事正好被大舅妈看见了，她走过来伸手一下把妈妈手中的竹竿夺过去，扔在地上，狠狠地说："哪来的馋猫！怎么能随便摘人家的枣子？"

妈妈解释说："孩子馋了，想吃个枣子，我就打了几个给他们解解馋。"

大舅妈不依不饶地说："嫁出去的丫头泼出去的水。想吃枣子，到你们杨家去啊。你都出嫁了，还住在娘家。给你一碗饭吃就不错了，还想吃枣子？我看你是吃了五谷想六谷！"

妈妈辩解道："我在这里没吃闲饭，还干活做事情呢。"

两人你一句我一句，吵得不可开交，最后动手打了起来。二舅妈、小老舅听到后，连忙过来劝架。大舅妈仍不依不饶，诅咒妈妈说："出嫁了还住在娘家，我看你穷一生，过肩褡子脱不掉了。"外奶奶闻声赶来，她伤心地流下了眼泪，我和弟弟也吓得直哭。最后，外奶奶对妈妈说："给你们一点田地，你们就另过吧。还住那半间房子，重新开一道门。日子分开了过，矛盾也许会少些。"

就这样，会些瓦工活的二舅帮我们支了个锅灶，爸爸又出去买点油盐回来，我们就和舅舅们分开过了。

分开过以后，外奶奶见我们的日子过得艰难，经常瞒着舅妈们，偷偷送点粮食过来。

那时，生活真的很艰苦。我们一家四口人，一年只有一斤油，不仅用来炒菜，晚上还要用来点灯。烧出来的菜，一点油腥味都没有，晚上一般是舍不得点灯的，总是摸黑。那时候，能吃上一顿白米饭、有油水的菜，就是最幸福的事了。有一次，外奶奶让我到芦店集上去打油，还嘱咐我中午的时候就到大舅家开的饭店里吃饭。我记得，舅妈给我盛了一碗米饭，还将顾客吃剩的菜都端过来给我吃，那顿饭我吃得好饱、好香、好幸福。

为了给我们弄点好吃的，妈妈也是想尽了法子。有一次下大雨，田里涨水了，妈妈就去放水。看到田地边的水塘里有一些鱼虾和黄鳝，妈妈就到塘里去抓，她看见右脚边有个东西在动，以为是黄鳝头，就用铁锹将其铲下，结果却把自己的大脚指头铲掉了一截，顿时血流不止。妈妈又疼又伤心，坐在田埂上哭了起来。当她傍晚回到家里时，外奶奶怪她回来晚，孩子都等着急了。妈妈说："孩子好长时间没见到荤腥了，想弄点鱼虾给他们吃。我以为是黄鳝头呢，谁知竟是自己的脚指头。"

外奶奶听了，特别心酸，悄悄地抹眼泪，我和弟弟也抱着妈妈痛哭起来。

二舅和小老舅听到哭声后，赶过来问发生了什么事情。他们知道这个情况后，都说："这样困难，还是在一块吃吧。"

妈妈忙推辞说："不了，不了，在一起时间长了不好。"

那时候，连吃饭都成问题，穿衣就更提不上了。那时穿的衣服都是破旧的，是爸爸用讨来的铜钱买的白土布由妈妈亲手缝制的。没有鞋子穿，一年四季光着脚丫,冬天天冷,脚都冻烂掉了。我因终年赤脚,脚长得特别大,小老舅常常喊我"大脚丫头"。

日子实在艰难,农忙时妈妈就在地里忙活,农闲的时候她有时与爸爸一道出去讨饭。有时候爸爸讨回来一根油条,我和弟弟都抢着吃。

穷人的孩子早当家,我6岁多的时候,就能帮家里分担一些事情了,如帮舅舅家放牛、拾柴、砍草、提水、煮饭、洗衣服、带孩子等。记忆最深的就是背着孩子放牛了。我6岁多的时候,二舅家的小桂姐出生了。不久,每次去放牛,二舅妈就让我把小桂姐背在身上。外奶奶心疼我,下雨的时候就不让我背小桂姐了,怕我滑倒摔跤,跌坏了。

有一天,天气燥热,要下雨了。牛发野、乱蹦、往外跑,但我不敢松开手中的绳子,因为舅舅对我说过:"要把牛绳子攥紧了,否则牛挣脱绳子逃跑就追不上了。"牛像发疯似的往前跑,我则死死地抓住牛绳不敢松,就这样,牛把我顺地上拖了很远很远,手上、胳膊上、腿上的皮全都蹭掉了。牛跑了,二舅怪我没用,说:"放牛都放不好。"外奶奶听了,叹口气说:"她还小啊。"妈妈则心疼地说:"我的伢真是苦啊。还好你命比较大,不然早被牛踩死了。"

我的童年既有苦难的伤心回忆,也有一些甜蜜快乐的回忆。

那时,我有三个要好的小伙伴,她们是小二子、小侉子、小马子。我们四个年纪相仿,经常在一起玩耍。我们经常玩老鹰捉小鸡的游戏,谁被抓住了,总是要罚唱歌的。大家经常唱出各种各样的民歌小调,久而久之,我也能唱出一些歌曲来。

爸爸常年在外讨饭,学了不少门歌。肥东那一带讨饭的人,经常是靠唱门歌讨饭的,即来到人家门口,根据人家的情形,唱一些吉利的话,人家听后就愿意施舍一些剩饭剩菜给乞讨的人。爸爸在外面听得多了,回到家后,也会唱一些给我和弟弟听,我觉得挺好玩的,就跟着哼唱起来。

芦店谋生失败

爸爸因身体原因,常年早出晚归,外出讨饭,偶尔给人打点散工,找点轻活做。他常年到梁园镇上乞讨或找活做,镇里的人几乎都认识他,喊他杨疯子。爸爸因行走不方便,外出讨饭的时候,总是带着一根打狗棍。所谓打狗棍,不过是一根竹竿,竹竿的一端插上一只牛角,再系上七八根五颜六色的花布条,一晃动,带子就飘起来。当时的街上、村上有很多狗,狗见了牛角和花布条就不敢靠近,这样,爸爸就会少遭狗咬了。

爸爸比较心疼我和弟弟,平常要是讨到几根油条,他都舍不得吃,而是带回来给我和弟弟吃,讨到几个铜板则交给妈妈。但因他的病时好时坏,经常在乞讨的路上犯病。有一次,晚上很晚了他还没有回来,妈妈非常着急,就叫醒了平时待我们非常好的老舅。老舅听说姐夫一夜没回来,心里也有些担心,于是就连夜到梁园去寻找。

第二天中午,老舅回来了。他说找遍了梁园的大街小巷,也没见到爸爸的影子。妈妈顿时眼泪就流下来了,她怕爸爸又犯病了。正当我们一家焦急不安的时候,爸爸踉踉跄跄地回来了。原来,昨天他在返回的途中忽然犯病了,栽进了一口水塘,幸好当时有位老大爷在塘边捕鱼,将他从水中救出,背回家中。当他醒过来时,天色已晚,老大爷怕他再出事,就让爸爸留宿了一晚上。第二天吃了早饭,老大爷才放心让爸爸回来。

这件事之后,妈妈不再让爸爸出远门了,只让他在田里拾稻穗、看看鸡鸭。但日子越过越难。交完了地租,剩下的粮食就没有多少了。妈妈与爸爸商量以后的日子该如何过。爸爸说:"我讨饭攒了点钱,要不我们买个锅,再从孩子外奶奶家借点面粉,我们到芦店街上做粑粑卖吧!"

于是,妈妈就挑着扁担,一头放平锅,一头放桌子板凳,爸爸领着我和弟弟,到芦店街上做粑粑卖。

结果,第一天,烙了四个粑粑,只卖掉一个。第二天,一个粑粑也没有卖掉。生意冷清,难以维持,一家人的生活陷入了绝境。

害 眼 疾

看到我们处境困难,外奶奶也竭力想办法。她与妈妈商量说:"永才常在梁园讨饭,对那里比较熟,你把两个孩子也带着,一起去吧。总比在家伤心挨饿好。"老舅不同意,他担心我们的安危,他对外奶奶说:"大姐带着两个孩子,出去后晚上住在哪里啊?"但眼下的境况使得我们已经顾不得那么多了。于是,妈妈收拾起一床被子,带着锅、碗和筷子,用扁担挑着去梁园讨饭了。

爸爸因经常在梁园镇上讨饭,那里的人对他比较怜悯和同情。当他们了解到我们一家四口的处境后,纷纷为我们出主意。有个伯伯对爸爸妈妈说:"你们带着孩子出来,没个地方住哪能行呢? 梁园郊区种菜的人家比较多,他们的菜园子一般都有看菜棚子,你们不如就住到那里去吧。"

这时,有位种菜的陈奶奶说:"我家有个看菜棚子,你们就到里面去住吧!"

妈妈听后,连忙把我和弟弟拉过来,跪在地上磕头向陈奶奶致谢。

就这样,我们一家住进了梁园附近陈奶奶家的菜棚里。妈妈在陈奶奶的帮助下,一边弄些青菜到镇上卖,一边带着我和弟弟讨饭糊口。爸爸有时讨到吃的,也会送过来给我们。

那是1937年的夏天,天气非常炎热,菜棚子又低又矮,住在里面非常闷热,到了晚上,加上蚊虫叮咬,就更难受了。尽管住的地方条件差,但我们一家也总算有了个落脚之地,比起在外面淋雨暴晒好多了。

就在这年的秋天,我的眼睛忽然害病了。开始时左眼像是火烧一样干涩,隐隐作痛,逐渐开始发红,疼痛加重。这种红眼病在旧时的乡村很普遍,大家都不以为然,认为过些日子自然就会好的。所以一开始,我的眼疾并未引起爸爸妈妈的重视。我的眼睛很快由红变肿,疼痛更厉害了。陈奶奶见状,就对我妈妈说:"你去蒙(找)个方子,给伢治治眼睛。"在陈奶奶的帮助下,妈妈寻来一个土方子:接半碗童子尿(一定要鸡叫头遍撒的尿),把草纸放在尿里泡,然后敷在眼睛上,就可以治病。

这天夜里,爸爸妈妈守在我身边都没有睡觉。鸡叫头遍的时候,妈妈赶快叫醒小外子,把了半小碗尿。爸爸将草纸撕成一片一片的,放在尿里浸泡,然后敷在我的眼睛上。我当时觉得凉飕飕的,疼痛也轻了些。就这样,一直贴了三个晚上,我的眼睛不红了,也不那么疼了。

妈妈见我眼睛好些了，就对我说："家里没有吃的了，我和你弟弟出去讨点饭，你眼睛刚好，就不要出去了，在家好好休息吧。"

到吃中午饭的时候，妈妈和弟弟还没有回来。好心的陈奶奶见我一个人在家挺可怜的，就盛了一碗饭，舀了几勺蒸鸡蛋，又夹了几块鱼肉给我送过来。我从来没有吃到这么好吃的东西，狼吞虎咽地吃起来。妈妈回来知道后，心里既感谢陈奶奶的好心，又担心我吃了蒸鸡蛋和鱼这些发物眼疾会重犯。果不其然，当天夜里，我的眼病又发作起来，这次疼得更厉害了，并且用童子尿贴也不管用了。

第二天一大早，妈妈便背着我到梁园镇上去看医生。这是个老中医，50多岁的样子，穿着一件黑马褂，头上戴着一顶瓜皮帽。他检查完了我的眼睛，对妈妈说："这是患了鱼疔眼，看眼需要一块大洋。"妈妈央求说："大夫，我们讨饭的身上没有那么多钱，丫头疼得厉害，你先给她开些药，回头我马上回家筹钱给你送过来。"

医生不同意，不耐烦地说："没钱就不要来看病。"妈妈急了，扑通一声跪在地上继续求他："大夫，求求你行行好，救救我丫头吧。女儿家要是瞎了眼睛，将来怎么嫁出去啊！"但是不管妈妈怎么哀求，那位大夫始终不为所动："走吧走吧。"说着就把门关上了。

我和妈妈抱头痛哭。就这样，我被疼痛折腾了三天三夜后，眼睛突然不疼了，但在左眼的白眼球上长出了一个芝麻点大的黑点子。这黑点越长越大，并逐渐变成了白色，最后把黑瞳仁遮住了，左眼就看不见了。

远走他乡讨饭

1937年冬天，菜园里的萝卜青菜长势不好，妈妈贩卖青菜的生意自然也差了很多。出去讨饭的时候，有时能讨得到，有时讨不到，我们整天是吃了上顿没下顿。加之天气越来越寒冷，我们的日子越来越难了，梁园是待不下去了，妈妈只好带着我和弟弟重新回到了外奶奶家。外奶奶见我们娘仨回来，我的左眼坏了,眼泪就止不住流下来。

我们这次回到外奶奶家,住了不到一年的时间,从1937年冬到1938年夏末秋初。那年,由于荒年歉收,外奶奶家的日子也比较艰难,加之长时间住在这里,舅妈又多有怨言。妈妈开始想办法。她听乡亲们说,和肥东相邻的定远县,盛产秫秫(高粱),今年秫秫获得了大丰收,到那里去讨饭,就算讨不到饭,还可以捡些农民收割时落在地里的秫秫充饥,总不至于饿肚子。

1938年9月,因生活所迫,妈妈带我和弟弟一起到定远一带去讨饭,开始了浪迹四方的乞讨生活。

临走前,外奶奶炒了五升荞麦面给我们带着,让我们在讨不到饭的时候充充饥,以免半路饿死。就这样,妈妈挑着扁担,一头放只锅,一头放床被子,我牵着弟弟的手,跟在妈妈后面,开始了流浪乞讨的生涯。现在,从外奶奶家到定远坐车大概需要两个小时的时间,而当年我们娘仨整整走了20多天。

一路上,我们一边赶路,一边讨饭。弟弟当时刚4岁,走路累得大哭,妈妈见他实在走不动了,就把扁担往前挑一段,然后拐回来背弟弟一段。就这样,妈妈挑一程背一程,走一段歇一段,经常累得满头大汗,喘不过气来。在赶路的同时,如果路过人家收割过的庄稼地,我们会到地里捡些干粮,然后晒干,留着做冬天的垫脚粮。到了吃饭的时候,我们就去讨饭,有时讨得到,有时讨不到。讨不到的时候,妈妈就向人家讨点热开水,冲点荞麦面充饥。到了晚上,有时住在人家的屋檐底下或打谷场上;有时住在破庙里;有时遇到好心的人家,会把我们领到家住一宿。

就这样,我们一直走了大概十多天,到了马塘集一带的农村,遇到了好心肠的陆奶奶一家。陆奶奶见我们衣衫褴褛,孤儿寡母的非常可怜,很同情地说:"我们家刚搭了个草棚,本来是预备看场用的,你们没有落脚的地方,就先铺稻草住在这里吧。我们村大,人也多,讨饭好讨一些。眼下正是秋收的季节,你们也可以到地里捡点农民丢下的秫秫头、山芋头等,不至于饿肚子。"

晚上,老人家特地煮了一锅山芋秫秫糊,让我们娘仨饱餐了一顿。

两位老人有个女儿,名叫瑞云,不但人长得漂亮,心地也特别善良。她特地烧了一锅开水,让我们娘仨泡脚解乏,当时这对我们来说真是天大的享受。那一晚,我们吃得好饱,睡得好香。

第二天,妈妈就动手和泥,在草棚内支起一个土灶台,瑞云姐姐又送来两块木板,妈妈把它搭成一张床。新的生活就这样开始了。

我们白天边讨饭,边捡些干粮,晚上就回到棚子里住。讨到稀饭,妈妈就让我们吃,讨到干饭,妈妈就不让我们吃了,她说要带回去晒晒,以应付雨雪天气。过了饭点,我们就到田地里捡些落在地里的秫秫、山芋头、豆子之内的干粮带回来,晒干了,留着以备雨雪天气。

讨饭生活艰难困苦,是饥一顿饱一顿,吃了上顿没下顿。有时讨到的东西少,我和弟弟就抢起来。还好陆奶奶一家非常照顾我们,特别是瑞云姑娘,对我们非常好。我和瑞云姐姐非常投缘,她很喜欢我,时常过来给我梳头,还把自己的红头绳剪了一截扎在我的辫子上。陆奶奶对我们也特别关心,妈妈遇到事情,总会征询陆奶奶的意见,让她帮忙出主意。

父亲惨死

我们娘仨在外面讨饭,爸爸则继续留在梁园。他之所以没和我们一起来,一是因为他腿脚不好,不能和我们一起走那么远的路;二是他对梁园一带比较熟悉,讨饭好讨一些。这样过了一个多月。有一天,老舅忽然慌慌张张地来到马塘集找我们。他带来了一个坏消息,日本鬼子在梁园烧杀奸淫,爸爸杨永才被鬼子用刺刀刺杀,生死不知。听到噩耗,我们娘仨抱头痛哭,老舅也在一旁抹眼泪。妈妈把我和弟弟托付给陆奶奶照顾,就跟老舅一起回到梁园了。

原来,1938年10月14日,日军从合肥出动轰炸机轰炸梁园。镇上的居民绝大多数都跑反①了。有一个布店老板,看爸爸憨厚老实,为了保全家产,他心生歹念,让爸爸为他留守门户,同时将鸦片、银条分成小包,绑在爸爸的腿上,欺

---

① 跑反:指为躲避兵乱匪患而逃往别处。这里指鬼子来了,老百姓得到消息后,不等鬼子进村就跑了,躲起来了。

骗他说:"杨疯子,你只要把家看好,护住腿上的东西,等我回来以后,你不用再讨饭了,我来养活你。"

爸爸信以为真,信守承诺。当鬼子杀进梁园、闯进店里时,爸爸为阻止鬼子烧房砸店,与鬼子发生了争夺、撕拉,结果,被鬼子连刺四刀,顿时倒在血泊中。日本鬼子离开后,镇上的人们又都纷纷返回。布店老板回到家中,见爸爸躺在地上,已经奄奄一息,他不但不先救人,反而只顾把绑在爸爸腿上的银条、鸦片取下来,然后把爸爸抬到锅屋①的草堆旁就不管不问了。不到两天,爸爸就去世了。

老舅听到消息后,急忙赶到梁园探明虚实,得知爸爸已经死了。于是,他就跑到定远,给我们报信。

当妈妈和老舅赶到梁园时,爸爸已经被布店老板草草安葬了。妈妈既伤心又气愤,找到布店老板与其理论,想要告发布店老板。但到哪里去告,又哪有钱来打官司呢?在旧社会,穷人打官司,那是场场输啊。不打了,先找到爸爸的尸首再说吧。

妈妈在二舅、老舅的帮助下,花了四五天的时间,才找到了埋葬爸爸的地方。扒开土的时候,发现爸爸的尸首不仅没腐烂,脸还红扑扑的。当时,在泥土中,发现了两个土马,马上还有两个小泥人,挖的时候没注意,把小泥人的头、马的腿给铲断了。当时人们思想迷信,以为破了风水,又把土重新填平。

第二年,妈妈在舅舅的帮助下,把爸爸的尸骨捡回来,埋在了武集户村的武家祖坟里。

爸爸死时年仅33岁。

2015年,为纪念抗日战争胜利70周年,我以父亲在梁园被日军惨杀为素材,排演新编庐剧《庆寿》,由王鹏飞编写剧本,我任导演、作曲。此剧上演后,反响不错。

---

① 锅屋:烧火做饭的地方,现在称厨房。旧时中国农村地区非常贫穷,没有像样的做饭的地方,就在院子里用茅草和泥巴垒一间小屋,里面搭建灶台,堆放柴火,用于烧火做饭。

娘仨相依为命

妈妈处理完爸爸的后事,回到马塘集,见到我和弟弟,流着眼泪说:"伢啦,你大(爸爸)被鬼子杀了,你们没有大了。以后,就没有人给我们送铜板了,没人给我们送油条了。"我和弟弟听了,抱头痛哭。

从此,我们娘仨就在马塘集一带继续讨饭,相依为命,一直到1939年春遇到丁家班。

我们白天走村串户讨饭,晚上就回陆奶奶家的草棚里住。天气越来越冷了,田地里也没有东西可捡了,我们只有讨饭一条路了。所以,不管是刮风还是下雨下雪,我们每天都得出去讨饭,否则就得饿肚子。讨不到饭的时候,就将秋天捡来的粮食拿出来吃。讨到干饭时,妈妈舍不得吃,放到布袋里背回来晒干,以备不时之需。有时弟弟饿得哭,妈妈说:"你现在吃了,等到下雪了,我们全家都得饿死。"吃都顾不上,更不用说穿了,因穷买不起鞋,我们几乎是常年光着脚丫的,偶尔遇到好心人,会送一双旧鞋给我们穿,以应付寒冷的冬天。

就这样,我们饥一顿饱一顿,一直挨到了1938年底,马上到过年的时间了。大年三十这一天,陆奶奶对妈妈说:"今天是大年三十,你们就不要出去讨饭了,一起到我们家吃顿年饭。"妈妈说:"谢谢。我还指望在过年时,多讨一些呢。"于是,我和弟弟又跟着妈妈去讨饭了。那天一上午的时间,我们就讨到了两布袋子干饭,送回住处后,又出来继续讨,一直到天黑,我们又讨了两袋子干饭。那天,是我们讨饭生涯中最顺利的一天,没有遇到坏人,而且还讨了那么多。回到住处后,妈妈笑着对我和弟弟说:"今天过年了,你们两个就使劲吃,吃个饱。"晚上,家家户户放起了鞭炮,我们想起死去的爸爸,又伤心地哭起来。

一般人家大年初一是不出门的。但这天一大早,妈妈又带着我和弟弟去讨饭。陆奶奶见了,责怪我妈说:"大年初一,你怎么还带着孩子去讨饭?孩子多可怜啊。"我妈连声叹气说:"唉,谁说不是呢?人家过年了,都能给孩子添件新衣裳、新鞋子之类的,可我却不能啊。就连吃的也全靠讨啊,不讨就得饿肚子。

为了糊口,我已经顾不了那么多了。更何况,过年时好讨些,过完年后,恐怕就没有这么好讨了。"

大年初一到人家讨饭,都能讨到一些东西。来到人家门口,要说一些"过年发大财""过年吉祥"等吉祥喜庆的话。如见到有小孩子的人家,就说:"你家孩子长得白白胖胖的,真赞!"遇到老人家,就说些富贵长寿的话。这一天讨饭,没有一家不给的。我高兴地对妈妈说:"大大,要是平常讨饭也这样,我们就发财了。"一直到大年初三,天天都能满载而归。之后的境况就没有那么好了,讨不到的时候,我们就用之前讨来晒干的剩饭,加水煮粥喝。

从1937年夏开始讨饭,一直到1939年10月登台演出,我才结束讨饭生涯。这段乞讨生活,伴随着饥饿、寒冷,还有泪水,使我终生难忘。

偶遇丁家班

1939年春,在乞讨的路上,我们邂逅了唱倒七戏的丁家班。

有一次,我们讨饭时讨到了一个戏班子住的地方。这个戏班子就是丁家班①,当时他们在定远一带唱倒七戏。这是个流动性的戏班子,常年在乡村流动唱戏。当时,像丁家班这样的倒七戏班很多,如费家班、胡家班等,他们为了糊口饭吃,四处游荡,到处奔波,遇到乡镇起赌、还愿、庙会、逢集、求雨、求子、堂会

---

① 丁家班:职业庐剧班社,建于1922年,因班主丁有和的艺名为丁大汉,所以又名丁大汉班。丁有和出自门歌世家,其父丁文魁是门歌艺人。丁有和自15岁起,就身背小鼓、手拿小锣,到各村去唱门歌维持生存。十六七岁时带着三弟丁有维(外号"三猴子")到邻近四乡去唱"板凳戏"(坐唱)。他一人既唱男角又唱女角,由弟弟在一边帮唱,很快在这一带出了名。几年以后,丁有和和父亲及弟弟丁有贵、丁有维,妻子马梅英等十多人办起了戏班演唱倒七戏。戏班最初只能演一些折子戏、"二小戏",逐渐发展到演出大本戏以及连台本戏,活动范围也从肥东扩展到滁县、定远、六安、裕溪口一带。丁家班的演出具有浓郁的生活气息,代表了典型的中路特色,如《点大麦》中运用"滚场"动作美化了锄地形象,再如《扒沙》中的背沙动作,《蓝桥担水》中的挑水、倒水动作,都是直接从生活中提炼为舞蹈形象的,朴实而不落俗套。20世纪二三十年代,丁家班在皖中一带名声很大。戏班主要演出剧目有《打桑》《武家坡》《乌龙院》《四郎探母》《荒草山扫雪》《王三姐挑菜》《红灯记》《白灯记》《荷花记》《秦雪梅》以及全本《小辞店》等。

丁有和

这样的机会,都会应邀来唱戏。

丁家班的班主叫丁有和①,外号丁大汉。当时,戏班里总共有七个人,即丁有和、陈家云、甘文如、邹麻子、张小子、高二冲子、方平久子。

第一次到丁家班讨饭,我们就满载而归。当时,戏班子饭是公共的,菜是自备的。戏班子里一位50多岁的老艺人见我们可怜,就让烧饭的邹麻子给我们盛了满满的一大碗。这个老艺人叫陈家云,我喊他陈伯伯。他是这个戏班子中年纪较长者,也是最会出主意的人。

我和弟弟看到香喷喷的白米饭,馋得口水直流,伸手就抓了吃。妈妈打了我们两下,不让吃。

陈伯伯看见了,问:"孩子都饿了,为什么不给他们吃?"

妈妈说:"这是干的,我们要留下了晒干,做冬天的站脚粮。"

陈伯伯见我们实在是饿得可怜,就对妈妈说:"你就让孩子吃吧,吃完了,我再给你一碗。"就这样,我们讨到了两碗饭。

过去有句话说:"要饭人不知好,越给越去讨。"自那之后,我们就经常到丁家班去要饭,时间长了,就彼此熟悉了。

有一次,陈伯伯问妈妈:"大嫂,你们娘仨从哪来的?"

---

① 丁有和(1895~1961):艺名丁大汉,肥东县黄栗乡大李集人。自幼随父学艺,15岁起唱门歌,后唱板凳头戏,走村串乡卖唱,借以糊口。成年后,自编自唱倒七戏,能简演老生、小生、老旦、小旦几种角色,并以唱腔圆润甜美、做功生动细腻而受到农民喜爱,遂成倒七戏名角。民国十一年(1922),丁有和购置一批行头,吸收邹五、陈仁贵等,创建丁家班,自任班主,领班在江北东部农村演唱。丁有和在艺术生涯中,敢于破除旧习,锐意探索倒七戏的新路子。他鼓动妻子马梅英(人称老蛮子)登台扮演花旦,开创了倒七戏班社女性唱戏的先例。他兼收京剧、徽剧之长,用以丰富倒七戏的表演、声腔、化装艺术,并不断移植京剧、徽剧的剧目,使倒七戏从唱折子戏、"找戏"向本头戏、提纲戏发展,对倒七戏的发展和成熟产生深远的影响。参见:《安徽省志·人物志》。

"合肥东乡草庙集。"

"哦，那我们是同乡呢。怎么每次都见你一人带两个孩子出来？孩子的父亲去哪了？"当得知爸爸被鬼子杀了后，陈伯伯同情地说："怪不得呢，命苦啊。"

戏班子的甘文如听到了，说："老陈啊，不要说人家命苦，我们唱戏的命不苦吗？我们不比人家好多少呀。"

由于我们经常去丁家班讨饭，慢慢与他们熟悉了。他们见妈妈牵儿带女，实在可怜，就帮忙出主意。有一次，陈伯伯对妈妈说："你会唱门歌吗？你们不如去唱门歌。唱门歌比单纯地讨饭要好些。"

所谓唱门歌，就是站在人家大门口唱歌，是乞丐外出行乞的一种办法，所以门歌又被人称为"叫花子歌"。

妈妈说："我不会唱。"

陈伯伯说："唱门歌其实不难，你望风采柳就行了。见到眼前的情景，随机应变，编一些好词，说一些好话，如恭维、吉利的话就行了，人家听了高兴，就愿意施舍了。"

说完，陈伯伯从戏班里找出一面小破锣送给我们。①

他还教了门歌的歌词、调门、唱法："这边唱到那边来啊，哎呀哎嗬哦，台台当，台台当(打锣声)，这家门头更发财，你家牲口都兴旺，恭喜你家发大财。"

他一边唱，一边用小铜锣敲着，做了一些示范动作。我同小外子在一旁看着，感到好听、好玩。

从此，我们娘仨就开始在马塘集一带靠唱门歌讨饭。

卖艺乞讨

我的嗓子好，以前又常听老舅和爸爸唱门歌，所以对门歌比较熟，每次妈妈唱的时候，我都能跟着唱几句。门歌是配合着唱的，妈妈每唱四句，我就跟着唱

---

① 传统庐剧没有丝、管乐器伴奏，只有锣鼓进行起奏、间奏、伴奏，老艺人称之为"满台锣鼓半台戏"。

两句,叫作帮腔,然后母女两人再合唱两段,最后小外子紧敲台锣,就算唱完了。

这种门歌,声调越来越高,高到不能唱的时候,就来个过门,小锣响后,再从低声唱上去。歌词有的是现成的套子,有的则需即兴创作。如遇到大户人家,便唱道:"小锣一打锵当锵,财主老爷听我唱,贵府阁家福禄寿,金山银山堆满仓……"如遇到一般人家,则唱道:"小锣一打来定音,大爷大婶听分明,勤劳人家多福寿,四季平安保康宁……"

除了站在人家门口唱,还有一种唱法,就是在人多的地方,找个空旷的地方唱,听歌的人随便给钱。这时唱的歌与站在人家门口不同,一般都是些故事性、趣味性的,如《绣荷包》《小艾铺床》等。

卖艺乞讨比单纯乞讨要好一些,一般人都会给一点半点的,但也经常会遇到坏人。有一次,我们在黄庄的一个大户人家门口唱门歌,他们家的少爷让我们一首接一首地唱,说唱得好有赏。我们听了十分高兴,一口气唱了十几首门歌。那少爷向身边的狗腿子嘀咕几句后,对我们说:"你们等着,刚出笼的包子马上送过来。"

当我和弟弟高兴地打开包"包子"的纸时,发现里面是只癞蛤蟆,吓得赶快扔掉,那少爷则乐得哈哈大笑。

妈妈骂他太缺德了,他却放一条凶恶的大黄狗来追咬我们。妈妈背起弟弟,拉着我飞快地逃跑。我当时饿得实在没力气跑了,又受了惊吓,没跑多远,就被狗追上了,那恶狗扑上来咬住了我的右腿,撕掉一块皮,我痛得大哭大叫。那少爷却在楼上拍手称快,狂笑不止。(说到伤心处,丁玉兰止不住流出了眼泪。)在旧社会,艺人是低人一等的,处处受人欺压,生存特别难。自从被狗咬过后,我见到狗就害怕。直到现在,我的腿上还留有伤痕。

随丁家班四处漂泊

门歌只唱了一个多月,我就被恶狗咬伤了。自那之后,我们有好多天都不敢出去讨饭了。饿得实在没办法了,我们又来到了丁家班。

陈伯伯得知我们的遭遇后，很同情我们，给妈妈出主意。"你一个人带两个孩子，孤儿寡母的，也太困难了。要不你就来我们戏班子吧。我们戏班总共就七个人，你帮我们戏班烧水做饭、洗洗衣服，包你娘仨吃住。"

妈妈刚要答应说好，又犹豫了一下，说："谢谢你的好心，让我回去再考虑考虑吧。"自从爸爸去世后，妈妈遇到事情都会与陆奶奶商量，征询她的意见。这次，妈妈把丁家班要收留我们的事情给陆奶奶讲，陆奶奶很赞成，她说："这样好，包吃包住的，总比你们现在这样吃了上顿没下顿的好。你们去吧。不过，人心难摸，要是遇到什么事情，你们再回来找我。"

妈妈把身上仅有的五个铜钱掏出来交给陆奶奶，并拉着我和弟弟跪下向陆奶奶一家致谢，说："你们一家的恩情，我们永远不会忘记的。"

陆奶奶坚持不收，妈妈硬要给，两个人推来推去。这时站在一旁的瑞云对妈妈说："你们都这样伤心了，我妈怎能要你的钱？你就赶快收起来吧。"

妈妈又将平时讨来的干饭晒成的干粮交给陆奶奶，说："你把这些干粮收着吧，这都是我们一点一点要来晒干的。你们能吃就吃，不能吃就喂鸡喂鸭吧。"

陆奶奶说："好，我帮你们收着，你们要是没吃的了，再来我们家拿。"

我们再次跪谢了陆奶奶一家。妈妈收拾好东西，挑着行李，带着我和弟弟投奔到丁家班了。

陆奶奶一家的恩情，我始终没有忘记。1960年生活困难时期，我带着礼物专程来马塘集拜谢他们。不幸，老两口已经去世，瑞云姑娘也嫁到凤台，没有音信了。

来到戏班后，妈妈烧锅、做饭、提水、洗衣服，还替戏班的人缝缝补补。我和弟弟则为叔叔伯伯们买烟、打酒，有时还挖野菜、捉鱼虾，有时帮妈妈做些零星活，如择菜、扫地之类的。班子唱戏时，我喜欢在后台看他们化装，给他们端茶倒水、递毛巾。有时靠在戏台的柱子边，听他们唱，看他们排练和演出，我在下面也情不自禁地哼几句，比画几下。有一次妈妈看到了，训斥我说："不要再搞了，丫头搞这个东西干什么？"

丁家班常年在皖中一带的乡村演戏，过着漂泊不定的生活。我们来到戏班后,就跟着戏班四处漂泊。

第一次登台演出

1939 年 10 月,我们跟随丁家班来到含山县附近的粑粑店。开锣前两天,前来看戏的人就不多。后来听说很多人都赶到县城去看来自芜湖的胡家班的演出了。胡家班的班主是胡帮之,为了吸引观众,他让 10 岁的儿子胡家水上台给大人配戏,据说唱得可神气了。而丁家班,都是一帮男人在唱戏,没什么特色,观众自然被胡家班吸引过去了。

看戏的人不多,老板给的米就不多。当时,皖中一带的老百姓都特别喜欢听倒七戏。因为那时农村贫穷落后,没有其他的娱乐方式,听戏就是老百姓最主要的娱乐方式。村里每逢春节等重大节日、婚嫁丧娶等,都会请戏班前去唱戏。请戏班唱戏的人,一般称之为老板或主持者。遇到丰收时,村里的老百姓也会合伙凑粮食请戏班子去唱戏。那时,不用钱作为酬劳,而是用粮食。这家凑一升,那家凑一斗,给的东西很杂,有大米、山芋、豆子等,都是各家凑起来的。到了后来,一般就用米作为酬劳了。

当时,丁家班唱一台戏得五升米,而胡家班则能挣到一斗二升米。后来,丁家班连四升米也挣不到了,煮出的稀饭能照出人影来。丁家班的人都唉声叹气,生存陷入了危机。

陈家云伯伯是班子里的智多星,戏班每遇到特殊情况,他都会帮班主丁伯伯出谋划策。这次,他跟丁伯伯说:"再这样下去,我们戏班子就没法生存了。胡家班有个小孩胡家水唱戏,我们为什么不让小姐子出来唱戏呢? 我看她聪明伶俐的,嗓子又好,平时也喜欢哼唱,不如让她试试吧!"

丁伯伯也没有更好的办法了,听了陈伯伯的话,两人就一起来找我妈商量。

陈伯伯与我妈商量说:"武大姐,我们戏班现在遇到了难处,要想办法解决啊,否则我们都得饿肚子。我看小姐子是个唱戏的好苗子,能不能让她学唱戏,救救我们这个班子? 我包教。"

当时唱小戏,为官府所禁,被上层人士所不齿,被认为是伤风败俗、丢人现眼的事情。① 妈妈听族长说过:"淫娼倒七,一律不准进祠堂,不给上族谱,死后也不准葬入墓地,只能成为孤魂野鬼。"②于是妈妈一口回绝了。她说:"她一个女孩子,怎么能唱戏呢? 就算我答应,她的大舅也不会答应的。"

陈伯伯说:"实在是没有其他办法了,你要是不肯帮忙,我们戏班子就没法活下去了。"

丁伯伯也过来劝妈妈:"现在戏班子实在是不景气,陈三爷他们都想让小姐子登台,你救救大家,救场如救火啊。"

这时,戏班子的其他人也都围过来求妈妈,说着说着,眼泪都流出来了。

我看他们急成那样,就说:"妈,你就让我唱吧。"当时,我刚8岁,根本不知道女子唱戏是不被尊重的,只觉得唱戏挺赞的,还能帮大家,为什么不试试呢?

在大家的一再央求下,妈妈碍不过面子,只好勉强同意让我试试,并说等渡过这一关,就不能再让我唱了。

在戏班中,陈家云伯伯年岁最长,戏路也宽,待人又热情。他选了《雷打张继宝》一折戏,让我演张继宝,他演老张,并且手把手教我唱词和道白。陈伯伯先把戏情讲了一遍,告诉我演的是一个贪玩、不爱学习的小男孩,用小生调唱,然后一句一句地教起来。

"正在书房念诗文,先生放学回家门。来到门前挺身站,请出爹爹说分明。"

教了两三遍,我就能一字不落地唱下来了。然后,丁伯伯教我走台步,告诉

① 据《六安市志》记载,霍山县石子河乡涂氏宗谱,修立于清朝嘉庆年间,卷十,家戒二十则规定:"妇女不准入庙烧香、送佛、念经,妇女不准听小戏。"小戏即倒七戏。1980年,在安徽省巢湖市炯炀河镇发现了"炯炀河禁戏碑",该碑原砌在街头一商店的山墙之上,是清同治七年(1868)巢县知县陈炳所立《正堂陈示》。碑文上写道:"近倒七戏名目,淫词丑态,最易摇荡人心,关系风化不浅。嗣后,如再有演此戏者,绅董与地保亦宜禀案本县捉拿,定将此写戏、点戏及班首人等,一并枷杖。"
② 倒七戏在旧社会是被禁演的。清朝和民国政府都有"淫娼倒七,窝藏匪类,按律治罪"的告示。艺人被称为戏子,受到歧视和迫害。有些艺人被抓去游街、坐牢、顶芦席枷、绑在木桩上晒太阳。有的老艺人脸被针刺破多处,然后用蓝靛糅进去,使脸变得紫斑累累,无法再上台演出。由于艺人社会地位低下,一般百姓不到万不得已,不会走上唱戏这条路。

我演的是个男孩子,要走小生步,走路要像男孩子一样。①

第二天早上,丁伯伯又让我把戏复习了一遍。下午开台前,陈伯伯给我简单化装。首次登台演出,心里特别紧张,我怯生生地上了场。台下看戏的观众一看是个女孩,立刻哄起来,说:"快看,台上面还有个小孩子哎。"大家边说边挤着朝台前站。看着台下黑压压的人群,我紧张得脑袋一片空白,到嘴的词全都忘记了。陈伯伯见状,小声对我说:"小姐子,不要怕,你把底下观众的头都当成南瓜就是了。"

在陈伯伯的眼色和手势的提醒下,我慢慢镇静下来,放开嗓子唱了起来。

唱完后,大家都鼓掌叫好。

老板来到后台,高兴地对班主丁伯伯讲:"丁老板,没想到你们还有个会唱戏的女娃子,唱得赞!我给你们加米。明天接着让她唱,唱好了再加米。"

我的首次登台演出成功,让大家看到了希望,增强了信心,大家高兴地说:"我们戏班有救了。"

陈伯伯也高兴地对我说:"小姐子,你的嗓子不错,以后要好好学,肯定能唱得更好。"

当天晚上,陈伯伯开始教我唱新戏。这次学演的是《皮氏女三告》里的公主。剧情大概是已有妻室的书生李月荣,离家赴京赶考,考中了状元,娶了公主当上了驸马。他的妻子皮秀英在家照顾儿女和公婆。李月荣赴京后,家中遭到恶人陷害,皮秀英迫不得已,来到京城告状,找到了已经升为驸马的李月荣。

老艺人教戏,只会讲角色,其他的都要靠自己去琢磨。陈伯伯告诉我:"昨天你演的是一般人家的小孩子,这次演的是皇帝家的女儿,走路、说话不能像老百姓一样,要有些看不起人的样子。"然后,又给我一块手帕,让我边走边舞,还找来一个宝剑,用绳子拴着,挂在身上。

在演这出戏时,我上场后男主角李月荣跪请公主,唱道:"公主,请你原谅,

---

① 当时,庐剧表演比较简单,基本上是唱一段,舞一段,唱的是民间小调,舞的是民间舞蹈,舞蹈动作一般不结合剧情,演出多为幕表制,一般没有固定台词,而是临时以串词、套词来自编。这些表演形式直到解放后才得以改变。

我家还有结发夫人。"接着,皮秀英上场,一告他不养父母,二告他停妻再娶,三告他不养子女。公主知道情况后,拔出宝剑,气愤地说:"斩!"

戏演完之后,有些观众还不愿意走,围着我评头论足。大家说我唱得好,演得好,像个真正的公主。看过这出戏后,大家都亲切地喊我"小公主"。

第三天,学演《秦雪梅》里面的丫鬟爱玉。

就这样,我边学边唱,到第五天的时候,我们丁家班的戏价就有一斗五升米了,超过了胡家班。百姓听说丁家班有个女娃在唱戏,很好奇,都前来观看。此后,陈伯伯对我重点调教,我也更加认真地学习。在粑粑店,我们一连唱了几十天,越唱越红火,请丁家班唱戏的雇主也多了,我们的报酬,也从每天一斗五升米涨到了一斗八升米。从此,我便经常演小丫鬟和奶生(即娃娃生),与大人们配戏,开始了我一生的演戏生涯。

不久,在陈家云伯伯的撮合下,妈妈和丁有和伯伯拢家①了。丁伯伯的前妻也是唱倒七戏的,人称"老蛮子",死后丁伯伯就一直没有再娶。陈伯伯说他为人善良诚实,而妈妈一个人带两孩子不容易,两人拢到一块对双方都好。

各种艺名由来

当时女孩子唱戏凤毛麟角,所以我一登台,就吸引了很多人的目光。大家一传十、十传百,很快知道了丁家班有个女娃在唱戏。于是,请我们演出的多了,给的酬劳也多了。每到一个地方,观众都点名听我唱戏。

当时戏班都是下午唱戏。我都是晚上学戏,第二天早上复习,下午演戏。那时候,戏班演戏是流动的,到处跑,从这个村跑到那个村,有时路途遥远,请我们唱戏的老板就会牵头驴或牛来让我骑,但为了学戏,我有时宁可自己走路。

---

① 拢家:两个不完整的家庭重新组合起来。成家是结婚、建立家庭的意思,拢家是成家之后,因丧偶或离异导致家庭不完整的两个男女重新组合,建立一个新的家庭。

我常常在转场①的路上跟陈伯伯学戏，一边赶路一边学戏，学好了到了村里就能演了。就这样，在陈伯伯的教导下，我相继学会了《看相》《乌龙院》《白灯记》《乌江渡》等一些生活小戏。那时因为小，学的唱腔和唱词都比较简单，演的也都是一些丫鬟之类的台词较少的角色。

到13岁时，我就开始唱大戏了，台词也多了很多。过去戏里的女性角色都是由比较俊俏的男性来扮演，现在改由女性唱了，非常吸引人，观众都非常喜欢，有时点名让我唱，有些观众还给我起了一些外号，如"小公主""大脚丫头""大辫子丫头"等。

在《皮氏女三告》中，我演小公主，头上扎个小红球，穿个红褂子、绿裤子，脚穿花帮鞋，手上拿着一条绿帕子，一上台，就能吸引许多观众。由于演得像，粑粑店和含山县城一带的乡亲们都亲切地喊我"小公主"。在滩角镇演出时，大家又送我一个"大脚丫头"的艺名。当时，我们演出《乌龙院》，讲的是《水浒传》里宋江怒杀阎婆惜的故事。我演阎婆惜。那天，正好下大雨，我没有鞋子穿，赤着脚踩了一脚的泥巴。上台演出时，有个跷脚的动作。我一跷脚，观众就惊讶地说："这小演员的脚真大，还沾满了泥巴。"从此之后，我又多了个"大脚丫头"的外号。有些热心肠的观众给我送来了鞋子，有位老大娘得知我的小名叫小梅姐，还特地在鞋上绣了一朵小小的梅花。那时，我梳了个大辫子，又粗又长，格外引人注目，有些乡亲就亲切地称我为"大辫子丫头"。

丁家班演出概况

丁家班是地地道道的草台班，常年在以肥东为中心的乡下演出。当时，连我在内，戏班总共有八个人。丁有和是班主，负责联络演出事宜，兼演老生。陈家云演老生，甘文如演花旦，邹麻子、张小子演青衣，高二冲子演大花脸、老生，方平久子演小花脸。我一开始与大人配戏，后来专演花旦、青衣。

---

① 转换台口称为转场。台口泛指演出场地，常年流动演出为跑台口，转场即转换演出场地。

当时演戏没有剧本,全凭师傅口传心授,一代代向下传。在演出过程中,各班社都能对剧情随意添加,演员的说白唱词也可即兴增减,随意性、不确定性因素很大。

丁家班起初只能演一些折子戏、两小戏,后来逐渐发展到能演本戏、连台提纲戏。演出剧目,主要有《打桑》《武家坡》《四郎探母》《乌龙院》《荒草山扫雪》《王三姐挑菜》《红灯记》《白灯记》《荷花记》《秦雪梅》和全本《小辞店》等。找戏(整本戏演完后加演的两小戏)有《小放牛》《打面缸》《打补丁》《打五扇》《蓝桥担水》《对药》《余老四反情》《郭华买胭脂》《抹纸牌》《双怕妻》《赵月娥思春》等。

丁家班人数最少时有七个,最多时有十几个。戏谚说,"七忙八不忙",即过去戏班子七人成班,七个人各个行当都占个角色,老生、花旦、青衣、小丑、生旦,还有两个人敲锣打鼓,忙得不可开交,一些杂碎活干不完,若加个人进来,八个人就不忙了。

丁家班与其他流动班社一样,时结时散,生意好时就在外演出,生意不好或农忙时,就散班回家。每到一个新的地方唱戏,戏班就收拾好东西,挑着戏服,徒步前往。戏班每到一个新地方演出,都把老郎神带在身边,戏演到哪里就带到哪里,把老郎神供奉在后台跪拜,平日烧香供奉。有些虔诚的艺人,每次上场前都在老郎神前拱手作揖,以祈求佑护不忘台词、不唱走调、不出差错,即求把戏唱好,演出顺利。

丁家班的演员化装非常简单,铅粉涂面,在嘴巴上涂抹桃红或大红颜色。扮演女主角者,头上扎一朵一般农家妇女装饰用的"夹子",扎上一朵红球,脑后梳一条假辫子。花旦穿彩色大襟褂,青衣穿蓝青色的。下身有时穿裙子,有时穿彩裤,花旦的腰间系一条汗巾,手里一律摇着小手巾。扮演公子的穿蓝色大褂,拿着折扇,男女主角,一律没有水袖。髯口是用染成各种颜色的麻丝做成的。

伴奏只有锣鼓敲打,俗称"满台锣鼓半台戏"。演出中的起板、落板、托腔、间奏、身段、武打甚至包括音响效果,均用锣鼓代替。演员的表演也非常简单,舞台动作多是从生活中提炼出来的,与剧情关系不大,只是起到调剂场面、活跃气氛的作用。唱戏的舞台非常简陋,找个空旷的地方,拼四张或八张桌子就是舞台了。条件好时,竖几根木桩,放几块木板,搭成一座临时的舞台。晚上将簸箕悬挂起来,点上几盏油灯,敲起锣鼓,招徕观众,开始演唱。

备受欺侮

在旧社会,倒七戏被称为小倒戏或小戏。因为当时的京剧是人们眼中的大戏,地方戏都被称为小戏。像我们这些流落在乡间的倒七戏艺人,被鄙视地称为戏子,地位十分卑贱,遭遇非常悲惨。大多数人因生活所迫才去唱戏,演戏只是一种谋生手段。我们无依无靠,常常遭到官府、伪军和国民党军队的欺侮,村镇里的一些地痞流氓,同样也不把我们当人看,欺辱我们,我们的人身安全随时受到威胁。

1940年初,丁家班来到含山县城,戏台搭在城南的一块空地上。戏台后面住着一户姓朱的人家,朱大嫂戏瘾特别大。有一次,她正在烧饭,刚把米淘好放锅里,还没来得及放水,听见我们戏班子开唱了,就急忙跑出来瞧一瞧。看着看着就入了迷,忘记家中还在烧火这回事。结果锅烧红了,点着了灶台边的柴草,冲天大火迅速燃烧起来。

驻守在镇上的"鬼辫子"(伪军)在营长的带领下闻讯而来。营长认定是丁家班把"马胡"带来纵火的,不分青红皂白,就把我们戏班的人用绳子捆起来带走了。

走到半路,遇到了营长的姨太太。她是我们的同乡,是个戏迷,经常来听我唱戏,还认我做了干女儿。后来由于她出面求情,我们才被放回来,但从此被逐出了含山县城。

1940年农历十月,我们戏班子来到定远县蒋集镇的秦集村演出。村里有个恶霸叫谢二鹏。他看戏时,在戏台底下搭张床,和大小老婆一起躺在床上,一边抽着鸦片烟,一边看戏。抽着抽着,谢二鹏兴奋了,他想试探一下两个老婆对他是否真心,就点《寡妇上坟》这出戏,并且点名让我反串小生。

《寡妇上坟》是个折子戏,是传统大戏《秦雪梅》里的一部分,讲的是秦雪梅的未婚夫商琳死后,秦雪梅和丫鬟一起去上坟。

我没学过小生戏,不会唱,就拒绝演。狗腿子见我不唱,就威胁说:"不唱不照①,二爷不会饶过你的。"

我就是不唱。这下惹怒了二爷,他从床上跳起来,从腰间掏出手枪,朝戏台走来。

当时我坐在后台的一个装戏服的箱子上,身体靠在戏台柱子上。谢二鹏朝我这边打来,子弹从我身边擦过,把柱子打穿了。

我一下子吓哭了,其他人也都吓得发抖。丁伯伯央求道:"不要再开枪了,我们唱。"

班子的人都过来劝我说:"唱吧,不然我们的命都不保了。"

于是,方爷演秦雪梅,甘文如演小爱玉,我演商琳。

我上台后边学边演。陈伯伯在后台讲一句,我跟着唱一句,边唱边哭。

谢二鹏看到后,喝道:"哭着唱不算,重唱。"

天快黑的时候,总算把戏唱完了。

散戏回到住处,大家都非常难过。妈妈说:"现在世道太乱了,不能再唱了,再唱恐怕命都保不住了。"大家都点点头说:"这样是太危险了,还是回去讨饭吧。"

戏唱不成了,大家只好各奔东西了。分别时,丁伯伯说:"大家先回去讨饭吧,讨得到更好,万一讨不到,明年春我们再聚起来,一起商议怎么办。"

险遭刺脸

丁伯伯带着我们,来到了他的老家——尼度庵。尼度庵位于肥东草庙集的东边,距离武集户有四五里路。这里只有三户人家,除了丁伯伯家在尼度庵外,

———————————

① 照:合肥方言,行、好、可以的意思。

周边还有两户人家,这里离大李集不远。

尼度庵是个庙,前后三间房子。前面两间,住着丁有和的父母和兄弟姐妹,后面一间供着几尊菩萨。丁有和的父亲,就靠在尼度庵看庙,同时耕种庵里的两亩薄田,来维持一大家的清贫生活。他们身上穿的衣服都是用来庵里还愿的人送给菩萨了结心愿用的红布做成的。丁伯伯姊妹五个,他排行老大,二妹便是我丈夫傅昌盛的母亲。

在尼度庵住了一段时间,就过年了。过年之后,妈妈挑了个好日子,带着我和弟弟回武集户看望外奶奶一家,我们已经好几年没有回去了。

我们给外奶奶、舅舅、舅妈们都准备了礼物。外奶奶和老舅见到我们,非常开心。当我们来到大舅、二舅屋里时,却遭到了他们的白眼。反倒是舅妈见到送去的东西,"大姐、大姐"的叫得亲热。大舅听了,火冒三丈,把我们带去的东西一把扔到院子里面,气愤地说:"武家不要这些不干不净的东西。"原来,大舅早就听说妈妈改嫁了,嫁了个唱戏的,还让我上台唱戏当戏子,觉得我们是伤风败俗、大逆不道,丢了武家祖宗的脸面。妈妈与他争辩:"我们演戏清清白白、不偷不抢,挣的是辛苦钱,有什么丢人的?"大舅更气愤了,大声喝道:"戏子与妓女有何区别?滚出去,别丢了我们武家人的脸面。"说罢,抄起一把铁叉,把我们娘仨往门外撵,我们吓得赶快跑,大舅跟在后面追。幸好老舅上前,一把夺过了大舅手中的铁叉。外奶奶看到这种情况,坐在地上痛哭起来。

晚上,大舅、二舅避开众人,和武氏的族长一起私下密谋,准备明天集合武姓族人,在祠堂祭祖,惩罚我们违犯族规、沦为淫娼倒七大逆不道之举,要将妈妈武子芳从武氏族谱中除名,吊打重责,刺破脸面……这个话被二舅家的小桂姐(她小的时候,我背着她放牛,与她的关系比较亲密)听到了,她赶快把消息告诉了我妈妈。情况紧急,不等天亮,我们娘仨就在老舅的护送下,连夜逃离了武集户。从此以后,我们再也没敢回去过。

我们回到尼度庵住了没几天,陈伯伯和高二冲子就来找我们了,他们与丁伯伯商议,与其在家受穷挨饿,不如出去唱戏。自从上次我差点被子弹打死,妈妈心里不免担心,但现在家乡是待不下去了,就同意了他们的意见。

丁伯伯重新聚拢了班子里的人，来到含山粑粑店。因为在腊月里，粑粑店就托人带来了口信，邀请我们正月新春去那里唱戏。

在粑粑店，我们从1941年正月初一直唱到二月二龙抬头。

唱砸（讨）彩戏、唱赌戏

1941年春，我们离开粑粑店后，来到石塘桥唱戏。当地老板一场戏给一斗五升米。这时，我们戏班的人比之前多了，陈家云的养子卜家玉、亲儿子陈仁贵都来到戏班，张绍银也加入进来，有十几口人。除了吃饭，有些人还抽大烟，挣的米不够开支。陈伯伯与丁伯伯商议让我唱讨彩戏。

所谓讨彩戏，就是戏班以打彩、讨苦彩、插花菜等方式讨取赏钱。那时的农村班社，经常用这种特殊的演出方式增加额外收入，这样就可以赚几个钱买几包烟、打点酒、割斤肉，大家解解馋。唱讨彩戏时，要事先与使戏的人讲清楚，加一折"讨彩戏"。丁家班当时加演的讨彩戏多是"苦戏"，如《打桃花》《秦香莲带子》等。

唱讨彩戏时，唱到高潮或感人之处，观众就会往台上抛彩钱。有时，有些观众故意向演员身上砸，演员则以衣服或其他的东西遮脸，以防被打。那次我唱的讨彩戏是《荒草山扫雪》，这是个悲情戏，唱到高潮时，不时有人往台上砸钱。我忙把裙子撑起来遮住脸，以防被他们砸伤。

当时，石塘桥比较混乱，分为鬼辫子和地方势力两大派。唱讨彩戏时，两派都往台上砸，戏台成了他们的比赛场。眼见一大箩筐的硬币快被砸光了，他们谁都没能砸到我，恼羞成怒，准备掏枪打我。后台戏班人看到了赶紧对我讲坎子话，要我有意识地把裙子放一下，露出脸来，让他们砸。就这样，一个个的硬币砸向我的脸，硬币砸光了，有的人捡起地上的小石子、瓦渣滓、碎瓦片，用纸币包着朝我扔过来。顿时，我被砸得鼻青脸肿，鼻子、嘴巴都被砸出了血，在慌张躲避中，在台上重重地跌了一跤，昏迷过去。

丁伯伯等人把我抬到了私房，妈妈见状哭了起来，埋怨丁伯伯他们："看你们出的歪点子,丫头鼻、嘴都被砸破了,要是破了相,以后还怎么嫁人?"

请我们唱戏的老板进来对丁伯伯讲:"你们怎能让这个小丫头唱这样的讨彩戏呢?一斗五升米不够吗?我们这个地方地主恶霸多,防都来不及,哪能让她唱这种戏呢!"街道上的大嫂、大妈也都同情我,有的送来两个鸡蛋,有的送点小菜。这些乡亲,从心里是同情、喜欢我这个演戏的小女孩的。

当时肥东一带农村赌博比较盛行,有时我们还会被邀请去唱赌戏。所谓唱赌戏,就是聚赌人邀请戏班唱戏,以招徕赌徒。为了活跃赌场、招徕赌客,我们常常唱到"两头红",即从日落唱到第二天早上日出。

有一次,我们来到秦集镇的一个农村唱赌戏。戏台下面空地的四个拐角处放上了赌桌,赌钱的人一边听戏,一边推牌九赌钱。赌场里灯火通明,人气旺盛,赌博的人兴致非常高,常常玩到很晚,我们就得陪着唱到很晚。在这里,我们一共演了七场戏。由于时间拖得很长,唱久了,我就犯困。有一次,我在后台,坐在戏箱上打起瞌睡来,一下子跌了下来。当时戏台搭得有一人多高,跌下来后,脸、手、腿都跌破了。第二天早上,我忍痛去茅厕,因腿上有伤,没有站稳,一下子掉进了粪坑里。

还有一次,四个反动军官打麻将,叫我站在旁边清唱。我唱了半天,嘴干舌苦,想向他们要一点开水喝,结果有个反动军官因输钱太多,拿我们唱戏人出气,骂小戏班是什么东西,没唱两句,就要喝水,伸手就来打我,连骂带推,拉出门外去了。唉,在旧社会,我们唱戏的所受的罪,真是三天三夜也说不完。

和弟弟同台演出

我的弟弟比我小三岁,小名叫小外子。妈妈和丁有和拢家后,给他起名丁道元。小时候,因时常填不饱肚子,我和弟弟经常因一根油条、一个鸡蛋而吵架。那时,发生在我们俩身上的趣事特别多,记忆最深的一次就是我们第一次同台演出。

1941年秋,弟弟7岁了,正式上台打小锣了,有时还扮演个小奶生。有一次，我和弟弟同台演出《莲花庵出家》，我演出家的妈妈，弟弟演小娃儿，婆婆青衣由孙小子扮演。戏的大意是，婆婆蛮不讲理，对媳妇看不顺眼，鸡蛋里挑骨头。她在儿子面前诬陷媳妇不贤不孝，打骂公婆。儿子不分青红皂白将媳妇痛打一顿。媳妇伤心欲绝，一气之下削发为尼，到莲花庵出家。她非常想念孩子。一次，母子见面了。按照戏的要求，母子相逢，要抱头痛哭。那时，小外子年龄小，不能理解戏里人物的感情，该哭的时候偏偏不哭，直愣愣地看着台下。我见了，小声提醒他赶快哭，他还是哭不出来。我急了，就使劲在他胳膊上掐了一把，小外子疼得哇的一声就哭了起来，我就势把他搂在怀里也放声大哭。看戏的人们也受到感动，抹起眼泪来，纷纷夸奖小外子会演戏。

散戏后，我看见弟弟小外子的胳膊被我掐紫了，顿时心生内疚，连忙向他赔不是。为了表达我的歉意，我特意到街上买了块烧饼来补偿他。同时告诉他："演戏的时候千万不能分心，该哭的时候就该哭，该笑的时候就要笑。"小外子一边吃着烧饼，一边似懂非懂地点着头。

启蒙师傅去世

1941年冬，我们来到含山的粑粑店演出。这时候，师傅陈伯伯突然得了重病，卧床不起。看着陈伯伯一天天消瘦下去，大家心急如焚。为了给陈伯伯治病，大家将每天唱戏得到的一斗五升米，扣下五六升填饱肚子，剩下的全都变卖，用来买药。

陈伯伯有两个儿子，一个是陈仁贵，一个是卜家玉。陈仁贵是他的亲生儿子，仁贵妈妈死后，陈伯伯与卜家玉的妈妈拢家了。卜家玉比我大四五岁，人长得很帅气，又会演戏，很早就跟陈伯伯一起在戏班演戏了。平时，卜家玉的妈妈在农村生活，偶尔来戏班住几天。

天气越来越冷，陈伯伯的病也越来越厉害了。不演戏的时候，我就守在他身边，给他端水、喂饭。那天，我演完《薛世荣上京》，赶快跑到住处看他。当时我们住在一个菜棚子里，棚顶是用茅草搭的，四面没墙。正值冬天，天气寒冷，棚子四面透风。陈伯伯一个人躺在菜棚里,棚子外有几只麻雀叽叽喳喳地叫,显得格外冷清、凄凉。我来到他身边,问他需要什么,陈伯伯摇了摇头,对我说:"小姐子,你眼下唱红了,一半是你嗓子好、扮相好,还有一半是沾了女伢子的光。你年纪小,又是个女娃,大家喜欢你,并不是说你已经唱得很好了,你自己千万不能糊洋啊,更不能发飘。我恐怕是不行了,你要找个师傅来教你唱,没有……"说着说着,陈伯伯就快不行了。我赶快把正在做饭的妈妈喊过来,然后飞快地跑向戏场去找丁伯伯。丁伯伯得知后,对台上正在演戏的演员讲坎子话:"马前。"意思就是让演员唱快些,丢着唱,丢掉戏文里面一些无关紧要的唱词。然后拉着我往回赶。我们赶到菜棚时,陈伯伯已经走了。我伏在陈伯伯尸体边,大声痛哭。

一会儿工夫,戏班的人都赶回来了。有的喊陈三爷,有的喊陈伯伯,有的喊老陈……哭声、喊声连成一片。周围的老百姓听见哭声,也都围了过来。看到我们的处境,有人同情地说:"唱戏的不容易,现在戏班又死了人,真伤心。"

丁伯伯到街上买了几刀黄表纸,抽出一张盖住陈伯伯的脸。那天,风特别大,盖在陈伯伯脸上的纸被风吹得一动一动的,我见状以为是陈伯伯又活了过来,忙止住了哭声,对大家说:"你们快别哭了,陈伯伯没死,他的脸还在动呢!"妈妈说:"傻丫头,那是风吹的,你陈伯伯他真的走了。"我听后,又大声哭起来。

陈伯伯是丁家班年纪较长者,社会经验多,人忠诚厚道,是班子里的智多星,经常出主意,帮班子从困境中解脱出来,是丁家班的顶梁柱,是丁有和的重要助手,失去了他,丁有和就犹如失去了左膀右臂。

陈伯伯辛苦一辈子,为丁家班呕心沥血,但贫苦的班子却无钱给老人成殓,全班人悲痛欲绝,束手无策。丁伯伯与陈伯伯的两个儿子商量说:"家玉、仁贵啊,我们没钱给你爹下葬,怎么办呢?我看明天让小姐子再唱一折讨彩戏,讨一点钱,能够买棺材就买棺材,不够就买张芦席吧。"卜家玉哭着说:"丁班主,不能再让小姐子唱讨彩戏了,万一再出事,可怎么办啊?"丁伯伯无奈地说:"没有其他办法了。看戏的看到陈三爷死了,估计不会再像以前那样了吧。就这样吧,讨几个钱,把你的老父亲安葬下来。"

第二天，我登台演唱《南天门》剧中的一折《荒草山扫雪》。这是个苦戏，大概剧情是，曹玉姐的后妈设计烧死她，仆人曹福得知后，带她出逃避祸。俩人走到荒草山上，突然天降大雪，曹福脱下身上的衣衫为玉姐御寒，自己却冻死在风雪之中。我扮演小姐曹玉姐。当演到曹福冻死，玉姐孤苦无依，跪在地上求人施舍棺木时，真是感同身受。想到陈三爷待我的恩情及我们艺人的悲惨命运，我越唱越伤心，最后声泪俱下，泣不成声。逼真的演出，赢得了观众的同情，许多人含泪将铜板抛上戏台。

演戏结束后，丁有和、陈仁贵和卜家玉一起到街上买了一口小棺材，还买了根粗绳子，准备次日下葬。

第三天早上，天上飘起了大雪。大家抬着棺材往街东边的山脚荒岗走去。走到半路，遇到一群穿黄色军装的国民党兵，他们是起早来野外训练的，猝然遇上我们这支送葬的队伍，大为恼火。一个军官模样的人气愤地说："大清早的碰见出丧的，真他妈晦气，赶快抬回去。"丁伯伯连忙上前给他鞠躬作揖赔不是，说道："老总请息怒。我们戏班死了人，抬出去安葬，人都抬出来了不好再抬回去啊。今日得罪老总了。"他哪里听你解释，伸手打了丁伯伯一耳光，同时又有两个兵痞蹿上来把丁伯伯按倒在地，用枪杆狠狠地打。丁伯伯的头被砸破了，鲜血顿时染红了地上的积雪。丁家班的人都跪在地上求他们放过丁伯伯。兵痞们岂肯休手？直到打够了，才骂骂咧咧地走了。

丁伯伯的肋骨被打断两根，躺在雪地里爬不起来。妈妈留下来守着他，戏班的其他人则去安葬陈伯伯。我们把陈伯伯安葬后，返回来用抬棺材的绳子编成担架，把丁伯伯抬回戏班住处。

戏班人决定唱讨彩戏给丁伯伯看病，但被妈妈否决了。她流着眼泪说："老陈走了，老丁又被打得动弹不得，我们戏班不能再出事了。就让老丁躺在住处养着吧。"没钱治病，丁伯伯只能躺着强忍疼痛，有时疼得直叫唤。

请我们来唱戏的老板是个好心人，看到我们的处境，对戏班的人说："你们来我们镇上唱戏，却搞成这个样子，我很难过。我们多出些米给你们，明天你们歇一天，米还照给。"

丁伯伯对戏班的人说:"人家这样说,我们很过意不去。我们还得唱。我不会像陈三爷那么快就走的,就是疼一点,忍忍也就过去了。你们明天还是去唱吧。"

第二天,我们演出的是《卖花记》,我演张秀英。演戏的时候,大家的情绪都特别低,好不容易才把戏演完了。

陈伯伯刚刚死,丁伯伯又因腰受伤卧床不起,大家情绪都十分低落。戏,是唱不成了。于是,丁伯伯对大家说:"我们现在遇到了难处,天又下起大雪,戏是唱不下去了,你们各自回去谋生吧。等明年春我养好了伤,再请大家一起来唱戏。"

得伤寒　差点丧命

1942 年一开春,元疃集派人来到尼度庵,请丁家班到那里去唱戏。

这时,丁伯伯的身体已经渐渐痊愈了。于是,他挨家挨户去请戏班的人,与大家商议,到元疃集演出。这次,甘文如因老婆生孩子没有来。

在元疃集,我们一共唱了五天,相继演出了《荷花记》《卖花记》《孙自高卖水》《王清明招亲》《珍珠塔》几部大戏,还有折子戏《点大麦》《蓝桥担水》。

这次演出,虽然酬劳不多,每天仅得一斗五升米,但比较顺当,没发生什么意外。

同年夏,我们来到滩角镇一带的农村演出。当时,我虽才 11 岁,但已有三年的演出经历,在那一带的农村,已拥有很多喜欢我的观众了。我的嗓子比较清亮,扮相又好,不管到哪里演戏,群众都喜欢看。他们当中有些人甚至说:"我们要看小姐子的戏,她要是不唱,我们就不看了。"有些地方,点名要看我演的戏。

当时,我们经常在外四处演出,没有正式的住所,每到一个地方,要么住在破庙、凶宅,要么住在人家的菜棚、小饭馆或百姓家里,没有床,临时找些稻草打个地铺就住了。由于地方狭小,戏班的人都挤在一个地方,为了避嫌,我住的地方,通常会挂起一顶帐子。

当时的农村,卫生条件特别差,一到夏天,苍蝇、蚊子满天飞,很容易传播疾病。1942年夏,我打起了摆子(疟疾俗称打摆子),身上忽冷忽热。没钱治病,只好硬扛着、拖着。就这样,越拖越重,疾病发作的时候,牙齿打战,头疼得像是要炸开了。最后病得不能登台演出了。

当时主持演出的,是当地的一个恶霸,偏偏点名要我演出。

班主丁伯伯去和他交涉,他眼睛一瞪,说:"不能演就给我滚!别不识抬举,跌死在台上,大爷赏她口棺材。"

而大伙还指望着演出的那两斗米糊口呢。实在没办法了,我只好拖着沉重的身子去化装。刚坐下来,就感觉到浑身一阵发冷,对着镜子一照,天哪,嘴唇都烧乌了,脑子里一片空白,哪里还有力气和心情去演戏?

这时,当地的地痞流氓在台底下起哄,台上的锣鼓也敲得震天响,我只好硬撑着站起来,强忍泪水,一步步走上台。由于浑身无力,脚下仿佛注了铅。在台上,我只唱了两段,牙齿就直打战,字也吐不清,嘴也合不拢了。丁有和看我脸色煞白,眼看就要倒在台子上,就赶紧让人上台把我换下来。

演出结束后,恶霸竟以我没把戏演完为由,拒不给钱。那天,大家只好空着肚子,饿了一天。

接着,我们戏班来到英葛镇,只演了几天,因为卖座不好,连口都糊不上。正打算离开那里,我的病偏偏又加重了,高烧不退,浑身无力。大伙儿见我病成这样,都一筹莫展。戏班为了生存,只好将我们母女俩留下,去别处演出了。妈妈背着我,找到一座破庙安下身来。没有吃的,妈妈就出去讨饭。我一人孤零零地躺在庙角的一块青石板上,望着四周那些面目狰狞的菩萨像,有的张着嘴,有的举着手,害怕极了。高烧已经使我神情恍惚,迷迷糊糊中,我听见菩萨不停地喊:"小棚姐,过来! 小棚姐,过来!"等妈妈讨饭回到破庙,发现我已躺在地上奄奄一息了,她赶紧用一块湿毛巾放在我的额头上降温。我醒过来后对妈妈说:"菩萨叫我跟他走,他在向我招手呢! 大大,我要不要跟他走?"妈妈听了,抱住我哭起来,说:"伢啊,大大就在你身边,你不要害怕。你是发烧烧糊涂了,菩萨不会叫你走,他是来保佑你的。"

　　妈妈向村里的人四处打听,找到一位老奶奶来给我看病。老奶奶来到庙里看了看说:"这伢子得了伤寒,身上出了羊毛疹,要用针刺破,用线绞掉。"就这样,老奶奶用针把我身上的疹子刺破,然后用线将疹子绞掉,结果背上被绞烂了四大块。当时正值夏天,天气炎热,蚊虫又多。苍蝇在伤口下了崽,生了蛆。妈妈用竹签子,把伤口上的蛆一个一个地挑掉。

　　在这块青石板上,我躺了整整四十多天,昏死过去三回。

　　后来,丁家班又辗转来到英葛镇农村一带演出。丁伯伯打听到我们母女所在地,派人把我们接回班子去。我的病刚好,身体还未恢复,走不了路。妈妈就借了张竹席,和戏班的人一起把我抬回了戏班。戏班的人见我瘦得皮包骨头,都难过地流下了眼泪。我安慰他们说:"大家别难过了,我这不是回来了嘛。"大家说:"小梅姐过了一道鬼门关,从阎王殿回来啦。以后会时来运转的。"

　　自从生病后,我就没怎么吃过东西,已经被病痛折磨得感觉不到饿了。这时,我突然想吃东西了。有一次,妈妈煮好了一锅粥,盛在盆里放在小桌子上,我当时睡在相邻的一张大桌子上,闻到粥的香味,我就把手伸到粥盆里,偷偷地舀了一勺喝了。妈妈见状,责怪我不该偷吃,怕吃了犯病。我说:"大大,我就喝了一勺,真的好香啊。我想吃饭了。"此后,妈妈每天都煮点粥给我喝,从一勺、两勺、半碗,再到一碗。慢慢地,我的身体渐渐好起来,身子也能动了。妈妈见我精神也好多了,对我说:"伢啦,你的头发很久没梳了,我给你梳梳吧。"妈妈的手刚碰到我的头发,头发全都齐根掉了。"大辫子丫头"变成"秃丫头"了。我伤心地大哭。为了遮丑,我便找了条毛巾扎在头上。

偷　戏

　　我病好后,身体慢慢恢复了,个子又长高了一大截,头发也重新长起来了,一条大辫子扎在脑后油光发亮,"大辫子丫头"的名字又叫起来了。

　　自从陈伯伯去世后,戏班就没有人教我唱戏了。丁伯伯有时会抽空教我唱一段戏,但他是班主,事务多,没有更多的时间来教我。我特别想学青衣、花旦。当时我们戏班演青衣、花旦的都是男的,看着他们捏着嗓子唱,感觉非常别扭。我想如果我来扮演这些角色,比他们男扮女装自然些,大家也会更加喜欢。当时,演青衣的是张小子,演花旦的是甘文如。于是,我就天天跟在他俩后面转,一口一个张小爷、甘小爷地喊。为了央求他们教戏,我把平时攒下来的钱买几包他们喜欢抽的烟,教一折给一包。平时,还帮他们打开水、洗衣服、叠被子。教了几次后,他们就警觉起来,不肯再教了。俗话说:同行是冤家。他们怕自己的东西都被我学去,以后他们就没什么资本了。他们不肯教,我只好偷学了。

所谓偷戏,就是在他们演出的时候,若是没有我演出的角色,我就躲到观众中间,眼睛盯着舞台,全神贯注地听他们的唱腔、看他们的动作,边看、边学、边记。有我的戏份时,我则装作专心化装或打瞌睡,其实暗中把他们的唱词记在心中。有一次,甘文如在台上演《桑园会》里的罗氏,忽然瞥见我在一旁偷学他的戏,暗暗吃了一惊,赶快在台上胡诌起来。他这么一胡诌,可害苦了和他配戏的老生方平久子,气得方平久子在台上大声用老生腔对甘文如唱道:"哎呀夫人啊!你这么东扯一句,西拉一句,叫为夫怎么跟你对词啊!"

就这样,他们演一台,我就偷一台。偷来之后,再复习揣摩。我用这种迫不得已的办法,学了许多台戏。由于这些戏都是用强记的方法记下来的,所以印象特别深刻,多少年后都还记得。也正是这个"偷"戏的经历,练就了我超强的记忆力。

从此,我在戏班子里多演旦角、青衣了。我以清俊的扮相、优美的唱腔、自然洒脱的表演,一改旦角男扮女装反串表演的现状,让群众耳目一新,受到群众的热烈欢迎。丁家班为招徕观众,每到一个地方演出,就贴出戏报,在戏报上醒目地标上:"小棚姐领演某戏。"戏报一出,观众奔走相告,相约一起去看小棚姐演戏。观众喜欢我,每到一个地方演出,乡亲们派人牵着牛、驴等专门来接我。到了村口,他们还为我披红挂彩,鸣放鞭炮,夹道欢迎。进了村,有的送来鸡蛋、小菜、花生之类的礼物,还有些大妈、大娘,拉着我的手,要认我做干女儿,把我接到家中吃饭、休息。冬天天气寒冷,有些大娘、大婶就在戏快结束时,从家里端出一碗热气腾腾的面条,送到后台。等我戏结束了,她们把面递给我,说:"梅姐,天气这么冷,快把这碗面吃了暖暖身子。"这何止是暖身子啊,这是一股暖流,流到了我的心里。观众的喜爱和关怀,正是我多唱戏、唱好戏的精神动力。

不久,在肥东、含山、全椒、定远等县的许多乡村小镇,"小棚姐""大辫子丫头""小梅姐"的艺名不翼而飞,家喻户晓。

和费家班合班演出

1943 年春,丁家班来到肥东梁园镇中山纪念堂演出,费家班①也在此演出。费家班的班主是费业发,艺名叫费大发。当时,费家班的旦角还是由男性扮演。虽然费家班颇有名气,但因丁家班有我出演旦角,女子演戏,独树一帜,百姓感觉新鲜,自然都跑到丁家班来看戏。

费家班主动提出两班合伙演出,成立乱弹班。所谓乱弹,就是大、小戏都唱,每场演出,先唱两出大戏(京剧),后唱四折小戏(倒七戏)。当时,孙静如、孙邦栋父子搭在费家班演出。孙静如是肥东白龙人,人称"孙五爷",是当时皖中一带影响极大的京剧演员,京胡(又称胡琴、二胡)拉得非常好。他的儿子孙邦栋从小就跟着他四处漂泊,耳濡目染,6 岁时跟他学唱京剧,学须生,8 岁登

① 费家班组建于 1923 年,班主费业发。费业发(1898~1955),18 岁跟叔父费志权学戏,25 岁掌班。如果从费志权掌班时算起,则费家班的历史可以追溯到辛亥革命前后。该班以费家兄弟、子侄为主,有费业洪(花旦)、费业富(司鼓)、费广庚(文武小生、花脸)、费广年(花旦)以及管总务的费业有等,还有王本银、潘保章、陈廷榜、汤道广、邹恒和、孙静如(京剧老生、京胡)、孙邦栋(小生)、罗国友、王业民、董光裕、裴家章等后来闻名的演员。当时艺人流动性很大,地方戏曲班社人数更少,而费家班在 20 世纪 30 年代初,就有 30 人左右,其人员之多、行当之齐,在当时肥东可数第一。他们演出活动范围,东及南京、上海,西抵义城、庐江,南经巢湖、无为以至太平、宁国、广德、泾县,北到定远、水家湖。该班在流动演出过程中,经常和东、西路倒七戏及京剧等其他戏曲剧种交流学习,多有吸纳,如把民间小调《数花名》调引入《秦雪梅·十拜》中,把《叹五更》调引入《白马驮尸》中,把《挑野菜》调引入《王三姐挑菜》中,深受观众喜爱。20 世纪 30 年代初,费家班进入南京下关华昌游艺园、义和堂等处演出,其间吸收了一些京剧演员加盟,将京剧的武功、身段和弦乐伴奏引入倒七戏中。后来因抗战爆发,戏班撤回巢湖一带,逐渐以演出京剧为主。

台,十一二岁搭班唱戏。我 9 岁那年,就在永安集的关家庙上认识了孙邦栋。他当时学花口,演须生。只有 11 岁的他,戴上髯口,大模大样地学着老头子的模样,在台上唱念做打,样样拿得来。

两班会合后,成了既演京剧又演庐剧的混合班社。当时京剧只是装潢门面,因为皖中一带的农民,还是喜欢用地方话演唱的倒七戏,听起来更加亲切、动人。所以当时演出,都是京剧在前垫戏,倒七戏在后演。

插秧季节,我们来到清水店,费业发和丁有和就动员孙邦栋来唱倒七戏,由费家班的罗国友教授。罗国友虽嗓音不太好,但戏路宽,旦角、青衣、小花脸都行。孙邦栋基础牢、悟性好,有时候一点就通,一两天的时间,他就能上台演出了。我与孙邦栋第一次同台演出的是倒七戏《薛世荣上京》。我演周桂英,他演薛世荣。由于他唱惯了京剧,一下子改唱倒七戏,不免夹着京剧的味儿,把京剧讲究喷口的演唱习惯也流露出来,演唱的时候,嘴巴张得老大,"孙大嘴"的绰号就这样叫开了;又因他唱的时候,带有京剧韵白的成分,倒七戏唱的是江淮方言,也有观众喊他"小蛮子"。

散戏后,我耐心教孙邦栋倒七戏的用语、口型、调门和表演技巧。他则教我一些京剧的吐字、发声、表演等,二人互相取长补短。

偶尔,我也会和孙邦栋一起演京剧。如在京剧折子戏《渔舟配》中,孙静如、孙邦栋和我三人同台表演,配合得默契,十分精彩。只是我的韵白功夫浅,常常掺杂进合肥方言,孙邦栋则耐心帮我纠正。

以前,倒七戏只有锣鼓伴奏,这次和孙家父子同台演出,我们受到启发,也尝试着用京胡给倒七戏伴奏。孙邦栋在演京剧时,孙静如总是用京胡给他伴奏。现在,孙邦栋唱倒七戏,孙静如试着用京胡帮他托腔。我们感到用京胡托腔,既新鲜又好听,为演唱增添了不少色彩,也想尝尝京胡伴唱的味道,就纷纷要求孙静如也为自己的演唱托腔。可以说,孙静如是用京胡给倒七戏伴奏的第一人。他用京胡给倒七戏托腔,虽是一时兴起,偶尔为之,但他当时这个不起眼的举动,结束了倒七戏单纯用锣鼓伴奏的历史,成为倒七戏开创弦乐伴奏的第一人。

由于合班演出，我们既从费家班演员身上学到了一些东西，又吸收了京剧的一些化装方法，表演上学习了一些程式动作，对我个人的艺术发展以及倒七戏的发展都起到了非常重要的作用。

清水店演出之后，我们又来到二十埠、柘皋等地演出。在柘皋演出时，我与费家班的罗国友发生了冲突。有一次，妈妈把饭烧烂(煳)了，罗国友非常生气，吃饭时，他故意用筷子把碗敲得当当响，边敲边说："看看煮的什么饭，猪都不吃。"接着就骂起来。我坐在旁边忍不住说："你别乱丑人(骂人)，这次煮不好，下次煮饭煮好些就是了。"罗国友还继续骂，我警告他："你若再丑人，我就对你不客气了。"罗国友偏偏不听，还是骂。我气得连饭带碗掼在他的头上，罗国友的头被打破了，顿时鲜血直流。他捂着头，直往柘皋街的东边跑，一直跑到鬼辫子的炮楼里，他有个表弟在那里当兵。他边跑边喊："丁大丫头把我的头打烂了，我要报仇。"房主见事情闹大了，赶紧让我躲到他家的大衣柜里，把我锁藏起来。不一会儿，我听见罗国友带人来了，在外面大声喊："人跑哪里去了？"他们四处查找都未发现我。最后，他们把我妈妈捆起来带走了。我对房东说："赶快把我放出来，我一人做事一人当，不能让他们把我妈妈抓走。"我赶紧从衣柜出来去追他们。半路上，遇到了鬼辫子连长。他主动问我："棚姐，你慌慌张张地到哪里去？"我说："我把罗国友打了，他们却把我妈抓走了。"连长惊讶地说："还有这种事！我这个当连长的怎么不知道？他们抓人啦？有逮捕证吗？"我跟着连长来到了炮楼，罗国友的表弟见状连忙过来解释："我的表兄被大辫子丫头打了，头都打破了。"连长说："男的给一个女子打了，算什么？放人！"就这样，我妈妈被放了出来。不久，罗国友也回来了，只见他的脸和头都肿了起来。妈妈连忙拉着我，向他赔礼道歉。妈妈还打来温开水，把他脸上、头上的血洗净，用白布把他的头包扎起来，还把他沾有血迹的衣服也洗了。我心生愧疚，对他说："我对不起你，明天早上我请你去喝茶，要不然，你就打我一顿，出出气。"罗国友说："算了吧。我给女子打了，算了！"第二天，为了表示我的歉意，我请罗国友去喝茶，要了一壶茶、四笼小笼包，还有两碗花生米拌芫荽菜。妈妈天天服侍他，一直到他好为止。

1943年夏，我们又来到二十埠演出。可惜不久，两个班子就分道扬镳了。

新中国成立后，丁家班和费家班都先后来到合肥，两个班子再次合到了一起，我和孙邦栋则成了几十年的老搭档。1953年，费家班的班主费业发有一次到医院看望一个人，不知怎的，好好的却倒下死了。

拜 师 傅

与费家班分开后，丁家班继续在江淮一带演出。这时，我开始在丁家班担任重头戏了，渐渐成为皖中一带最受欢迎的女演员。以前倒七戏的女角都是男扮女装，男演女，捏着嗓子唱，极不自然。我嗓子好，唱腔响亮、悠扬、动听，扮相俊俏，观众爱看。只要我在舞台上出现，就能把观众的目光吸引过来。观众喜欢我，于是一传十、十传百，越唱越红。很多人给我送来匾额，称赞我是"女伶魁元""梨园女杰""神韵天姿""雏声清悦"等。可是树大招风，人红招嫉。一些流动班社和丁家班内部的一些人开始嫉妒和嘲讽我，有的说我戏路不正，东一榔头，西一棒槌，没有出山师傅。也有人风言风语地说："她耍的那几招，都是歪门邪道。"甚至还有人说："她的戏全都是从粪堆里捡来的，从人家口袋里偷来的。"听到这些议论，我十分伤心，情绪一落千丈。妈妈看到后也替我着急，让继父想办法。继父丁有和说："丫头正是因为没有正规师傅，才招致大家的议论，要是有个师傅就好了。但向谁拜师呢？"

真是"山重水复疑无路，柳暗花明又一村"。正当我苦恼的时候，丁家班来了个唱花旦的郭士龙先生。1943年夏，我们在肥东磨店演出时，郭士龙前来搭班。那时，流动艺人投班称挂单。进门先要拜祖师神位，然后再对戏班的艺人拱手说道："请诸位师傅赏碗锅巴汤喝。"戏班都要接待，以后是留是走，听其自便。若要走，班主赠送盘缠。

郭士龙本是唱京剧的，在江淮一带比较有影响力。但因当时京剧在皖中一带的乡村、城镇不受观众欢迎，老百姓觉得它不如用本地话唱的倒七戏、黄梅戏亲切、好听，于是一些京剧演员就改行了，如郭士龙改唱倒七戏，王少舫改唱黄梅戏。郭士龙和丁有和是旧友，在江南一带唱京剧，日本鬼子狂轰滥炸的时候，他跑反回到家乡，投到丁家班来。他戏路宽，大戏、小戏都唱得呱呱叫。自从他来到戏班后，我常向他请教。他教了我几出京剧的折子戏如《武家坡》《四郎探母》《桑园会》等。

戏班来到石塘桥后，继父丁有和与妈妈商量，请郭士龙收我做徒弟，让我跟这位名角多学几出戏，唱得更好些。更重要的是，让我师出有名，堵住那些对我冷嘲热讽的人的嘴。起初，郭士龙不同意，他说："我刚从京剧改行不久，来戏班时间又短，小棚姐现在已经唱红了，我做她的师傅，不知情的人还以为我贪功、吹牛呢。"丁伯伯说："你虽刚唱倒七戏不久，但各个剧种除了唱腔不一样外，其他都是一样的。你演旦角时间久，经验丰富。丫头的戏不规范，人家风言风语的，你就收她为徒吧。"在丁伯伯和妈妈的再三恳求下，他终于答应了。

1943年重阳节过后，我就正式拜郭士龙为师了。按班中沿袭礼仪，拜师时，供奉三圣公神位。师傅把老郎神挂起来，摆上一个香案子，点燃香烛，对着老郎神烧香、跪拜、磕头，戏班的所有人也都跟着一起做。跪拜过老郎神后，其他人起身肃立。我伏地跪听班主丁有和宣读拜师帖："今有小梅姐，现年12岁。自愿投奔郭士龙名下为徒学艺，学期三年。学徒期间如有失足落水、爬高摔跤、生灾害病等情况，一切听天由命，与师傅无关。以后，小梅姐凡事都要听师傅的，如果不听，师傅可以骂、可以打，小梅姐不能还嘴、不能还手，对师傅要像对上人一样，一切要听从师傅的。"读罢，将拜师帖在蜡烛上焚烧。郭士龙端坐在戏箱上，受我跪拜大礼，并与我"约法三章"：三年出师，演出中跌伤、摔跤与师傅无关，要听从师傅的教诲等。

晚上，妈妈摆了一桌酒席，请戏班的堂中先生喝酒吃饭，庆祝我拜师成功。妈妈端起一杯酒，对大家说："请大家喝杯酒，丫头不太懂事，以后还请你们堂中先生多多关照。"师傅郭士龙也表态说："多谢兄弟们对我的信任，一定把小姐子教好。我来这里时间不长，还请各位多多照顾。"

正式学艺唱戏

拜师之后,师傅就正式教我唱戏了。

师傅教戏尽职尽责,既认真又严厉。当时我们师徒都是文盲,只能凭口传心记。师傅首先让我下笨功夫练嘴皮子,把一个一个的折子戏唱腔背得滚瓜烂熟,张口就出。因为唱腔是固定的,可以反复运用,换词不换腔。这在旧时演戏时是非常重要的,肚子里的唱腔、唱词越多,演出时就越能应用自如,这就相当于一个万金油,唱什么戏都能套上去。因为那时的大戏或连台本戏,都没有固定的台词,更没有剧本,全是水词①。演出前,由派戏人先把角色分配好,然后给演员们讲一下戏的故事情节、场次和人物关系,至于戏中的人物该怎么上台、怎么下台、怎么对话、怎么唱,等等,都是由演员临场自由发挥,没有固定的台词。②这就要求演员在台上要灵活掌握、随机应变。

接着,师傅教我唱折子戏。折子戏是从本戏中抽出来能够单独进行表演的戏,这是戏中最精彩的部分,老艺人称之为戏胆。如《观画》③为《秦雪梅》中的一场,可以作为折子戏单独演出。师傅教我唱《小放牛》《观画》《小辞店》《皮氏女三告》《闯帘》《二隔帘》等闺门旦、花旦戏。这些旦角戏,正是我喜欢唱的,我平时偷学也就偷学这些旦角戏。

师傅教戏时特别认真仔细。教《观画》的时候,师傅对我说:"《观画》这折戏非常重要,学会《观画》,走遍天下。这个戏里含有九腔十八调,拐弯抹角,花

---

① 水词:早期庐剧演出一般没有固定的台词,即所谓唱"水词",就是临时以串词、套词来自编。

② 派戏师傅讲情节和人物,艺人凭本事台上见,诀窍在于掌握十六个字:"君臣父子,尊叫搀拉,悲欢离合,手眼身法。"以此为准处理剧情和人物关系。水词也不可信口胡云地放水。观"人"时,表明男女老幼的容貌、穿戴;观"景"时,要分别山水、街道、城镇、乡村;公子书房,小姐绣楼要细致合情,都有一篇篇的套子。篇子的来源可能借鉴、移植鼓书、评词。熟记若干篇子,台上临场运用就可以应付自如了。参见:合肥市戏曲志编辑部编《合肥戏剧》,皖非正式出版字(86)第 2071 号,第 222 页。

③ 又称《秦雪梅观画》。

腔杂调,几乎把小倒戏的腔调全都包括进去了。"①我唱不好几处变化多端的复杂腔调,师傅就一句一句地教,一字一字地讲解。教《小辞店》时,师傅是一点一滴地教,特别认真。师傅还要我认真学习《闯帘》《二隔帘》,他说"学好了《闯帘》,闺门旦里的腔调就能拿稳了"。

由于倒七戏向来重唱不重做,因此师傅很少教表演的动作。当时倒七戏里没有水袖,演的时候,手里拿条手帕子,或摇动,或遮脸,或两手提角,并不怎么复杂,但对台步他教得十分仔细,如上楼、下楼、进门、关门、疾走、慢走、跑步、转弯,怎么抬脚、怎么落地等。

对剧中人物情绪的表达,师傅讲得也比较简单,多是启发、提醒,主要靠自己去揣摩。如教《小辞店》时,师傅告诉我,店大姐胡凤英不识字,没文化,是个开饭店的卖饭女,比较泼辣,唱腔要快。教《王婆骂鸡》时,师傅会启发我说:"你想想妇女吵嘴是个什么情形?跺脚、拍手、对骂等动作,只要符合人物身份就可以用。"演小姐,师傅会讲:"这个是大户人家的姑娘,走路时慢慢的,做事悠悠的,要笑不露齿。"师傅还特别告诉我,平时要细心观察周围各种人物的动作、表情,领会人物的心理活动。扮演剧中人物的动作和表情,要与平时观察到、见到的实际生活情形一致起来,让观众一看就能明白,就能领会出来。

"棍棒之下出高徒",是梨园代代相传的秘诀。因此师傅教戏,要求非常严格,我曾挨过不少打。有一次,师傅在教《小辞店》时,教我飞眼、媚笑等轻佻的动作,当时我年少无知不解其意,觉得害羞、丑,不愿做,结果师傅伸手就打了我一巴掌。1944年,我们在藕塘演出时,有人点《郭华买胭脂》这出戏,我没学过

---

① 庐剧的唱腔分为主调和花腔两大类。主调包括"二凉""三七""寒腔""老生调""小生调""老旦调""老生哀调""丑调""端公调"等九种。其中,"二凉""三七"和"寒腔",每一种又有不同的演唱形式。如"二凉"有"正宫二凉""寒二凉""花二凉""二凉连词""二凉吰台"等。"三七"也有"花三七""硬三七""小生三七""三七循板";"寒腔"又有"快寒腔""慢寒腔""寒腔连词"等。这些主调除了能表现各种不同角色的不同性格和情感之外,还有一些按表演上行当划分的专用唱腔,像"老生调"只能用在老生的角色上,"小生调"只能用在小生的角色上,而"二凉""寒腔"和"三七",小旦和小生角色都可以用。主调又有寻板、抹拐、伸腔、连词、切板、小过台、大过台、邀台(落板时常用帮腔,落板时的帮腔满台齐唱,称为"邀台")等多种腔调。花腔有40多种,多为民歌小调,常用于三小戏,大多专戏专用。

这出戏,就拒绝演出。师傅说不行,让我边学边唱,我就是不同意。师傅拿起扁担就朝我打过来,我顿时昏倒在地。妈妈闻讯赶来,抱着我大哭道:"我丫头还没跟你学一折戏,倒给你打死了,我们不学了。"师傅也气得收拾行李要走。丁伯伯把妈妈训斥一顿,让我和妈妈赶快去给师傅赔礼道歉。我向他保证说:"师傅,我以后听话,你叫我学什么,我就学什么。"妈妈也说:"丫头以后不听话,你打她两巴掌,就是不能再用棍打了。"那时学戏一般都是晚上来学,有时学到很晚,又累又困。有一次,散戏后已经是深夜了,大家又困又累,戏班的人回去后都赶快休息了,我也很想好好睡一觉,但被师傅喊住了。师傅往地铺上一靠,向我招手说:"小姐子,来,把《王二姐思春》再唱一遍。"我已经困得睁不开眼睛了,就没吱声,倚在门边打起盹来。妈妈心疼我,向师傅求情说:"她老爷,今晚太晚了,伢子熬不住了,让她睡吧,明晚再教她吧。"师傅猛地从地铺上站起来,大声喝道:"不行,一天都不能拖。我学戏的时候打瞌睡,师傅就拿锥子来戳我。怕苦,就别吃这碗饭。"妈妈不再吱声。师傅挥挥手,让妈妈走开。师傅语重心长地对我说:"小姐子,唱戏是一门苦差事,你既然选择了唱戏这条路,要想唱得好,必须下苦功夫。你现在好比出山的日头(太阳),红日子还在后面呢。但是你要是不好好学,一辈子只能当个下手,跑跑龙套,没什么大出息。我既然做了你的师傅,就得把你拉上路。我对你凶,对你狠,为的是教你成才。"为了避免我打瞌睡,师傅让我抱来一捆柴火。我一只手拎着水壶,一只手拿柴火点着了放在水壶下面烧水,这样学戏时便打不了瞌睡了。

师傅除了教新戏外,还经常指点我以前所学的戏。如,我以前偷偷学戏,断断续续的,有些地方唱得不规范,经过师傅指点后,有了很大的进步。在演出过程中,为处理一些特殊情况,演员必须要用坎子话讲。因此,师傅也教我学坎子话。所谓坎子话,即行话,行业内的黑语、暗语,外行人听不懂。如演出时间不够了,后台就嘱咐"马前",意思是可以掐掉几句,演员通过减少唱词、念白或加快演唱速度以减少演出时间。与之相对应的就是"马后",即在台上多唱一会。

师傅除了教戏之外,还教戏德、教戏规、教做人。当时,戏班一般都制定班规,师傅教导我,不准欺师辱祖,不准欺老凌幼,不得藐视他人等。① 在师傅的精心教导下,我有了很大的长进,学到了几出当家戏,比如《小辞店》《秦雪梅观画》等。

遇到新四军

1944 年春,丁家班来到秦集演出。秦集是柘皋古河的一个集镇。当时,在秦集、马当集、石塘桥一带经常有穿便衣的新四军出没,与地主、恶霸、鬼辫子、汉奸、国民党军作战。

当时,我们戏班住在秦集镇的一个饭店里。晚上睡觉时,把饭店里的桌子叠放在一起,腾出块空地,然后铺上草,就可以躺在上面休息了。为了避嫌,妈妈会在地铺上挂一顶帐子,把我和他们分开,住处叫私房。

当时是晚上唱戏。有一次我们正在演出《乌龙宴》,我在后台已经化好装,等待上台演出。突然发现后台的戏箱上坐着一位年轻的小伙子,我吓了一跳,刚要开口喊,他却示意我不要出声,并轻声地说:"小梅姐,你今晚有戏吧?不要演了,马上要出大事了。"我当时心里一惊:"这人怎么知道我的名字?好好的怎么会出事呢?这人肯定精神有问题。"他见我不信,又郑重、严肃地说:"我是好人,真的有特殊情况,你赶快把装卸掉,让你妈赶紧把背包打起来,赶快跟我走吧。"我见他那认真严肃的样子,半信半疑起来,于是,就出去把情况与我妈妈讲了,我妈一时也分辨不清这人是好还是坏,但又有些害怕。于是对我说:"我们还是跟他们走吧。"我们正说着,外面就响起了枪声。那人又带了一个人,跑过

---

① 各地方戏的职业班社,在演出、传艺、生活等方面,都有较严格的管理制度,艺人习惯称之为十大班规。各班社的班规内容不尽相同,条款多少不一,一般为:一、不准爬单过席(艺人携带家眷,住宿席单邻接,一顶布帐遮盖,界限必须严格);二、不准欺师灭祖;三、不得欺老凌幼;四、不得藐视他人或不得倚红欺众;五、不得戳戳捣捣(制造不团结);六、不得私游庄村或不得私结干亲;七、不得私跑山头(擅自离班溜走);八、不得误场、笑场、在台上望熟人讲话;九、不得早晨披衣趿鞋(尤其生、旦二行,必须穿戴整齐才能出帐);十、不得乱敲堂鼓。违犯以上条款者,轻则跪公堂,重则由锅师傅(炊事人员)打扁担,严重者罚除六根(轻则破相,重则挑断脚跟筋)。参见:《合肥戏剧》,第 223—224 页。

来对我们说:"唱戏的,你们赶紧跟我走,不然你们的命就保不住了,我们不是坏人,快快!"妈妈一听,赶快去盛饭。那人着急地说:"命都保不住了,你怎么还要饭?你们赶紧跟我走,迟了就来不及了。"

就这样,我们在稀里糊涂中,跟在那两人后面跑。后面的枪声一直响个不停。大概跑了一个多小时,才听不到枪声了。他们停下来说:"你们不要害怕,我们是新四军。你们跟着我们走,我们会保护你们安全的。戏班的其他人也会有我们的同志保护。前面山脚下有一户人家,我们先到人家借套衣服,给你们乔装打扮一下。"于是,我们来到一户人家,借来一块黑毛巾、一件褂子,把我乔装打扮成老奶奶的样子。接着,我们继续往前赶。一直到第二天中午,我们在古河集镇停了下来。不久,丁家班的其他人在其他新四军的保护下,也来到了这里。这里四面环山,是当时新四军的驻地。

第二天,新四军派人和班主丁有和洽谈,打算把我们编入部队的宣传队,供吃供穿,还发给我们每人一张行军床。新四军的一位负责人对丁有和说:"你们是部队的宣传队,你们要演好戏,演戏是用来教育人民的,是宣传爱国、宣传抗日保家卫国的,你们要演好戏来保卫我们的国家,教育我们的人民。"

从此,我们被编入了新四军宣传队。平时,新四军战士们出操训练,我们排戏,妈妈协助部队烧火做饭。行军时,我们换上灰色的军装,打绑腿,跟在新四军后面,感觉怪神气的。有时,新四军会让我唱一段倒七戏,有时还央求我教他们一段。我觉得《点大麦》的唱腔非常好听,就教他们唱。在部队里,纪律严明,是不准抽大烟的。戏班的高二冲子、方平久子烟瘾发作时,就偷偷跑到厕所去抽。

在新四军宣传队,我们排演的第一出戏是《吴汉杀妻》(又名《斩经堂》)。这是一出老戏,我们演出时,内容作了变动。改编后的剧情为:吴汉是一名新四军,他的岳父是国民党。新四军在与国民党军队作战中,死了不少人,吴汉的父亲也被国民党杀掉了。吴汉的妈妈得知后十分生气,埋怨吴汉娶了敌人的女儿,并要吴汉替父报仇。吴汉的老婆非常贤惠,婆婆生病了,她割股熬药,精心伺候。吴汉于心不忍,但最终还是举刀将妻子杀了。

新四军的营长看过这个戏后,非常满意,高兴地说:"这个戏符合国共合作抗日大方向,可以继续演下去。"于是,我们走到哪,《吴汉杀妻》就演到哪。在古河一带,我们一共演出了三场《吴汉杀妻》,很受欢迎。

后来,部队开拔,来到了离古河二十里的一个地方。在行军途中,连长把自己的马让给我骑,我有些受宠若惊,连忙推辞。连长就对我说:"这是命令。你有任务,要演戏,要保存好体力、精力。"

在随后三个多月的时间里,我们跟着新四军跑了很多地方,每到一个地方,都为老百姓演戏。当时演戏,主要是演一些爱国的、阶级立场鲜明的戏,如《吴汉杀妻》《薛平贵》等,同时也演一些没有阶级性的生活小戏,如《看相》等。

在随部队做战地宣传的那段时间,我开始明白,演戏的目的是给老百姓提供精神食粮。搞文艺,一要有阶级性,二要演生活戏。只有演老百姓看得懂、喜欢看的戏,才能把他们吸引过来,才能起到宣传教育的作用。

后来,部队来到滁县的一个农村,突然与鬼子接上了火,情况紧急。营长对丁伯伯说:"我们马上要打仗了,没办法让你们演出、发挥你们的作用了。虽然我们不舍得你们离开,但考虑到你们的安全,你们还是单独出去演出吧。"

跟随新四军的这段时间,我们有饭吃、有衣穿,不受欺负,还能靠演戏起到宣传作用,过得很舒坦,到哪里都受到尊重。大家听说要离开,都舍不得。离开新四军那天,营长安排了两匹马,一匹让我骑,一匹驮着打好的背包,又派了七八个新四军相送。这段生活经历,让我对新四军有了了解和认识,对他们充满了感激、敬畏之情。新中国成立后,我成为一名文艺工作者,只要一有上部队慰问演出的任务,我总是积极报名、踊跃参加。

成为皖中名角

在师傅的严格要求和自身努力下,我的表演水平逐渐提高。我十五六岁时,在表演中已能达到表演细腻、吐词清楚、唱腔圆润,加上我做戏认真、嗓音甜润,渐渐成为肥东一带远近闻名的倒七戏名角。那时我的拿手戏有《小辞店》

《秦雪梅》《闯帘》《休丁香》等十多个剧目,很受观众欢迎,《观画》和《小辞店》尤其受欢迎。

当时我们流动演出,经常换地方。每到一地,当地百姓就会用牛、马、骡子等,专门到上一个点去接我。迎接的路上,有时还为我披红挂彩,鸣放鞭炮。进了村,有的送来鸡蛋、花生、小菜之类的礼物,还有的老奶奶拉着我的手,认我做干女儿,把我接到家中吃饭、休息。

1944年夏末,丁家班来到古河郊区演出,这一带的老百姓善良朴实。有一位60多岁的孤身老太太,听戏入了迷,非认我做干女儿不可。妈妈觉得她诚心诚意,就同意了。从此,又多了一个疼我、爱我的人。不演戏的时候,干妈把我接到家里吃住。当时正值夏天,干妈腾出一张大床、铺上凉席让我睡,自己则睡小床。有时她还帮我扇扇子,像对待亲生女儿一样。

有一次我们演出《卖花记》,剧情是:张秀英上街卖剪花,遇到了曹国舅,曹国舅见她长得漂亮,心生歹念,把张秀英骗到曹府,逼她为妾。张秀英不从,曹国舅将她活活打死。我在戏中饰演张秀英,高二冲子饰演曹国舅。当演到曹国舅把张秀英打死时,干妈在台下放声大哭,喊道:"棚姐被奸臣打死了。"说着她从地上捡起一块砖头,冲到台口去打高二冲子。她抓住高二冲子的衣领,要他偿命,还请保驾兵做证。保驾兵笑了,说:"大娘,这是唱戏,不是真的,马上你丫头就活了。"干妈还是不信,保驾兵只好把她带到后台来见我。干妈看到我好好的,十分惊讶,忙拉住我的手问:"乖乖,伢咪,你没死啊? 你不是被打死了吗?"我对她说:"干妈,这是在演戏,不是真的。"她这才从戏中醒过来。高二冲子指着头上的包说:"老人家,看你把我头上砸了个包。我们是在演戏,假的哩!"大家听了哈哈大笑。

我们在古河的演出结束了,干妈哭了,她舍不得让我走。1953年,干妈挑了一大担东西来合肥看望我。后来,又来过一次。

1944年秋,我们来到巢县柘皋,在那儿我们整整唱了100天。柘皋城郊有位60多岁的老大娘,除了一天有事未能看成外,看了整整九十九场戏。

正是由于深得观众的喜爱,我逐渐成为戏班的头牌,演出分到的钱也逐渐增加。我 8 岁登台演出时,只拿到 2 厘钱,也就是拿全账人的五分之一。10 岁时,拿到 6 厘钱,后来又涨到了 8 厘。到 14 岁时,能拿一股钱,即全账。① 从此以后,我就一直拿全账了,即人家得 10 元,我也得 10 元。

遭遇抢婚

随着年龄的增长,我个头越长越高,戏也越唱越好,名气也越来越大,渐渐成了引人注目的人物,但麻烦事也越来越多了。每到一处,总有些地痞流氓、乡绅恶霸等打我的主意,跟在后面纠缠。

1946 年秋,丁家班在含山英葛镇农村演出。我们在这里一共演出了五场戏。这里有一个炮楼,里面驻着国民党军。演过两场戏后,国民党驻军的一个连长看上了我,就派了一个勤务兵跟着我,我走到哪他就跟到哪。第三天下雨,不能唱戏了。国民党驻军的营长就派了两个士兵来让我给营长太太去唱堂戏②。丁有和怕他们不怀好意,就说:"一个人怎么能唱戏呢?我再派几个人跟你一道去。"

于是,我和高二冲子、卜家玉、甘文如、陈仁贵共五个人,带上锣鼓,跟士兵去了。可是,到了那里,其他几个人被留在马棚等候,我一人被带到炮楼上。营长夫人穿着旗袍,涂脂抹粉,见到我,吩咐用人端茶、拿糖,然后笑容满面地对我说:"你就是小棚姐吧。营长属下有个叫金志祥的连长看上了你,想让你给他做三姨太。"我听了这话,吓得双腿直发抖。营长太太见状,说:"你不要害怕,怕什么呢?我们的日子过得好得很呢。当戏子多下贱,吃尽苦头还填不饱肚子。你现在唱得正红,正年轻,不如趁现在找个好主。连长是个大户人家,能看上你,是你的福气。"说完,营长太太转身走向另一间屋子不知拿什么东西去了,我

---

① 班社的分配制度叫拆账分成。事先按业务能力议定好每个演职人员的分账底分,把收入扣除各项费用后,按每人底分分配工资。一般是公堂先生(行行能演,本本皆熟,并能说戏者)为 10 厘,打鼓佬为 9 厘,领行演员为 8 厘,其余三四五不等。

② 堂戏:艺人被临时邀入私宅或公堂唱戏称唱堂戏。地方有红白喜事、老人寿诞等,亦请艺人到家中唱,演出人数很少。

趁机连忙转身顺着楼梯往下跑。高二冲子他们见我慌慌张张地跑下来,忙问:"小姐子,发生什么事了?"我来不及仔细回答,拉起他们就赶快往回跑。

丁有和见我们几个气喘吁吁地跑回了戏班,就知道遇到了不好的事情,忙问发生了什么事情。等我把事情说清楚后,他安慰说:"先别慌,别怕,看看他们有什么动静再说。"当天晚上,连长金志祥带着几个警卫兵来到戏班住处。警卫兵对丁有和说:"老板,你走运了。我们连长看上你家丫头了。你马上要当老爷了。"丁伯伯故意周旋说:"老总,你开玩笑吧,我一个唱戏的当什么老爷?"连长在一旁说:"你别装糊涂了,你这个女儿给我当太太,你不是当老爷了吗?"丁伯伯不说话了,望着妈妈,妈妈赔笑说:"老总,丫头已经有婆家了。"连长说:"退掉。退婚的钱我来出,他要多少我给多少。""怕是退不掉吧,丫头大了,让她自己做主吧。"连长转过身来问我:"你就是小姐子吧,你要是嫁给我,会享福的。我们营长太太你也见过了,跟着我,把你打扮得比她还要漂亮。"见我不吱声,连长又对丁有和讲:"丁老板,你们唱戏的,不就是赚钱糊口吗?你能赚几个钱?你把女儿嫁给我,你要多少钱我就给你多少钱。"丁伯伯有些动摇了,他瞅了瞅我和我妈,想听听我们的意见。但我们都没有吱声。连长恼怒了,把一条腿跷在板凳上,从腰里掏出手枪往桌子上一摔,大声喝道:"你们哪一个不同意,讲!到底哪个不同意,快讲!"我怕妈妈或丁伯伯讲不同意,连长会打死他们,就说:"是我不同意。我好怕你们,就是我不同意的。"连长气愤地看着我说:"哦,是你不同意。"然后把枪收起来,对警卫员说,"走,我看他们还能飞走了!"

连长走后,好心的房东李大哥过来,关上门,悄悄对丁伯伯说:"刚才发生的事情我都听到了。连长是生着气走的,恐怕还要回来找事,你们赶快跑吧。我对这一带的路比较熟悉,我来给你们带路。"

为了不打草惊蛇,我们决定分开走。丁伯伯带着我和妈妈先走,戏班的其他人天亮再动身。于是,丁伯伯就挑着扁担,一头挑床被子,一头挑着锅,带着我和妈妈,在李大哥的护送下,连夜逃跑了。

我们跟着房东摸黑沿着河埂跑,不到 20 分钟,就听到后面枪声响了。房东讲:"不好了,一定是连长带兵撵上来了。我们先找个地方躲一躲。"他对丁伯伯说："你挑着扁担走得太慢了,赶快把锅、被子扔进河里吧,保命要紧。"于是,房东带着我们沿着河埂往回走,走到一个拐弯处,我们又走进了另外一条路。而连长他们则顺着河埂一直往前追去。渐渐地,枪声听不到了。房东说："你们现在没事了,我要赶快回去,如果他们发现我不在家,会怀疑我的。你们一直往东走,听说那边有新四军,你们到那儿会比较安全。"

第二天中午,落在后面的戏班子人也赶过来了,见到我们后大声痛哭。原来,连长发现我们逃跑之后,找到李大哥质问,李大哥拒不交代。他们就用绳子把李大哥捆起来,吊在一棵榆树上用鞭子抽打,逼他说出我们的行踪。李大哥被打昏过去好几次,仍说不知道。戏班的人,也都被伪军毒打了一顿。

得知李大哥的遭遇,我们非常内疚和感动,妈妈和丁伯伯买了些东西,偷偷跑回去看望房东。房东的老婆特别通情达理,说："能把你们的命保下来,我们受的苦也值了。"但遗憾的是,由于匆忙,连李大哥的名字都没弄清楚。

其实,像上述这种事情还有很多很多。我虽然唱戏出了名,走到哪红到哪,但在光鲜的背后,却时常遭到一些地痞流氓的纠缠。为了保护我的安全,妈妈天天都跟在我后面,并让我演完戏后就回到戏房去。想用这种方法,躲避这混乱的世道。

我的初恋

1947年农历十月,丁家班在肥东草庙集演出了半个月。每次唱戏时,戏台下总有个当兵的在看,他穿着军装,在观众中很惹人注意。这个人年轻英俊,每场戏他都来看。演到第五天时,我演完戏后回到戏房休息,突然看到他来到戏房,找到高二冲子、方平久子他们,跟他们聊天。他问道:"你们家小姐子戏演得真好。我天天到你们的住处来,怎么看不到她呢?"高二冲子说:"现在世道乱,她妈天天都跟着她,演完了戏,就让她回戏房去了,你咋能看到她呢?"

这人叫王文富,人长得白白净净的,原来他是喜欢上了我,就主动与高二冲子他们套近乎,想让他们从中牵线。有一天,高二冲子拿了一封信给我,说是一个当兵的给我写的信。我那时虽已十六七岁了，但因生活所迫，整天过着吃不饱穿不暖的日子，思想开化比较晚，对爱情根本就不开窍。我就对方平久子说："方小爷，我不识字，你拆开给我念念吧。"他刚读了几句，就不往下念了，说："小姐子，这是人家喜欢你，给你写的信，不能再念了。"又过了两天，高二冲子又带来一枚银戒指，上面还嵌着一幅小照片，他悄悄对我说："小姐子，给你信的就是照片上的这个人，他叫王文富，在草庙集王圩当兵，他让我把这枚戒指交给你。"又过了几天，高二冲子又捎话给我，说："王文富说，你如果愿意嫁给他，他就不当兵了，来我们戏班学演小生，与你同台演戏。他想要你给他一样东西。我看这个人不错，家就在草庙集，没有父母了，还有一个哥哥。"

听高二冲子说他要来戏班唱戏，我有些心动了，心想要是他来戏班演小生，我们就能一起演戏，不离开妈妈了，这岂不是挺好的？并且这个人长得也挺俊俏的，找个这样的人做丈夫也挺好的。晚上散戏后，因为实在找不出其他可以送的东西了，我就拿出一个还没有绣好的枕套，让高二冲子交给了王文富。

草庙集的演出结束后，我们又来到不远的秦集演出。王文富每天都骑马前来看戏。有一次，我刚从戏房出来，就碰到了他。我惊讶地问："你怎么来了？"他说："我来看你演戏。"这时，我见妈妈在我后面，就没再多说，回到戏房去了。

就这样，我们演到哪，王文富就跟到哪。在秦集演出，他来秦集看戏，到董庄演出，他就跟到董庄。虽然我们两人之间没有太多的言语交流，但对彼此的心意却心知肚明。这种情况一直持续到年底戏班封箱①。

被逼结婚

其实，早在草庙集演出时，妈妈就发觉了我和王文富的事情。直到在秦集碰见时，妈妈更加确信了我们暗中有来往。过去当兵的被人看不起，群众中流传着"好男不当兵，好铁不打钉"的俗语。因此，妈妈极力反对我与王文富来往。她还把这件事告诉了丁伯伯，让他想办法。丁伯伯说："我有个外甥，叫小金宝，

---

① 封箱：行话，指戏班年终休息。

大名叫傅昌盛,是家里人,贴心,让丫头嫁给他吧。"就这样,他们也不征求我的意见,就把小金宝喊来,暗中给我准备嫁妆、挑选日子。

戏班封箱后,妈妈就在董庄租了两间房子,开始准备我的婚事。一天,妈妈对我说:"伢啦,你也不小了。你和那个当兵的事情,我也知道了,我不讲你。趁这次封箱子,给你说了个婆家。这人就是你伯伯的外甥,人你也见到了,是家里人,知根知底的多好啊。"我没有相中小金宝,心里一心想着王文富。因此,我坚决不同意父母安排的婚事,以各种方式反抗。妈妈把我锁在屋里,不准外出。有一次,我趁他们不注意,跑了出来,结果被他们发现,追了上来。妈妈拉住我的辫子,抓着我的衣服,往回拖了好远。

回去之后,妈妈又找人来劝我,讲嫁给当兵的不好,嫁给小金宝多好。我越听越烦,越听越伤心,最后气得把自己的钱箱子砸开,抓起铜板四处乱撒。从当天开始,我拒绝吃饭,不停地哭,哭了一两天,眼睛哭肿了,眼泪哭干了。后来,又发起高烧,躺在床上昏昏沉沉的。大家都过来劝我,我始终不为所动。我当时心灰意冷,一心想死。一直到了第七天,我已奄奄一息,还是不肯张口吃饭。丁伯伯和妈妈急了,他们把戏班的人全都喊过来,大家一起劝我。妈妈和弟弟跪在床前,不停地哭着求我。看到大家都在哭,都为我的事而操心,我有些心软了。所以,当妈妈再端水、端饭过来喂我时,我不再拒绝,就张嘴吃了。

偏偏这个时候,王文富回家过年了,始终见不到他的影子。我寻死又没死掉,只有认命了。1947年腊月二十八日,在众人的劝说下,我很不情愿地与傅昌盛成亲了。按照当地风俗,成亲前要给新娘开脸,即用红细绳把脸上的小汗毛勒掉,然后拿两个煮鸡蛋剥皮后在脸上来回滚,再把鸡蛋吃掉。因为我心里不快活,开脸时,我气得把绳子拽断、把鸡蛋扔掉了,结果到磕头成亲时,还是毛脸。磕头拜过天地后,我就是傅家的人了,心里什么也不想了。傅昌盛老实憨厚,但不太会关心人,我们婚后的生活过得并不幸福。

1948年正月初八戏班开箱,戏班来到董庄准备演出。演出那天上午,王文富骑马来了。他把马拴在我们所住饭店门外的一棵大树上,腰间插把手枪,径直走了进来,见到我后,一句话也不说,而是把腰间的枪拿下来往桌子上重重地一掼。我想：恐怕他是要用枪打死我。接着又想：打死就打死吧，反正也不想活了。我对他说："我已经结婚了，我对不起你，你把我打死吧。"王文富听后，就趴在桌子上哭了起来，边哭边说："我都知道了，高二冲子他们把情况告诉我了，我不怪你。"我站在一旁也哭起来。哭了很长时间，我们彼此都没有再讲过话。最后，他站起来把枪往怀里一插，哭着骑马走了。

王文富因擅自带枪离岗，被判坐牢，择期枪毙。由于他平时与部队里的人相处不错，一些人就暗中帮助他。执行枪毙那天，有人告诉他："我们想到了一个能救你的办法。到时候，枪会朝你所在的方向打去，你要趁机倒下装死，等我们走后，你再找机会逃跑。万一不幸打中了，那也没办法。"就这样，王文富死里逃生，逃到了南京，在一家豆腐店里打小工。新中国成立后，王文富来合肥找高二冲子他们，我才得知上述情况。从此以后，我们再也没有见过面，也失去联系了。

我的第一个孩子夭折

结婚后，傅昌盛也加入了丁家班，打武场，兼演一些跑龙套的角色。

当时，解放战争正在进行，淮海战役已经接近尾声了。国民党军队吃了败仗，退了下来，到处骚扰，加之强盗横行，弄得人心惶惶。当时的人家，户户挖地洞，家家连起来，要是强盗来了，30 米长的地洞，就可以将人聚在一起，进行防御。当时，我们住在董庄，房子是租的，没有挖地洞，只是在墙角挖了个洞，可以通往东家。这个洞口平时用团簸箕挡住，情况紧急时，可以从洞口爬出。有一天晚上，我听见有人在屋顶揭瓦的声音，以为是强盗来了，连忙喊醒了傅昌盛，从洞口爬到了东家，躲进了地洞里。第二天早上，我们回到家里时，发现少了一件棉袄和一条床单，这才知道是家里来贼了。

那时，政局动荡不安，地方恶霸横行乡里，为所欲为。董庄有个大恶霸，人称董三爷，又叫董胖子。他只有两个女儿，没有儿子，于是就认了我的弟弟丁道元为干儿子。有一次，董胖子请丁家班演戏，演戏结束后，他单独请我和弟弟到他家吃饭。吃过饭后，董胖子故意把弟弟支开，让我留宿一晚。我知道他不怀好意,连忙拒绝,找个借口赶紧逃脱了。

1948 年初冬,丁家班来到谢集演出,遇到了孙家班。孙家班的班主是孙三爷(孙三和),他的儿子叫孙静海,也是唱倒七戏的。孙家班观看我们演出后,要求与丁家班合并演出。孙三爷受我们启发,让儿媳王金翠开始学唱倒七戏。后来,王金翠成为安徽省庐剧团的主要演员之一,曾与王本银合演《讨学钱》。

不久,我的第一个孩子出生了,是个男孩,生下来仅七天就死掉了。我哭得特别伤心。妈妈见我伤心难过,就抱养了一个小女孩,但不久,这孩子又生病死了。我更加伤心了。过了一两个月后,有一次,戏班到花张集演出,在赶场的路上,我和妈妈看到一位妇女用布兜着一个乱动的东西,神色慌张地往前走。我们特别好奇,上前询问得知:她家生的女婴多,这次又是个女婴,准备到外面扔掉。我们请求她别扔掉,送给我们来养活。我对她说:"你把孩子送给我吧,我来收养她。你先带回去喂她奶,八个月后孩子不吃奶了,我再来接她。吃奶的钱、带孩子的钱,我来出。"这个女婴就是我的大女儿小贵英,后来才知道她是我师傅郭士龙老伴的妹妹的亲闺女。

第二章　艺术新生及辉煌

从新中国成立到 1965 年,是中国社会主义革命和建设时期。这一时期,中国共产党和人民政府在政治、经济、社会、文化等方面制定、实施了一系列不同以往的方针、政策,努力探索社会主义革命和建设的道路。

中国共产党和人民政府对戏曲艺术非常重视,制定了"百花齐放,推陈出新"的方针,并采取一系列措施,为戏曲艺术的发展创造了诸多有利的条件。1951 年 5 月 5 日,中央人民政府政务院发布了周恩来总理签署的《关于戏曲改革工作的指示》,指出:"地方戏尤其是民间小戏,形式较简单活泼,容易反映现代生活,并且也容易为群众接受,应特别加以重视。"在政府的重视、扶持和有力指导下,戏曲事业迎来了生存和发展的新时代。

广大艺人获得了新生。他们不但物质生活得到了保障,社会地位也得到了极大提高,从旧社会被政府打压,受人歧视、侮辱的"戏子",变成新中国受人民政府重视、尊重的"人民艺术家",有的还当选为人大代表或政协委员,参议国家大事。广大艺人们怀着翻身做主人的巨大幸福感和喜悦之情,越唱越有劲头。他们努力学习文化,学习功夫,艺术水平得到进一步提高,才华得到充分施展,迎来了个人艺术大发展的辉煌时代。

在人民政府的大力扶持下,倒七戏迎来了发展的春天,出现了大繁荣、大发展的局面。1952 年,皖北行署文教处接收了合肥平民剧社,建立了国营皖北合肥地方戏实验剧场,开始对倒七戏艺术进行一系列改革:新文艺工作者与老艺人合作,充实演员和业务干部,建立导演制;改革音乐,建立乐队;革新灯光、布景,净化舞台;添置服装道具,美化装扮服饰等。经过改革,倒七戏的面貌焕然一新。倒七戏从一个原先只在乡村僻壤演出的地方小戏,逐步成为深受皖中人民群众所喜爱的地方大戏;从原先不能登上大雅之堂的草根艺术,一直唱到上海、北京等大城市,并且唱到了中南海,为党和国家领导人作专场演出。有些剧目如《借罗衣》还被拍成电影,在全国各地放映。倒七戏也有了个新名字——"庐剧"。20世纪五六十年代,庐剧艺术进入了一个发展的黄金时代:演出团体如雨后春笋,庐剧名角如丁玉兰、王本银等家喻户晓。到"文化大革命"前夕,庐剧共创作、改编、移植、上演了100多个剧目,庐剧艺术出现第一次辉煌。

新中国成立后,丁玉兰开始了全新的艺术生涯,达到自己的艺术高峰。作为从旧社会过来的艺人,丁玉兰对共产党、对毛主席的信任与感激是毋庸置疑的。翻身解放的丁玉兰,将这种感恩之情化作巨大的创造力。但由于不识字、不识谱,在一段时间内,她曾不被重视。但她并没有气馁,而是迎难而上,如饥似渴地学习文化,苦练功夫,接受新知识、新观念。她观摩兄弟剧种演出,吸收其他剧种之长,以极大的热情投入庐剧艺术事业中。最终,她脱胎换骨、破茧成蝶,成为庐剧标志性代表人物。1954年秋,丁玉兰参加华东会演,主演的《借罗衣》受到全体评委和参赛各剧种同行的高度赞扬与一致好评,被授予"演员一等奖"。1957年春,在进京演出中,丁玉兰凭借对庐剧代表作《借罗衣》《休丁香》的精彩演绎,震惊了戏曲界。在中南海怀仁堂,她为毛泽东主席等党和国家领导人作了专场演出,受到亲切接见,并受邀参加五一庆典,登上了天安门观礼台。1958年,她主演的《借罗衣》由上海电影制片厂拍成戏曲片,这是庐剧第一次走上银幕。由于勤勤恳恳,刻苦钻研,丁玉兰塑造了许多经典的艺术形象,如《借罗衣》里爱慕虚荣的二嫂子、《观画》中的大家闺秀秦雪梅、《休丁香》中心地善良的郭丁香等。除了演戏,她还参与改编、整理庐剧传统剧目《秦雪梅》《双丝带》等,协助作曲创编新唱腔,还自背背包,下工地、到农村,足迹遍及皖南山区和皖中庐剧流行地区。随着业务水平的提高,丁玉兰的政治地位也得到提高,先后当选为合肥市第一、二、三、四届人大代表(其中三届为常委委员),安徽省第三届政协委员会委员,并赴北京参加中国文学艺术工作者第三次代表大会。

总之,这一时期,由于各级领导的重视、扶植和广大戏迷的追捧,庐剧事业呈现出辉煌的局面,丁玉兰的名字也被广大戏迷所熟知。当时,凡是庐剧流行的地方,只要提起丁玉兰的名字,便无人不知、无人不晓。丁玉兰成为名副其实的"庐剧玉兰花"。

加入合肥平民剧社①

1949 年 1 月 21 日,合肥和平解放。当年夏末,丁家班正在黄铜大李庄演出。一天,戏班里突然来了两个人,一个介绍说姓方,一个姓徐,叫徐从德,说是合肥城平民剧社的。他们听说我是合肥东乡的名角,受剧社前台老板(亦称经理)王国光的委托,慕名前来请我去城里唱戏,并说著名倒七戏艺人费业发、王本银②等都在合肥的段家祠堂演出。后来王本银出任平民剧社的后台老板(当时叫社长)。当时我虽是戏班的台柱子,但是一切事情还要听从父母的安排。妈妈听说是让我到城里去唱戏,一口回绝了。她说:"合肥刚解放,眼下还不太平,三教九流都有,十八九岁的大丫头出去抛头露面不合适,我们也不放心。"过了半个月,方、徐二人又来到草庙集,再次邀请我们去合肥加入平民剧社。妈妈得知后,让丁伯伯与他们周旋,自己带着我跑到一个亲戚家躲开了。他们二人又空跑了一趟。但他们仍不灰心,又过了七八天,徐从德他们俩,带着平民剧社的经理王国光,三人一道三顾茅庐来请我们进城。他们长途跋涉,挨家挨户地四处打听,才在尼度庵找到我们。他们讲道理、立字据,好话说了一箩筐。他们对丁伯伯和妈妈说:"丁老板、大嫂,你们放心,我们三个来担保,小棚姐不会出

---

① 合肥解放前夕,王国光邀集偶振标、王宏杰、黄朝轩、王心海等 20 余名艺人在合肥组建平民剧社,并于 1949 年 3 月,集资在双井巷建平民剧场。

② 王本银(1906~1990),男,安徽肥东人,著名庐剧演员,艺名小庄锁。出身贫苦家庭,9 岁学艺。13 岁正式搭班唱戏。早期生、旦、净、末都演,后期演老生和小丑,尤擅丑角戏,能够刻画各种类型的人物性格。吐字清楚,富于变化。1948 年组织平民剧社,自任社长,后任省庐剧团副团长。代表作有《罗汉钱》《讨学钱》《宝莲灯》《休丁香》《双锁柜》《江姐》等。

事的。"在场的方平久子动心了,说:"丁老板,就去吧。小姐去,我们也去。她到哪里,我就跟到哪里,不会出事的,你放心。"最终,丁伯伯同意了,并且与平民剧社当场立字据:平民剧社请丁家班进合肥演出,由小棚姐主演,如有三长两短,由剧社负责;剧社包吃住;先试演几天,如果丁家班不愿留在合肥,绝不勉强,由剧社负责送回肥东。

1949 年农历八月,丁伯伯挑着一副箩筐,携带着我们一家(妈妈武子芳、弟弟丁道元、丈夫傅昌盛和我)和戏班的方平久子、高二冲子、汪明从(家住元瞳集,演花旦)等人,一起从肥东徒步来到了合肥。

头一天,王国光在会宾楼置办了一桌丰盛的酒席,丁家班没有赶到。第二天我们到来时,王国光又重新置办了一桌酒宴,热情款待我们,然后将我们安排在前大街(今长江路)的长安客栈住下。

初次进城的我犹如刘姥姥进了大观园,到哪都觉得新鲜、稀奇。第一次见到火车、楼房、电灯泡、自来水,第一次住干净舒适的客栈……我既新鲜好奇,又万分感慨,这与以前住破庙、睡草堆的流浪生活相比,真是天壤之别啊!这里所有的一切,对我来说都是陌生的、新鲜的、好奇的,为此还闹出了不少笑话。来到合肥的第二天晚上,我们准备自己生火烧饭,就找些草来生炉子。我抓了一把草,站在凳子上,对着灯泡点火,点了半天,草也没点着。我问妈妈怎么回事,她也不知道。客栈老板看到了,对我们说:"这是电灯,照明用的,咋能点火呢?"还有一次,我见到火车,还以为是天上的龙掉了下来,吓得连忙躲到妈妈的后面。类似的笑话还闹出不少呢。以前在农村四处漂泊演戏,伴随我们的是贫穷、饥饿、愚昧,哪有机会接触到这些现代化的东西,以至于闹出了不少笑话。

起名丁玉兰

第二天吃过早饭,剧社经理王国光来到客栈,一阵寒暄后,他问我的拿手戏是什么,并且解释说:"你这是第一次进合肥城,这第一场戏叫打炮戏,一炮打响了,牌子就打出去了,在合肥城就站稳了。如果这头一炮演砸了,以后就不好在合肥立足了。"我考虑了一会对他说:"《乌龙院》《闯帘》《观画》《小辞店》,我都唱得不错,特别是《观画》,唱得最过劲①。以前在乡下唱《观画》的时候,不管唱到哪,观众都叫好。"于是当场议定,我在合肥演出的第一台戏是《观画》。

《观画》的剧情是:秦雪梅与商琳是表兄妹,自幼订婚。商琳因家境贫寒,在秦府寄读。有一天,秦雪梅在花园里观景赏花,信步来到商琳的书房。她看到表兄的书画诗文才气横溢,十分高兴。这时,商琳从外面回来,两人见面,亲密交谈,互勉互慰。

演出前,剧社要贴戏报,即在剧社门口悬挂个黑板,上面写上主演姓名、演出剧目、演出时间等内容。写戏报时,发现问题了,《观画》主演的名字写什么呢?不能写上"棚姐"呀。王国光问我大名叫什么。我说:"我名字可多了,棚姐、小姐子、梅姐、大脚丫头、大辫子丫头,还有人喊我小公主。"王国光被逗笑了,说:"这都是小名,你大(爸爸)没给你起过大名吗?"我摇摇头说没有。丁伯伯在一旁叹气说:"乡下唱戏的丫头,哪曾想起给她起个名字?王经理,你给丫头起个名字吧。"

王国光满口答应,立马低头思考给我起名字。这时剧社的一帮人如夏瞎子、史建华、张仁德、傅国华等也都过来凑热闹,大家一起商量给我起个好听、响亮的名字。王国光说:"著名京剧大师梅兰芳名字中有个'兰'字,我们就照他的名字起。"有人提议说:"棚姐是个女孩,名字中有个花比较好。"于是大家七嘴八舌地说出梅花、杏花、莲花、兰花、桂花,丁玉梅、丁玉莲、丁玉兰等,最后决定用丁玉兰这个名字。

从此我就有了正式的名字:丁玉兰。

拍摄的第一张照片

---

① 过劲:安徽等地的方言,用来形容一个事物或一个人非常好,超出同类,让人很满意。

于是当天晚上的戏报上写道：丁玉兰主演《观画》（42分钟）、王本银主演《吃大烟》（25分钟）、汪明从主演《打桑》（30分钟）。

一炮打响

戏报贴出后，我心里开始紧张不安起来。我虽然在乡下小有名气，肚子里也有不少戏，但到了大城市，一切都不一样了。这里云集了不少倒七戏名家，自己能不能比过他们，有点吃不准；另外城里观众欣赏水平也高，我年纪轻、没文化，又初来乍到，万一演砸了可怎么办？越想越紧张，越想越害怕。害怕之后我又安慰自己，怕什么呢？俗话说，艺高人胆大，我有十几年的演出经验，只要我正常发挥，认真唱戏就好了。城里人也不多长个眼睛鼻子，乡下人能认可我，城里人难道就不认可我吗？至于那些名角前辈，我就更不用害怕了，唱不好向他们请教就是了。想着想着，我渐渐恢复了平静。

下午3点钟，我早早来到化装室去化装了，化好装后，在心里默默熟悉台词、唱腔、台步等等。

当时的平民剧社位于双井巷，即现在四牌楼新华书店的后面。剧场是大家集资兴建的，内部设备十分简陋。舞台是用水泥垒成的一个大方块，上面悬挂着几盏灯泡。观众座位是一排排的泥巴凳，整个剧场能坐七八百人。剧场内的设备虽然不是很好，但比起丁家班在农村露天演出时的条件，这里已经很好了。

我来到合肥后，平民剧社就在合肥的大街小巷贴满了海报，说从肥东请来个女花旦，不但人年轻漂亮，而且戏唱得赞，在肥东一带名气非常大。由于剧场宣传到位，我在平民剧社的首场演出，就座无虚席。

我听见闹台锣响了，知道马上要开演了，赶快定了定神，在后台唱了句"三七寻板①"："绣楼闷坏秦雪梅呀！"声音不高，却非常响亮。观众立刻被这清脆的声音吸引了，沸腾的剧场渐渐安静下来，观众们纷纷朝舞台看去。接着一阵

———————————

① 寻板是在人物出场前或在感情激动时唱用，寻板后即演唱主调。

帮腔声"啊衣啊"①。帮腔声后,激烈的锣鼓声又敲起来,这时候,我扮演的秦雪梅出场了。我手执绢扇,飘然而舞。锣鼓声一停,我拉长唱腔唱了句"三七伸腔②":"秦雪梅在绣楼愁愁闷闷……"起初还有些紧张,当唱到观画、赏画一节时,我完全进入角色,越唱越有劲,剧场顿时沸腾起来。原先一些卖瓜子、香烟的,这时都停下脚步只顾听戏,忘记了叫卖。在唱到"牛郎星织女星,一条大河隔当中,每年七夕才相逢,一年会一面,令人心不平(哪)……"时,唱腔由慢渐快,台下观众的情绪也跟着高涨起来,顿时掌声雷动。观众的热情更加鼓励了我的情绪,嗓子越唱越响,表演也越来越得心应手。唱到"画子画得好(啊),爱坏女多娇(啊),画子画得能(哪),爱坏女佳人(哪)……"时,这行云流水般的寻板,加之高昂的伴唱声、热闹的锣鼓声,把观众的情绪推向了高潮。

演出结束后,台下掌声响个不停。散戏后,剧社派人跟在观众后面探听消息,听听观众对我的评价。派出去的人回来跟后台老板王本银汇报说:"观众中有的说'合肥城来了个女演员唱戏,真赞,真得味③',有的说'这个女演员演得好,嗓子好,扮相也俊,明天还要来看戏哩'。"有个叫刘三妈的观众,特意找到剧场负责人徐从德,说:"徐老板,你们请的这个小丫头不得了了,这么年轻就唱得这么好,你帮我说说,我想认她做干丫头,我很看重她的。"

《观画》一炮打响,我的名字很快在合肥城的观众中传开。第二天晚上,前来看戏的人就更多了。那天我主演的是《小辞店》,在表演中,我把卖饭女泼辣爽朗的性格表现得淋漓尽致,赢得观众阵阵掌声。

从此,合肥城的观众渐渐知道了我,前来看戏的人越来越多,有时一票难求,观众要求加站票,剧场里站满了人。戏迷刘三妈认我做干女儿,送我一套戏服、一张梳妆台,并把剧场第三、四排的票全部承包下来。一位刘大爷送来一块

---

① 这种帮腔形式称为"邀台"。邀台或称"吆台",是一种特殊的幕后帮腔形式,为曲牌本体之外的一种临时插入性成分,多出现在寻板或大过之后。邀台同时,常有锣鼓随腔。

② 伸腔,用在唱腔开始的第一句。为了满足情绪的需要,有时需要将某些唱词的拖腔拉长,以使唱腔充分抒发内心的情绪,这种唱法叫"伸腔"。

③ 真得味:江淮一代的方言,意思是"真有意思"。

围、一件粉红色披风、一件蓝绣花裙子。诸如此类,举不胜举。当时收入由剧场前台、后台①按比例分配,前台拿30%,后台拿70%。前台老板王国光风趣地对后台老板王本银说:"小庄锁,你们唱到现在也没有人来包场包票的,我们把大辫子丫头请来,你也跟着沾光。"

人红遭嫉

新中国成立前,丁家班曾与孙家班合并演出过。我们来到合肥后,发展比较不错,孙家班见此,也想来合肥发展,就找丁有和帮忙。丁伯伯找到后台老板王本银,说:"肥东有个孙家班,班主是孙三爷,之前和我们丁家班一起演过戏,他的儿子孙静海会演戏,儿媳妇王金翠也能演个二路旦,他们也想来合肥发展,不知行不行?"王本银说:"既然是你丁老板推荐的人,我信得过。"于是,孙家班也加入平民剧社。我和王金翠同台演出的第一台戏就是《双寡妇上坟》,我演秦雪梅,她演丫鬟小玉。接着,吕必胜、宋玉发、杨春和等也来了,平民剧社规模不断扩大。一时,合肥城里倒七戏名角荟萃,竞争压力也大了。

虽然解放了,但这时的唱戏方式仍然是沿袭往昔说戏、发戏②的草台班旧貌,演出没有剧本,没有弦乐,伴奏仍只有锣鼓,化装、服装、灯光等也都很简陋。演员的收入也是沿袭以往的分配制度,一天不上台演戏,一天就没有收入。那时因生活困难,我在工作中特别卖力,虽怀有身孕,但仍坚持排戏、唱戏。1950年2月的一天下午,我演完《孟丽君》后未卸装,等着晚上继续演出。当时已感到肚子疼,但我仍忍痛坚持。晚上7点30分正式开演,我忍痛上台演出,演了20分钟左右的时候,肚子疼得实在坚持不住了,下台后就往家跑,刚到门口就生

---

① 前台负责剧场的管理、戏剧的宣传工作。后台负责演戏。

② 开演前,发戏人(相当于导演)召集演员开戏会,将上台戏的角色分完,然后讲故事情节和场次。演员按照发戏人讲的故事上台表演,包括唱词、道白、形体、表演等可以在场上编现发挥,乐队根据演员的叫板、角色身份、剧情的喜怒哀乐来演奏唱腔过门给演员伴奏。演员和乐队许多地方都是按程式进行。

了。生完孩子后，我才来得及卸装。即便我坚持到最后，但因没把戏演完，当天就没有分到钱。没有收入，坐月子期间，我一口红糖水都没喝，一个鸡蛋都没吃上，身体很虚弱，没有奶水，孩子饿得哇哇叫。于是，我就给孩子请了个奶妈(那时请奶妈比买奶粉还便宜些)，没有满月，我又登台演出了。

通过自己的努力，我的表演得到大家的认可，逐渐成为平民剧社的主要演员，在观众中小有名气。我经常收到一些观众送来的匾额、锦旗，有时还会收到热心观众送来的一些行头如披风、裙子等。

观众喜欢我、爱戴我，但一些同行却因此产生嫉妒之心，时常在生活和演戏中故意刁难。有一次我在演《三请樊梨花》时，说戏的人只说到樊梨花在战场上将薛丁山释放，后面的戏没说。我以为演到此处就可以结束了，而后台突然传来艺人的行话："海逛!"意思是让我东拉西扯，还有一个小时呢。我一愣，心想，后面的可怎么唱啊？这是故意让我在台上难堪呢。还好，我有点经验，稍一镇静，围绕着樊梨花与薛丁山的爱情即兴创作起来，临时编词，自套唱腔，最终把这场戏唱下来。①

我生性好强，别人的刁难不但没有打垮我，反倒激起我更大的斗志来。人家越是打击我、排挤我，我越是努力地去做，做得更好，堵住他们的口舌。要想出人头地，吃苦是必须的，学戏演戏的苦是说不尽的。为了表演得更好些，我比别人付出了更多的时间与汗水，在学习中付出了比别人更多的时间。别人睡觉休息的时候，我还在背台词、练唱功，就是怀孕了也照常排戏演出。

政府接收平民剧社

1951 年 3 月，皖北行署文教处发布了皖北区戏曲改进工作要点，提出要"广泛团结戏曲艺人及新文艺工作者，为人民的戏曲事业服务。建立各级戏曲改进协会，审

---

① 当时表演仍沿袭旧戏班的演唱形式，即演员演出时，只有剧情提纲，多数没有固定的台词，多采用临时串词、套词，甚至在舞台上即兴编词演出。

订改编传统剧目与创作新戏曲"等具体措施,正式揭开了安徽"戏改"的序幕。

安徽地方戏曲改革,最早是从倒七戏开始的。1951年6月26日,皖北行署文教处为贯彻"推陈出新"的戏曲改革方针,决定接收合肥平民剧社,名称不变,建立私营公助的地方戏戏曲改革试点单位,平民剧社成为全省第一个国家直接管理的地方戏曲剧团。那时,剧社处于改革过渡期,我们尚未正式发工资,演员收入仍是每天分账。1952年3月,合肥平民剧社改组为皖北地方戏实验剧场①,正式成为国营单位。当时,省里调来了专职的艺术领导,黄宁任剧场管理委员会主任,王祥珍担任协理员,增设了导演、音乐、舞美设计等业务干部,成立编导、作曲、舞台美术等组织。从皖北文教行政处调来一批文艺水平较高的艺术干部,如音乐赵鸿、张嘉明②,导演靳怀刚、陈仲等。

平民剧社被收归国营不久,当时的文化主管部门决定扩大剧场规模,以加强国营剧团的力量。于是,先后从皖北文艺干校、滁县地委文工团、巢湖宣教团、阜阳地委文工团、皖北青年文工团等单位调来新文艺工作者42人,分别担任演员、编剧、导演、音乐、舞台美术等各项工作,落实戏曲改革的具体措施。滁县地委文工团当时非常有影响力,毛泽东主席曾为他们亲手题字"面向农村"。他们把其中的一些骨干如王鹏飞、鲍志远、徐文静、楼栋等调过来。巢湖的董思昭、徐文静、张海洲、马维珍等,阜阳的李昌霞、郭铁等也都被调来学演倒七戏。这些新文艺工作者朝气蓬勃,有知识有文化,有的会写剧本,有的会拉胡琴。

一开始,有些新文艺工作者瞧不起倒七戏,觉得它太土了,不愿到倒七戏剧

---

① 1952年8月,皖南、皖北行政公署合并为安徽省。1953年10月,皖北地方戏实验剧场又改名为安徽省倒七戏剧团。1955年3月,经中共安徽省委批准,改倒七戏为庐剧;同年7月1日由安徽省人民政府批准将该剧团正式定名为安徽省庐剧团。

② 张嘉明,开创性地建立小型弦乐队,改变了庐剧只有锣鼓伴奏的传统;他为二凉腔、三七腔等曲谱谱写了一些固定的过门,使剧目在演出前定腔定调,继而局部或全剧设计唱腔。他为《梁山伯与祝英台》谱写的音乐和唱腔,开庐剧音乐改革之先河,《十八相送》家喻户晓,广为流传;《双丝带》一剧,他首次采用了男女生二重唱;他为《刘胡兰》谱曲时,在民乐队中加入了西洋管弦乐器。

团来,有的来了也不安心,想要调走。① 但随着对倒七戏的了解,他们慢慢就喜欢上了它,愿意排戏了。如颍上来的陈次方,起初不愿到倒七戏剧团来,后来,他一连看了我四个晚上的演出后,思想发生了转变,他说:"原来倒七戏这么有意思,有干头。"

起初,剧团有些领导比较重视新文艺工作者,认为他们有文化、思想新,对从旧社会过来的民间艺人颇有偏见,排戏演戏时主要角色不让老艺人担当。因此,有的老艺人就辞职回家了,有的则被分配做别的事情了。如我的继父丁有和,这时就被派去养猪了,高二冲子和方平久子则辞职回老家了。我在平民剧社由皖北行署接收后的一段时间内,也没有排戏演戏的机会。

排戏时,领导把主要角色安排给新文艺工作者演。结果,花了几个月时间排了一台戏,导演和领导都不满意,观众也有意见。有人提议,还是让老艺人排排看吧。于是领导说:"还是让丁玉兰担任这个角色吧。"我欣喜接受,下大功夫按时保质完成任务。我这个人有点好强,人家搞不好的,我一定要搞好,人家能办到的,我一定要比人家办得只好不差,遇事生怕落人后面。

由于我们老艺人精彩的演出和观众对我们的喜爱,领导逐渐改变了对老艺人的偏见,开始重视演出经验丰富的老演员了。经过一段时间磨合,我们新老艺人共同合作,取长补短,相互学习。我们老艺人向新艺人学文化、学知识,新艺人则向老艺人学唱腔、学表演。在戏曲干部的共同指导下,大家一起排戏、演戏。通过学习,我的政治觉悟不断提高,开始懂得了演戏不单是供人娱乐,还应该寓教于乐,用艺术为社会主义服务。这段时期,我演出了表现英雄人物的传统戏如《五女兴唐》《杨家将》等,同时演出了现代戏如《三世仇》《血泪荡》等。

这时我们演戏,仍用以前的老办法,由老艺人"说戏"来进行排演,伴奏仍以

---

① 倒七戏是从民间发展起来的,早期的创作大都来自民间艺人,他们文化水平十分有限,没有文字剧本,大小剧目以口传心授的方式传承,演出服务对象主要是农民。倒七戏的语言唱腔、题材内容等都具有浓郁的乡土气息,演唱时以悲惨和凄苦的题材和唱腔为主,从而使一些人对它持有偏见,认为倒七戏太土、太俗,从内心深处轻视它,甚至排斥它。

锣鼓为主,偶尔孙静如先生用胡琴伴奏①,但只是给演员唱腔托腔。锣鼓伴奏的乐器有大锣、小锣、板鼓、堂鼓、钹,奏称起板、落板、托腔、间奏。舞蹈、身段、武打、音响效果等,均用锣鼓。锣鼓经有"起板锣""大过台""小过台"②"大切""小切""抹拐"等等。烘托剧情、渲染角色情绪,全靠锣鼓节奏快慢、强弱的变化,俗称"两打三唱""满台锣鼓半台戏"。皖北合肥地方戏实验剧场建立后,设置了专业音乐人员,对上述情况进行了初步的改革。但因当时演出仍无固定的剧本,演员台词不固定,乐队只是演奏过门、托腔保调。

第一次电台录音

《观画》是倒七戏《秦雪梅》一剧中的一个唱段,描述了秦雪梅在未婚夫商琳的书房中观画时的欣喜之情。以前我就听师傅说《观画》的唱腔十分丰富,具有九腔十八调。《观画》唱腔以二凉和三七为主调,其中有寻板、散板、邀台等多种板式变化,是倒七戏的代表性唱腔。演唱时,真假声结合,台前一人唱舞,台后多种形式帮腔和锣鼓烘托,气氛热烈,具有很强的感染力。以前我在农村演唱的《观画》,就深受观众的喜爱。

我表演的《观画》之所以能一炮打响,除了《观画》本身具有丰富的唱腔外,还有一点就是我表演得真实感人。以往的《观画》,不少人的演唱多偏重唱腔,

---

① 用胡琴给倒七戏伴奏,为倒七戏采用弦乐伴奏之始。

② 大、小过台是主调与常用花腔的一种结束形式。一般有两种用法:一种是一段唱词,当演员唱到快要唱完的最后两句,将前一句落上小过台,中间由锣鼓或弦乐奏一短过门,最后一句落上大过台(大过台在旋律上不同于一般下句的终止形式),以示他所要唱的已经完了,给他下面要唱的同台演员接着再往下唱;一种是唱完一段内容相同的唱词,而下段要叙述另一个内容,或者一段唱词唱完之后不再唱了,则把最后两句落上小过台、大过台做临时结束或完全终止用。有的也可以不落大过台,在唱完小过台以后就收住,打收板锣,这种形式叫"小切";也有的小过台以后,下句大过台的唱词不唱而改作讲白,讲白以后再打收板锣,这种形式叫作"掼板";有时大过台以后可以接上呛台,呛台以后再继续唱下去。总之,大过台和小过台是庐剧唱腔中预备结束与完全结束的一种形式。参见:安徽省庐剧团编《庐剧音乐》,安徽人民出版社,1959年,第6页。

缺乏内涵的情绪和恰当的动作，使表演显得呆板、乏味。我在表演时，不仅注意运用感人的唱腔，而且注意表现出人物内心激动、喜悦的感情。即在表演时，做到人物表面的言行和内心感情的统一，这样表演才真实生动，具有感人的力量。否则，如果仅有外在的语言动作，演员心里没有与人物相同的思想感情，表演就虚假，让人感觉枯燥无味。

我在合肥演唱的《观画》，深受观众好评，影响很大，这引起了安徽省广播电台的重视。1952年年初，平民剧社来了两位广播电台的播音员，一位是中年男子卫保文，一位是年轻的女性宣扬。他们向剧社领导说明来意，说是要请我到电台去录音。我第一次听到录音这个说法，不知是什么意思，就问道："什么是录音？怎么个录法？"宣扬拉着我的手，微笑着对我说："你的唱腔优美，嗓音甜润，很有特色，观众们都非常喜欢。我们想把你唱的《观画》录下来，通过广播播放出去，让更多的人能听到你优美的唱腔。"我似懂非懂地点头说好。临走前，宣扬特意交代我，要好好准备，要唱熟唱透，一气呵成。

他们走后，我按照宣扬的吩咐，与伴奏即锣鼓在一起练了大半天。第二天一大早，妈妈早早给我准备好了早餐，但我只草草吃了两个荷包蛋就去电台了，因为我记得师傅讲过"饱吹饿唱"，空着肚子唱戏才会唱得更好，因为唱戏的讲究气发丹田，得给腹腔腾出地来，这样才有利于唱戏时合理地控制气息。

第一次走进录音棚，我既好奇又紧张。为此，卫保文特意交代我说："进到录音棚后千万不能吱声、不能咳嗽、不能打岔，要全神贯注，一气呵成。"我就更紧张、更拘束了。所以，短短一折《观画》和一折《送香茶》，就录了整整两天的时间。

录完后，电台的人放给我们听，我们觉得特别神奇。这个录音由电台播放以后，在江淮大地广为流传，广大的农民通过乡村里的大喇叭，听到了我演唱的《观画》。

赴上海观摩学习

在"戏改"工作中，上海是做得比较好的。当时，上海的华东越剧实验剧团

(上海越剧院的前身)上演新编戏曲《梁山伯与祝英台》(简称《梁祝》),省文化局委派皖北地方戏实验剧场派遣一个班子去上海观摩学习,将《梁祝》以倒七戏的形式移植到合肥舞台。

1952年6月,皖北地方戏实验剧场奉命赴当时中国最繁华的大都市上海观摩学习。观摩团由我、靳怀刚、张嘉明、王本银、孙邦栋、鲍志远、徐文静、刘前周等人组成。

这是我第一次到上海。那高大的楼房、繁华的街道、川流不息的人群车流,看得我眼花缭乱。土包子进城,肯定要闹笑话。有一次,我内急,到处找茅厕,找了几圈就是找不到。有人见状,就问我:"你这么着急地在找什么呢?""我找茅厕。""那不就是嘛。"那人用手指了指位于我面前的一个小房子。我不相信,说:"你瞎讲。那不是人家住户吗? 里面还有个老奶奶,还摆张桌子,上面还放着纸,并且还有水龙头,肯定是人家住户。你不要骗我。""不骗你,那就是厕所,你看上面写着'女'字。"我半信半疑地走进去,却被那个老奶奶拦住了,说要钱。上茅厕还要钱,真搞不懂。我更加怀疑这不是茅厕。但老奶奶告诉我这就是厕所。就这样,我半信半疑地上完厕所,最后又被冲水的声音吓了一大跳。唉,不识字会闹多大笑话啊! 真是"三代不读书,不如一圈猪"啊。

到了上海,著名越剧演员袁雪芬①接待了我们,并带我们到后台化装室参观。那天是徐玉兰、王文娟主演《西厢记》,两位演员正在化装。令我感到吃惊的是,她们每个人都有一个化装师,连梳头、包头都有专人负责。化装品种类繁多,色彩鲜艳。各种行当的戏剧服装,应有尽有。化完装后,演员变得风姿绰约、光彩照人。而倒七戏当时化装还太马虎、太随意,只是将两颊涂上红胭脂就行了。袁雪芬对我们讲:"我们越剧的化装,吸收了话剧、歌剧以及国内外电影演员化装的方法,取长补短。"她听说倒七戏正在改革,准备移植《梁祝》时,非常支持,说:"地方戏必须改革,必须提高,再像过去那样演路头戏、水词戏,是没有

---

① 袁雪芬(1922~2011),浙江绍兴人,中国越剧泰斗,越剧袁派创始人。

出路的。"①

之后，我们一连观摩了好几场由著名越剧演员范瑞娟、傅全香主演的越剧《梁祝》，还观摩了筱文艳主演的淮剧《梁祝》、丁是娥主演的话剧《雷雨》。他们用优美的唱腔、生动细腻的表演，将人物刻画得栩栩如生。他们在音乐、伴奏、灯光、服装、道具以及用幻灯片打出的唱词字幕等方面，都比我们倒七戏先进多了，相比之下，我们倒七戏在这方面真是太落后了。一种从未有过的危机感油然而生。

这次到上海观摩学习，既使我们大开眼界，也让我们为倒七戏的落后感到着急。真是天外有天、人外有人啊。我虽唱了十几年的倒七戏，但在此之前从未想过要对倒七戏进行改革。通过这次观摩学习，我也开始琢磨：倒七戏应该怎样改革，才能让这个之前在乡村流行的小戏，在大城市里扎根立足、根深叶茂呢？同时，我对自己也感到深深的担忧，我之前受到观众的喜爱，那是因为倒七戏的女演员少，我的嗓音和扮相还不错，观众因为新奇而喜欢。现在，倒七戏进入城市了，如果我们的表演还是止步不前的话，恐怕早晚有一天会被淘汰的。但如果真的改成用固定的剧本来唱，自己不识字、不识谱，我该如何适应、跟上这改革的步伐呢？

参加艺人训练班

我从上海回来不久，即参加了安徽省暑期艺人训练班②。当时，参加学习班的都是省内每个剧种中有影响力的演员，如黄梅戏的严凤英、泗州戏的李宝琴

---

① 早在 1942 年，袁雪芬就对越剧进行了改革。她拿出自己的大部分积蓄，聘请专职编剧、导演、舞美设计、舞台监督，成立剧务部主持演出活动，在越剧界首次建立正规的编戏、排戏制度；废除幕表制，使用完整的剧本；废除衣箱制，参照古代绘画，根据人物身份设计服装；打破传统的舞台形式，采用立体布景、油彩化装、灯光、音响，逐步形成综合的艺术机制。

② 这个训练班由安徽省文化局主办，亦称学习班，时间是 1952 年 7 月 22 日至 9 月 5 日，有黄梅戏、倒七戏、泗州戏、花鼓戏等主要地方戏曲演员 265 人以及戏曲改革工作干部 82 人参加。学习班明确戏曲改革的方针，进行了"改人、改制、改戏"等工作。

等,当时合肥城内还没有黄梅戏剧团,严凤英他们是从安庆赶过来参加这个学习班的。倒七戏艺人有王本银、孙邦栋、吕必胜、陈庭榜和我等。参加学习班的老艺人其实年龄并不大,大多数都在20岁左右,但都是从旧社会过来的,大多是文盲,没有文化。艺训班通过听报告、读报纸、学文件、开讨论会等形式,对大家进行集中教育。主要内容是学习毛泽东《在延安文艺座谈会上的讲话》,树立文艺为人民服务的观点;学习中央人民政府颁布的《关于戏曲改革工作的指示》,改造旧戏,去粗取精,百花齐放,推陈出新;进行忆苦思甜教育,树立主人翁思想。

在忆苦思甜时,一些老艺人在学习班上联系自己的亲身经历进行新旧社会的对比,有的说:"在旧社会,我们只能在乡下农村唱戏,过着流浪的生活,连肚子都吃不饱。现在解放了,我们也能进城唱戏了,生活稳定了,有吃有住。"有的说:"在旧社会,官府让我们唱,我们才能唱,不让我们唱就不能唱,我们被称为戏子,处处受人欺负、受人歧视。现在好了,我们艺人地位提高了,被称为文艺工作者、人民演员。"有的说:"过去唱戏,只为糊口,对戏的内容不加辨别,有些黄、赌、毒的东西也在里面。现在我们知道了唱戏是为社会服务的,要剔除糟粕,用健康的戏剧,为社会服务,为观众服务。"还有人把以前戏班演出时的一些陋习也都讲了出来,如过去唱戏,随意性很大,本来是唱五天的戏,有时唱上十天,完全根据观众的上座率来定时间的长短。我也诉说了自己在旧社会遭受的苦难:在旧社会,我们艺人的处境非常悲惨,如倒七戏老艺人王昔根,在一个冬天下雪的早晨,到外面喊嗓子,国民党军官看见,说不是好人,又说私通新四军,结果用枪把王昔根打死。我12岁那年,一次,地主点了一出《郭华买胭脂》,指定要我唱。这出戏我没学过,师傅向地主百般解释也不行,反说:"要不然你们全给我滚!"滚,上哪儿去? 全班人的肚子还空着呢。万般无奈,师傅只得在台上教一句,我跟着学一句,真是一句台词,一串眼泪! 那时,我们唱戏要唱到"两头红",财主老爷们一高兴,就会逼着演员们继续唱下去,根本不管演员是否累了、嗓子是否哑了。他们看戏看得高兴了,就给一碗稀粥喝喝;不高兴了,或打或骂，甚至还会给你戴上一个红帽子加以拘捕。一次，我们丁家班12人住在破庙里，唱了一夜戏，第二天还没有钱买米，只好借了点米熬点粥喝。这粥，说它是粥，也有点夸张，因为里面光有汤，不见米，大家在吃的时候，喝得嘘嘘发响。附近有钱的人见了，鄙视地说："看，小戏班们的穷相！"当时，同班艺人吴小艺听了，十分气愤，想站出来骂他们几句，被师傅阻拦住了。在旧社会，我们艺人手无寸铁，到哪都得忍气吞声。新中国成立后，在党的领导下，我们艺人彻底翻了身，进入了天堂。"百花齐放、推陈出新"的文艺方针，使我们这个在旧社会被诬蔑为"伤风败俗"的"小戏"走上了光明、灿烂的道路。我也从一个吃不饱、穿不暖、被人瞧不起的苦戏子变为一个受人尊重的革命文艺工作者。现在，我们过上了丰衣足食的日子，党还培养我们学习，我从内心里热爱毛主席、热爱共产党，我一定好好学习，多演好戏，来报答党的恩情。

通过学习，大家统一了思想，提高了认识，普遍意识到作为新中国的文艺工作者，我们不能再像以前那样为糊口而演戏了，一定要适应新社会的要求，用新的思想、新的立场演好戏，要用自己的一己之力，为新中国服务。同时，通过忆苦思甜教育，新中国成立前的苦难经历使我们对共产党、对新中国充满了感激之情，从而激发了我们更大的艺术创造热情。

无缘参演移植剧《梁祝》

我们在训练班学习的同时，倒七戏移植剧目《梁祝》正在紧张地排练着。1952年6月底，我们从上海回到合肥不久，文化局艺术科长余耘宣布了《梁祝》剧组名单，但没有我的名字。当时我心里比较失落、难过。后来我安慰自己，这个戏是第一次用剧本排演的，自己不识字，排演起来确实困难。算了，来日方长，只要我肯下功夫去钻研、学习、改进，往后排新戏的机会总会有的。

《梁祝》的剧本是从上海越剧院的演出本中移植过来的。从《梁祝》开始，倒七戏改变了以前演戏的旧貌，建立了正式的导演、舞美等制度，用正规的剧本，有固定的台词和符合人物身份的动作表演等。因此，这出戏在作曲、舞美、服装等方面都焕然一新。作曲张嘉明在倒七戏传统音乐的基础上,编写了新的曲谱,创作了许多新曲调,如《十八里相送》,曲调优美动人,旋律流畅,朗朗上口,深受观众的喜爱。演出时,由管弦乐队伴奏。服装是从上海购置的,化装根据倒七戏的特点,学习上海越剧院的方法,还首次使用了手绘布景和灯光照明。

为了这场演出,导演、作曲和演员都付出非常大的努力。该剧由靳怀刚导演、张嘉明作曲,新老(新指由文工团调来的演员,老指原倒七戏艺人)演员合作。孙邦栋、鲍志远主演,王本银、吕必胜等也在剧中扮演了角色。经过一个多月的紧张排练,倒七戏《梁祝》终于与观众见面了。艺训班的学员观摩该剧后,都交口称赞。

1952年8月,《梁祝》公演,倒七戏以新的面貌示人,轰动省城,一票难求。《梁祝》在合肥舞台连续演了三个月,场场客满,甚至出现背背包彻夜排队购票的现象。一时间,合肥的大街小巷、城镇乡村,倒七戏《梁祝》里的《十八里相送》选段成为时尚的流行歌曲。《梁祝》主要演员孙邦栋和鲍志远迅速在观众中走红。《梁祝》被省内文艺界、新闻界誉为"一次有创造性的成功演出"。

《梁祝》演出成功,开创了倒七戏的新局面,这是倒七戏史上一次成功的突破,是倒七戏走向繁荣兴旺的一个新起点,同时这也为全省戏曲改革树立了一个良好的典范。① 从此,全省各地的倒七戏班社,纷纷派人向省倒七戏剧团学习,并各自在艺术上进行改革。

---

① 在《梁山伯与祝英台》中,倒七戏面貌焕然一新,从此,倒七戏在艺术上进行了较大的改革创新。第一,唱腔特色和语言特色上大胆借鉴了歌剧的许多手段,在演出中尝试使用普通话道白。第二,建立乐队,音乐不再是单纯的锣鼓伴奏,而是增加了丝弦伴奏,并吸收了西洋管弦乐器,也尝试了电声伴奏,丰富了伴奏功能,改变了倒七戏过去"满台锣鼓半台戏"的状况。第三,唱腔和表演熔歌、舞、说、唱为一炉,既可表演古装戏,也适合表演现代戏;既有创新,又继承传统。第四,建立导演制,革新灯光、布景,净化舞台,添置服装道具,美化化装服饰。第五,建立严格的排练制度,坚持实行定调定谱,改变了过去行腔不固定,唱"水词"无词、无谱的状况。

参演新戏《宝莲灯》

《梁祝》移植成功后,皖北地方戏实验剧场又排演了《白蛇传》,但这次上座率并不高。不久,领导决定排演新戏《宝莲灯》,由我扮演主角三圣母。我得知将要扮演三圣母那一刻,真是百感交集,我终于有机会在移植新剧中扮演角色了。但这次排戏,对我来说是个巨大的挑战。这次使用的是固定剧本,有固定的台词、规范的曲谱、符合人物性格的表演,而我不识字、不识谱,过去水词戏舞台上的那一套表演动作也用不上,一切都得从零开始。但我天生有股不服输的劲,越是遇到困难,我越会下功夫克服。我不想让大家认为我只会唱一些水词戏,我要用实力来证明自己能胜任这一角色。

拿到剧本后,我就全身心地投入《宝莲灯》的排演中。先背台词,因为不识字,导演靳怀刚就先读一遍给我听,讲一下故事情节,然后挑出三圣母的台词再读几遍。我从前偷戏,练就了很好的记忆力,所以听个三四遍后,我便能把台词背下来了。接着学曲谱。那时我对 **1 2 3 4 5 6 7** 和各种音符一概不知,如睹天书。作曲张嘉明把曲谱抄在一张大纸上,然后粘贴在墙上,一句一句地教。由于我对倒七戏的各种调门比较熟悉,所以,学过三四遍后,我便唱给张嘉明听,让他再指正。再接下来,就是学表演了。在排练场上,导演的每一句提示、每一个手势、每一个眼神、每一个身段,我都仔细观察,反复琢磨,牢记心间。为避免遗忘,我在剧本上用各种颜色的笔标注了各种各样的符号,别人看来不知所云,只有我自己清楚哪个符号代表什么意思、什么情绪、什么动作等。

俗话说,不怕慢,就怕钻。凡事要是有个钻劲,就没有干不好的。每天排练结束后,有的演员去看电影、逛街,我则继续留在排练场,把当天排演过的戏一遍又一遍地反复练习、琢磨。有时深入角色中,竟忘记了时间,回到家后已经很晚了。功夫不负有心人,别人台词还不熟时,我已背得相当熟了。导演见状,惊讶地说:"丁玉兰不识字,不识谱,怎么比谁记得都快?"他不知道,我背后下了多大的功夫啊。

经过一个多月的排练，《宝莲灯》终于登台了。那天晚上，我心情特别紧张，因为这是我跨向新的艺术道路的第一步，如果演砸了，不仅会被人看不起，而且还影响以后的发展。但是，由于之前的努力，我在演出中表现不错，受到省文化局领导和同行们的认可。省文化局副局长余耘高兴地向我祝贺："丁玉兰同志，你唱得好，演得也好，没想到你学得这么快，任务完成得这么好。不过以后困难还很多，你要再接再厉。"《宝莲灯》公演后，也受到观众的一致好评。《宝莲灯》是我从演草台戏到剧本戏转型成功的第一个戏，我所付出的心血和努力得到了领导的认可、观众的喜爱、同行的称赞，这坚定了我能演好新戏的信心，为以后艺术事业的发展奠定了坚实的基础。

此后，我又陆续主演了现代戏《小女婿》《擦亮眼睛》等，上演都比较成功，深受观众喜欢。每次演出时，只要海报"丁玉兰"的牌子往剧场门旁一挂，戏票就不够卖。但我并未因此而沾沾自喜，我意识到自己的路还很长，必须虚心学习，努力上进。

一连串移植戏、现代戏的成功上演，扭转了当初有些领导所谓"老艺人思想旧，不能适应新社会要求"等不正确的观点，使他们开始对老艺人刮目相看，不但开始让老艺人演戏，而且还安排有文化、有学历的新文艺工作者跟我们学唱腔、学表演。

苦学文化　苦练功夫

我们这些从旧社会过来的老艺人，绝大多数都是文盲，没知识没文化。之前我虽成功塑造了一些角色，但都是靠死记硬背、生搬硬套的笨办法，花费时间长，耗费精力多，长此下去，很难胜任日益繁重的演出任务。我希望自己有一天，也能像那些新文艺工作者一样，拿到剧本就能读，看着曲谱就会唱。

当时，我已有了四个孩子，大的 5 岁，小的才 1 岁多。为了能安心学习，摆脱家务的纷扰与牵绊，我毅然搬进了集体宿舍，和一群有知识的年轻人住在一起，孩子交给婆婆和妈妈来照看。

教文化课的老师是王鹏飞、王国光。先学拼音，从 b、p、m、f 开始，拼音学会了，再把汉字标上拼音认识生字。为了更快识字，我把家里的锅碗瓢盆、桌椅床窗等，凡是看得见摸得着的物品，都贴上了注上拼音的汉字，以物识字。走到哪学到哪，吃饭时用筷子写，走在路上在手上画。到了晚上，集体宿舍规定 9 点关灯，为了不影响其他人休息，我就买了一个铁簸箕和蜡烛，用簸箕顶着被子，蜷在被窝里拿着蜡烛看书学字。两根蜡烛燃完后，我才休息。

我之所以这么刻苦学习，是因为我深受不识字的苦。1952 年到上海观摩学习的时候，我连厕所上的"女"字都不认识，有厕所都不敢进；演出后记者来采访我，观众叫我签名，我连自己的姓"丁"字都不会写。我心里想：要是能识字该多好啊。现在，领导给了我识字学文化的机会，我非常珍惜，学起来也格外吃苦、用心。

通过大概半年的刻苦学习，拿到剧本后，我就能读通五六成的字了，剩下的连猜带蒙，以字连字，剧本意思能了解个大概了。再到后来，我就能自己阅读报纸、看通剧本，并能写些日记和学习心得了。为了提高演员的文化知识和文学素养，在识字的同时，剧团还派陈仲、王淼等同志为我们讲授古典诗词、文学等知识。

识字困难，但学习乐理比识字更难。对于学乐理，我刚开始时有些不理解。我以前没学曲谱，但二凉、寒腔、花腔小调，不都唱得挺好的吗？为什么要学 **1 2 3 4 5 6 7** 这些洋字码呢？难道这些字码就神通广大，能把我们肚子里所有的调门都包含进来吗？各种各样的音符及快慢、节奏、高低的标记等，弄得我眼花缭乱，既乏味，又难学，其他老艺人学起来也感到很吃力。音乐工作者张嘉明、周儒松、王柏龄、沈执等人非常负责，他们想出各种各样的办法，来提高我们这些老艺人学习曲谱的兴趣。看到老师这么耐心地教，我很受感动，刻苦钻研，绞尽脑汁摸索这几个洋字码的窍门。我基本弄清了曲谱的排列和几分之几拍的规律后，发现了一个小窍门——与一般人识谱正好颠倒过来，我是先请老师唱两遍，自己学会唱腔后，用唱腔套曲谱。这招果然灵验，没用多久，我就学会了曲谱，拿到曲谱后，马上能哼唱出来。

在学练功的过程中我吃了更多的苦头。以前倒七戏重唱不重做。在旧社会,倒七戏和其他地方剧种的艺人,唱戏只为糊口有碗饭吃,大多没有练过什么功,跟师傅学戏的时候,学几出戏和万能套用的路子,就算出师了。至于什么指法、水袖、身段、舞蹈、台步等,我们知之甚少。老艺人们把这种表演法,叫"一门经捧手唱"。新中国成立初期,有一段时间,我们仍用老法子进行排戏,即由老艺人说戏进行排演。后来,在"戏改"政策推动下,特别是到上海观摩学习后,剧团领导开始重视提高演员的文化素质,加强演员们的基本功训练,以提高倒七戏的表演艺术水平。后来,剧团从北京请来舞蹈老师,教授武功的基本知识和技巧。在练功老师华石秋、居美兰的指导下,我开始练习担腿、下腰,要求两手挨着脚跟,足尖搬起来与额头齐平。当时我已经 20 多岁了,骨头硬了,腰粗了,腿往下压的时候特别疼,疼得钻心。这时,老师说,不准往回收,若是一疼就收,那就前功尽弃了。于是,我就咬紧牙关,忍痛往下压,真是疼得掉眼泪。每天早上,我都是提前一个小时来练功,把头一天老师教的动作都复习几遍,等大家到齐了,再和大家一同练习。结果苦没有白吃,汗也没有白流,到 1953 年,我学会了走边、趟马、大刀、花枪、起霸、单刀、毯子功、拿顶、虎跳、加官、按头、小毛、扑虎、抢背、碎步、云步、卧鱼、劈叉、水袖、云帚、扇子、指功、舞剑等多种武打套路。

塑造"二嫂子"形象

1954 年 4 月底,华东行政委员会文化局发出关于举行华东地区话剧、戏曲观摩演出工作的指示。根据华东文化局的指示,安徽省积极开展剧目选拔工作。5 月,安徽省文化局通知全省地方戏剧团,要求各剧团创作、挖掘剧目来迎接会演。7 月底,安徽全省的地方戏剧团来合肥参加选拔演出。在这次选拔演出中,皖西倒七戏剧团挖掘、整理演出的《借罗衣》被省文化局选中,认为这个戏生活气息浓厚,比较有地方特色,可以进行更加深入的整理和提高。当时省文化局有一个专门的创作组,负责整理、修改和创作剧本,即后来的"省文化局剧目研究室"。于是,省文化局安排创作组的剧作家赵鸿专门对《借罗衣》剧本再次进行加工整理。修改后的《借罗衣》剧情更加集中，人物性格也更加鲜明。①

《借罗衣》是倒七戏的优秀传统小戏。剧情大意是：二嫂子要回娘家，为了向娘家人摆阔气，特向王干妈和大嫂借来了罗衣和金花。去娘家途中，二嫂子骑在驴上扬扬得意，边走边舞。回到家后，二嫂子在妈妈、二姨娘和姐姐面前夸耀这些东西都是她自己辛苦挣钱买来的，结果被同来的小叔子汉宝子无意中揭穿，二嫂子非常尴尬，顿时羞得无地自容。

安徽省倒七戏剧团是新中国成立后由政府接收组建的第一家省级国营地方戏剧团，阵容整齐。合肥选拔演出结束不久，省文化局通知《借罗衣》一戏由省倒七戏剧团负责赴上海参加华东地区会演，其中汉宝子一角仍由皖西倒七戏剧团的叶金萍饰演，主要角色二嫂子由省倒七戏剧团另选。剧团领导在选拔演员时，最初不同意由我演二嫂子，认为我演惯了古装戏的大小姐，演不好二嫂子这个多嘴多舌、爱慕虚荣的人，怕我演砸了丢了安徽的脸面。省文化局副局长余耘知道后对剧团领导说："你们既然把丁玉兰作为主要演员来培养，就要相信她。你们不用担心，她能演好，会演好的。"就这样，在余耘的支持、信任下，我获得了饰演二嫂子这个角色的机会。

演员要演好戏，首先要把人物性格分析透彻。由于我的性格与二嫂子相差甚远，于是我下了很大的功夫来琢磨、分析二嫂子这个人物。二嫂子是个农村少妇，能说会道，好面子、爱虚荣，用合肥方言说就是这个人比较"韶道"。但仅从这一点理解出发是演不好二嫂子的，必须深入了解她这种性格形成的原因。那么，她为什么会形成这种性格呢？我见过一些小姑娘，六七岁时活泼可爱，比较受人喜欢，大家夸奖、称赞她，她心里就美滋滋的，久而久之就形成了爱慕虚荣的性格。我想二嫂子小时候一定也是这样的。她家里姊妹两个，姐姐憨厚老实。二嫂子长得漂亮可爱，嘴巴又甜，见了人主动打招呼，深受大家的喜欢与夸

---

① 《借罗衣》由老艺人刘正元、戴志生口述，徐卓、刘琪、辛人等加工整理。赴上海演出前，省文化局安排赵鸿再次对剧本进行加工整理，删去了一些庸俗化的细节，对二嫂子借物前的"求"、借物后的"欢"、回家后的"夸"，都做了细致加工，并增加二嫂子回家路上跑驴一段欢快情绪的细节。

奖。妈妈因此更喜欢、偏向她,有了好吃的、好穿的,总是先给她,并经常夸她。每次获得表扬后,二嫂子心里总是美滋滋的,久而久之,就养成了一种喜欢听好话的心理。因此,为获得表扬,二嫂子就更加卖力夸大自己做过的事情,有时芝麻点大的事情能说成南瓜那么大,这样就能获得大家的表扬了。二嫂子十八九岁时出嫁了,因长得漂亮且能说会道,深受公公婆婆的喜欢,丈夫也是什么事都由着她,哥嫂也都是老好人,经常当面夸她漂亮、能干。就这样,二嫂子逐渐形成了爱慕虚荣的性格。当然,二嫂子比较勤快,没有什么不良嗜好,就是爱找点给自己添光彩的东西,能得到别人的一点夸奖,心里就快活得不得了。

人物性格分析是演好角色的基础,但更重要也更难的是如何塑造人物性格,即如何用言行把人物的这种性格表现出来。因此,我就设想二嫂子在日常生活中的一举一动、一言一行。因我的性格与二嫂子相差有些远,一下子体会不深,于是,我就仔细观察身边那些与二嫂子性格相近的人,特别留意观察他们的一言一行,然后再加以夸张、提炼和创造。我有一个表妹,性格和二嫂子相近,正在我排《借罗衣》的时候她来到合肥,在我家里住了十几天,我就仔细观察她的一言一行和说话时的神情。她的一举一动我都留心观察了,有些被我吸取成为二嫂子的动作。我们一起上街,她每走几步就左顾右盼地看看自己的打扮;她也很爱面子,每当别人说她什么错了,她就脸红。她的这种心情也帮助我体会二嫂子把台词"杭罗"说成"罗杭",被姐姐指出时不好意思又想办法掩饰的心情。

为了更深入地理解人物,我对剧中人物间的人际关系也进行了分析。剧中共有七个人物,即二嫂子、汉宝子、王干妈、大嫂、妈妈、大姐和二姨娘。我把二嫂子与其他人物的关系都进行了设想与分析。二嫂子与妈妈的关系非常好,从小妈妈非常喜欢她、宠爱她,从而导致二嫂子养成了爱慕虚荣的性格。二嫂子与大姐的关系也比较要好,但大姐的性格与妈妈相似,比较憨厚、诚恳,所以大姐对二嫂子那爱浮夸的性格有点看不惯。大嫂也是个老实人,与二嫂子的关系也比较不错。小叔子汉宝子是个憨厚、诚实可爱的小孩子,与二嫂子处得比较融洽。二姨娘则与二嫂子一样,也是个爱浮夸、爱虚荣的人,非常喜欢二嫂子,两人在一起经常一唱一和,好不快活。至于二嫂子与王干妈的关系,我想大概是这样的:王干妈是二嫂子的邻居,两人经常在一起拉拉家常,一来二去就搞熟了,偶尔有一次王干妈说要二嫂子给她做干丫头,但王干妈只是随便说说,并未当真。农历四月四日是年轻媳妇回娘家的日子。① 二嫂子结婚两年多了,因在婆家没有做出什么成绩,一直都没有回过娘家,这次是该回去一趟了。但没有体面的衣裳和首饰,到娘家不光彩啊。二嫂子为此整夜都没睡好觉。第二天早上起来,她突然想起王干妈有一件罗衣——大概有一次她陪王干妈赶庙会时干妈穿过。于是,二嫂子就借助干女儿这个名分去借。她也知道干妈并不在意她这个干女儿,于是就先向干妈撒娇,与干妈套近乎,察看她的脸色,然后抓住她贪图小便宜、贪嘴好吃的弱点,许她从娘家带个鸡腿子回来给她吃,这样连哄带骗使干妈答应借给她罗衣。

人物性格分析透后,再根据人物性格研究唱腔。在旧社会,演员只重视唱,身段表演与舞蹈都比较弱。我的师傅郭士龙就擅长运用唱腔来表达人物性格、传达人物感情。其中最大的优点就是,观众不用看他的表演动作,只要他一开口唱,就能知道他演的是什么人物。所以有很多戏迷,不是看戏而是听戏,他们用耳朵比用眼睛多,甚至是闭起眼睛听戏。所以说,唱腔塑造人物性格。唱腔搞不好,人物形象就会损失一大半。所以,我特别重视用唱腔来塑造人物的性格。《借罗衣》的唱腔是由王本银、周儒松和我合作完成的。周儒松有知识有文化,是省倒七戏剧团的作曲。由于我和王本银都不识字,在搞唱腔时,他先把剧

---

① 姑娘出嫁后,各地都有回门的习俗。《借罗衣》生动地描绘出嫁媳妇回门的民俗风情。旧时农村,姑娘出嫁后因为要操持婆家繁忙的家务,加之交通不便,一般很少回家。但是在一年里依传统习惯有一两次回门的时间,按照皖中地区的风俗,每年的四月四日是媳妇们回娘家的日子。这一年一次的回娘家对姑娘们来说有着特殊的意义:一方面回家探望许久不见的父母亲戚,一方面也可以让家人了解自己在婆家一年的生活情况。因此姑娘们为了显示自己很得婆家喜爱,在婆家过得好,往往在回娘家的时候刻意精心打扮,将回娘家当作一个盛大的节日一般对待。而如果一家中有好几个出嫁的姑娘同时回娘家,姐妹之间难免相互攀比。二嫂子就是这样一个争强好胜爱攀比的人。

本读一遍给我们听,然后启发我们。《借罗衣》是一出生活气息浓厚的讽刺喜剧,用倒七戏的主调(三七、二凉、端公、寒腔)来唱显然是不合适的,因为倒七戏的主调中尤其寒腔、端公调,悲调色彩浓厚。而倒七戏中花腔小戏①的唱腔非常丰富,地方特色显著,群众喜闻乐见。于是,我们决定以倒七戏跳跃的花腔作为唱腔的基调,选用了"铺床调""担水调""拔沙调""采茶调"四个调子,并将这四种调子糅合在一起,加上对人物的理解加以创新,形成一个新的唱腔。② 同时,为了较好地刻画人物性格,圆满地表达讽刺喜剧欢快流畅的格调,我们在保留原曲调欢快爽朗的色彩基础上,大胆改变了音调中的某些低沉的旋律。就这样,我和王本银唱,周儒松记谱,不满意的地方再不停地修改。经过 20 多天的时间,我们终于把《借罗衣》的唱腔搞下来,最后由周儒松写成曲谱。

念白是塑造人物的重要手段。老艺人都讲"四两唱千斤白",说明了道白的重要性,这在《借罗衣》中充分表现出来了。在念白方面,我也下了很大的功夫。由于《借罗衣》既不是传统的古装剧,也不同于现代的时装剧,而是一出表演近代农村妇女生活片段的讽刺喜剧,必须具有欢快流畅的格调和浓郁的生活气息。因此,《借罗衣》在道白方面采取的是大、小白结合,即通过半时(尚)半古

---

① 常用的花腔小调有叙事性较强的"对药调",性格欢快的"采茶调""担水调""铺床调",抒情较强的有"剪花调""放鹦哥调""茉莉花调",诙谐幽默的"看相调""打补丁调""长工调""打桑调""点大麦调""拔沙调",表现悲伤、幽怨情绪的"丁香调""哭坟调""讨学钱调""薛凤英调"等。庐剧大本戏中的叙述性腔调、抒情性腔调、悲腔及行当专用调都源于这些花腔小调,它们是主腔调的重要基础。花腔小戏多为两三个演员演出的两小戏或三小戏,这类小戏大多取材于农村人、农村事,表现了农村生活场景和农民生活情态,使用方言并高度生活化,表演时载歌载舞,极易为群众接受。其中有不少优秀剧目,如《小辞店》《讨学钱》《点大麦》《借罗衣》《骂鸡》等。花腔小戏的角色大都是乡野人物,如算卦的、磨刀的、打柴的、卖货郎、逃荒的、流浪的,不一而足。剧情简单流畅,没有太大的剧情冲突,但有较强的娱乐性和朴素的哲理性。

② 庐剧的花腔特别丰富多彩。最初,花腔只固定在某些小戏里使用,且每个花腔小戏的唱腔也互不通用,每个小戏都有自己的专用调。因此,花腔小戏中的一些好的唱腔不能在更多的地方发挥作用。解放后,曾将花腔曲调广泛运用到现代戏中,很能刻画出新的人物性格,效果很好。如"铺床调"原来只在《白灯记》中《小艾铺床》一折戏里演唱,情调很悲伤,但经过改编后,却生动表现了《借罗衣》一剧中爱虚荣的二嫂子的性格。

舞台剧《借罗衣》剧照

语言的结合(现代语言与古代语言的结合),通过声音的抑扬顿挫,鲜活地表现出二嫂子的心情和性格特征。

接下来,就琢磨表演了,即如何把人物的心理活动用恰当、优美的舞台动作表现出来。之前,有些倒七戏剧团演二嫂子骑驴赶路,中规中矩,如同平常走路一般,没有什么特色。导演华石秋觉得这不符合骑驴的形体要求,更缺少舞台艺术美感,一定要改。"跑驴"应该是十分有特点的舞台表演,要大量采用舞蹈身段,这对于表演功力相对弱的我来说,无疑又是一个大难题。于是,导演就给我做了一个骑驴的示范动作,即把双手放在胸前,做紧抓住缰绳的样子,且双手要随着身体的摆动而灵活抖动,脚跟着颠簸,好像驴子在行走。但至于骑在驴身上的感觉,驴上坡时、驴下坡时、驴受到惊吓时、驴过桥时、驴转弯时的腿部、腰部、手的动作及面部的神情,这些细小的动作及神情,都要靠自己去摸索。于是,我就回忆起小时候在农村见过驴,演戏时骑过驴,知道驴的脾性。但毕竟过去很多年了。为了真切地体验骑驴的那种感觉,摸清驴的脾性,每逢周末,我就到合肥东门大桥租毛驴,骑到火车站(那时从东门到火车站的交通工具是毛驴)。一上午往返三四趟,反复体会、观察骑在驴上的感觉和动作。有时则请雇主用鞭子抽打驴,在驴的蹦跳中体会二嫂子要表现出的相应动作。白天,我在排练场练,导演华石秋在一旁指导;到了晚上,我就在月光底下练,注意观察月光照出的自己动作的影子,看着影子随时捉摸、随时矫正。通过反复摸索和实践,我总结出一个窍门,即要把小驴的脾气在脚步中表现出来,把二嫂子华而不实、扬扬自得的心情用一些细小的动作,如通过上身和手部的动作及脸部的表情表现出来。为了表现出小驴的脾气,脚步要时快时慢,有时汉宝子鞭打一下"小驴",二嫂子的脚步就跟着咯咯噔噔紧走几步。紧走时上身要表现二嫂子留神不跌下来的姿态;慢走时表现出高高坐在驴上,望着四面八方的行人,好像每一个过路人都在注意自己的打扮,愈来愈得意,晃头摆腰快活得不得了的情态。

随着对角色的慢慢深入了解,我在排演的过程中,有时会突发奇想,出现创作灵感。有一次在排演中,演到二嫂子到了娘家,和姐姐坐下来谈话,我发现那天椅子上有些灰,下意识地感到穿着这么一身漂亮的罗衣不能坐下,顺口说了一句剧本上没有的台词:"哟,这板凳这么脏,我妈也不抹抹。"当时导演说这句话很能表现二嫂子的性格,要记下来写在剧本上。还有一处,当二嫂子把金花从头上摘下递给姐姐看时,本来剧本在这里也没有什么描写,戏排到这里,我一看姐姐没有细心拿稳金花,就自然而然地伸出手去接,说:"哟,小心点,不要给我搞坏啦!"后来这一句话也在台词里定了下来。

《借罗衣》彩排后,得到剧团领导和观众的一致认可。剧团团长胡士楠说:"丁玉兰演《借罗衣》,一身都是戏,连她的头发都动了起来,真是活二嫂子。"

参加华东会演

1954年9月,安徽省文化局组织徽剧、黄梅戏、倒七戏、泗州戏、皖南花鼓戏、曲剧、淮北梆子戏组成安徽省代表团,从合肥出发赴上海参加华东区第一届戏曲观摩演出大会。9月25日,华东区戏曲观摩演出大会在上海华东大众剧院正式开幕。参加大会的有安徽省代表团、山东省代表团、江苏省代表团、福建省代表团、浙江省代表团、上海市代表团、华东戏曲研究院代表团,中央一级各文化艺术部门、团体、单位代表,华东地区、各省市观摩人员及大会工作人员等共1500余人。华东行政委员会文化局副局长刘雪苇致开幕词。他说这次观摩演出的规模是华东地区前所未有的,是戏曲艺人大会师。中共中央华东局书记、华东行政委员会副主席谭震林在会上作了讲话。

1954年参加华东会演的安徽省代表团倒七戏队合影

此次大会,一共上演了50场戏①,安徽省倒七戏剧团排在倒数第二场演出。由于我们演出时间比较靠后,如果不复习,到演出时恐怕就忘了。所以,我每天

① 此次大会,历时42天,演出104场,共演出了36个剧种的大小剧目158个。参见:《上海文化建设文献选编1949~1966下册》,中共上海市委党史研究室编,第86页。

早上都比人家早起一个小时去温习，把唱词、动作、道白都复习一遍，大家起床了，再和他们一起洗漱吃饭。天天如此，一日不落。

辛勤的汗水没有白流。安徽省倒七戏剧团演出的《讨学钱》《借罗衣》《打芦花》《打桑》都非常精彩，赢得了观众热烈的掌声。最终《借罗衣》《讨学钱》获演出奖；《打桑》《借罗衣》获音乐改革奖；王本银、我获演员一等奖；徐文静、鲍志远获演员二等奖；孙静如、王金翠、李昌霞获演员三等奖。在上海期间，为了展示倒七戏的优美唱腔，我还应邀演出了《秦雪梅观画》，引起音乐界的极大兴趣。

在上海期间，我们除了观摩演员演出之外，还听报告会，听取优秀演员介绍自己的心得体会。袁雪芬、盖叫天、徐玉兰等著名演员亲切、耐心地介绍他们创作人物的经验。我们观看盖叫天演出《武松打虎》，打虎的动作十分逼真，我们向他请教。他说："艺术离不开生活，我随时都会在生活中观察。为了摸索武松打虎的动作，我就观察两只公鸡打架，公鸡打架时，鸡冠子都竖起来，斗志非常强，哪怕头被啄得血淋淋的，还雄赳赳地昂着头不服输。我演武松打虎时，就把公鸡打架的动作吸收进来。平时到乡下体验生活，小孩子在墙上的涂鸦，我都仔细观察。"演宝玉的徐玉兰说："我本是女的，来演宝玉这个角色时，我随时观察十六七岁，特别是娇生惯养的男孩子的一言一行，把他们的动作吸收进来。"

11月6日，华东区戏曲观摩演出大会在大舞台举行闭幕式。中共中央华东局宣传部副部长、华东行政委员会文化局局长夏衍作了大会的总结报告。中共中央华东局委员、上海市人民政府副市长潘汉年在闭幕式上作了讲话。继而由大会评奖委员会副主任委员吴强报告评奖经过及结果。获奖的同志们在乐声与掌声中上台领奖。上台领奖时，我心里既高兴又紧张，心跳加快，感觉心都快蹦出来了。第一次得奖，真是心花怒放，格外开心。

《借罗衣》大获成功

上海演出归来后，电台记者们纷纷对我进行采访，并播放了对我的专访文章和对《借罗衣》的评价文章。上海人民广播电台将《借罗衣》音乐灌制成唱片。

在上海华东戏曲会演中，我用虚拟的舞台形体表演动作，表现出二嫂子骑驴赶路、过桥等场景，被公认是倒七戏艺术表演的独创，填补了倒七戏缺少特色表演风格的空白，受到专家和文艺界同行们的一致赞赏。演出结束后，上海越剧团、沪剧团，山东吕剧团、海政文工团，北京评剧团、北京曲剧团以及浙江、福建、江苏等省份的二十多个艺术表演团体，纷纷派演员来合肥专门学习《借罗衣》，请我传授演技和交流创造角色的体会。我把自己跑驴的艺术创作过程详细讲给他们听，并告诉他们：要把小驴的脾气在脚步中表现出来，把二嫂子的心情通过上身和手部的动作及脸部的表情表现出来。脚步时快时慢，有时候汉宝子鞭打一下"小驴"，二嫂子的脚步就跟着咯咯噔噔紧走几步。紧走时上身要表现二嫂子留神不跌下来的姿态，慢走时表现出高高地坐在驴上，望着四面八方的行人，好像每一个过路人都在注意自己的装饰打扮，愈来愈得意，晃头摆腰快活得不得了。后来，我应北京《戏剧报》的邀请，写了一篇名为《谈谈二嫂子怎样借罗衣》的文章，以供大家参考。但是遗憾的是，直到现在，其他剧种都没有排过《借罗衣》这部戏，其他庐剧团也未排过，不是因为这部戏不好，也不是因为他们不想搞，而是演员体会不出坐在驴身上的那种神情和感觉。

华东会演，倒七戏大获成功，这个鲜为外界所知的安徽地方小戏，开始在省内外崭露头角，赢得关注和好评。新闻媒体对倒七戏进行了大量宣传报道，倒七戏身价地位猛增。我亦因成功饰演了《借罗衣》中的二嫂子而备受瞩目，成为剧团里的重点培养对象和主要演员。

排演《玉簪记》

1955 年，安徽省庐剧团又排了一个新的剧目《玉簪记》（又名《陈妙常追舟》），我扮演女主角陈妙常，孙邦栋扮演男主角潘必正。《玉簪记》是从兄弟剧团移植过来的剧目，文辞高雅。剧情是：大家闺秀陈妙常，才貌出众，琴棋书画样样精通。后因家庭变故，不得已出家为尼。观主的侄子潘必正因生病误考落

《玉簪记》剧照

第，来姑姑的女贞观暂住。潘与陈互生爱慕，两人私订终身。观主发现后，逼潘必正进京赶考。离别后，陈妙常私雇小舟追赶，把玉簪送给潘必正作为信物。潘必正考中状元后，回女贞观迎娶陈妙常，有情人终成眷属。

《玉簪记》的剧本文学性强，台词含义很深，唱词诗化。主人公陈妙常气质高雅、谈吐斯文，让粗识文字的我来演这个文雅的戏，是个非常大的挑战，演起来非常吃力。我拿到剧本后，一句也看不懂，导演读给我听，我一句也听不懂。导演陈仲、技术指导华石秋以及王淼、王国光等，帮助我一遍遍、反复地讲解词意、分析人物、解剖角色心理。陈妙常有句唱词"烟淡淡兮青云，香蔼蔼兮凄零"，我不懂是什么意思。我向搞舞美设计、文化程度高的王淼请教。他告诉我说："陈妙常本是个知书达理的大家闺秀，后因家庭变故，被迫当了尼姑，因此她多愁善感、寂寞凄苦，在燃香时触景生情，见到那雾蒙蒙的烟气，顿时感到非常凄苦、孤独。"我听过后，连忙记下来，在剧本上用各种颜色的笔画上只有我自己能看懂的符号。比如，人物心里是如何想的，我用红笔画个心，手上有什么动作，我就在旁边画只手……最后，整个剧本都画糊掉了。就这样，在大家的帮助下，我用蚂蚁啃骨头的精神，慢慢体会出陈妙常这个人物的性格。她与《观画》中的秦雪梅、《小辞店》中的店大姐的性格是完全不同的，她有文化、有知识，是大家闺秀，清高、孤寂，走起路来应该是端庄、缓慢的，说起话来应该是轻声慢语的。她虽身入空门,但向往爱情,又因清规戒律的约束,她只能表现出外冷内热。

导演陈仲非常负责,因这是一部感情戏,为了培养剧中人物感情,他曾把我和孙邦栋单独锁在一间屋子里大半天。他还带着演员们,一起去合肥明教寺的尼姑庵体验生活。我自己后来又单独去过几次,与尼姑们一起生活,仔细观察她们念经、上香、上油、打扫庵堂等生活情景,然后把她们的一些动作、表情、神态等进行加工创造,吸收到陈妙常身上。为了表现出人物斯文的气质,我还刻苦吟诵诗歌。同时,仔细观察身边知识分子出身的人的言谈举止,广泛借鉴。

人们常说,"唱戏的是疯子,看戏的是孬子",此话一点不假。唱戏的不疯演不出好戏。每当接到一个新剧本,扮演一个新角色,我的一言一行、一笑一颦,都成了剧中的人物。吃饭、走路、睡觉,时时刻刻都在琢磨这个人物,有时走在路上别人与我打招呼,我都愣半天才从角色中醒过来。20 世纪 80 年代,我们到农村演出,我每天早上都会早起复习。有一次,我正在复习《休丁香》被休后寻死那一段,不停地甩水袖。这正巧被一位路过的老乡看到了,他以为我是个疯子,急忙跑到剧团报告说:"你们的演员疯掉了,在那不停地甩甩甩"。剧团人听后,都扑哧一声笑了起来,说:"她那是在复习戏呢。"创作陈妙常这个人物时,我更是如此,生活中的一切都与她挂上了钩。

功夫不负有心人,由于我的辛苦付出,我在《玉簪记》中的表演水平比在《宝莲灯》中饰演三圣母时有了很大提高。1955 年底,我随安徽省庐剧团在全省做巡回演出。有一次剧团到淮南洞山为淮南矿业学院的师生演出。他们文化程度高,团领导决定演出《玉簪记》。演出引起全校轰动,获得老师和学生们的一致称赞,很多师生捧着本子请我签名。我告诉他们我不识字,他们还以为我故作谦虚呢。这时,剧团团长胡士楠替我解释说:"丁玉兰确实不识字。她有实践经验,让她讲怎么演,讲一两个小时都没问题。但她确实不识字。"师生们半信半疑,惊讶地说:"不识字怎么能演得这么好?"他们不知道,为了演好《玉簪记》,我花了多少心血。

参加安徽省第一届戏曲观摩演出大会

1956年7月24日,安徽省第一届戏曲观摩演出大会①在合肥举行。安徽省庐剧团②演出整理、改编的传统剧目《双丝带》,创作的现代剧《李华英》,获优秀演出奖、导演二等奖、音乐一等奖、舞美一等奖、乐队演奏、乐师、演员一、二、三等奖,共取得28项奖励。

《双丝带》原名《侯美容降香》,为三本连台本戏。剧情为:山东莱州侯参将之女美容,梦见神人点化,来到龙兴寺降香,与寄居在庙里攻读的书生龙顺卿一见钟情。两人私订终身,并互赠双丝带为信物。但侯参将强行将美容许配给京官之子陈官保为妻。下聘时,美容赶走媒婆,陈官保恼怒,派周邦正暗杀龙顺卿。周邦正的妻子是龙顺卿乳娘,得知此事后带龙顺卿逃走。途中遇到强人,乳娘被掳走,龙顺卿被神仙救出。美容离家寻龙顺卿,被父亲追阻。美容打败了父亲,路经山寨,救出乳娘,占山为王。龙顺卿赴京赶考,卖字糊口,被张知县赏识,将女儿桂英许配给他。龙科举考试后,久久不归,桂英扮男装赴京,考中武状元,龙顺卿同时考中文状元。皇上命桂英与龙顺卿帅兵征剿侯美容。阵上,龙、侯相见,终于团圆。

1953年,金芝(金全才)、辛人(赵鸿),将《双丝带》改编,缩为一本戏。情节主要集中在侯美容出走之前,增加了美容打猎追兔与龙顺卿、陈官保相遇情节,加强了美容夜逃、参将逼返、父女反目的戏。全剧至周邦正追杀龙顺卿、美容败周、救龙相会结束。

---

① 安徽省第一届戏曲观摩演出大会,历时32天,演出了黄梅戏、庐剧、徽剧、泗州戏、皖南花鼓戏等15个剧种,80个节目;演员有780余人。上演的80个剧目中,有75个是安徽戏剧工作者和老艺人新创作,或根据传统历史剧目整理改编的。这次大会上,有35名老艺人因表演艺术精湛获奖。

② 历史上,合肥一直是庐州府治所,所以又称庐州。1955年,在副省长张凯帆的建议下,将倒七戏改名为庐剧。7月1日,经安徽省人民政府批准,倒七戏正式定名为庐剧。安徽省倒七戏剧团随之改名为安徽省庐剧团。

修改后的剧本由安徽省庐剧团首演。我演侯美容,孙邦栋演龙顺卿,董光裕演侯参将,陆玉琳演丫鬟秋菊。导演陈廷榜,作曲周儒松、张嘉明,舞台美术设计王淼。侯美容是个武花旦,这个角色唱做并重,且有舞剑与开打的场面。我第一次演武花旦,因此下了很大功夫,起早贪黑练习舞剑。在演出中,我充分体现出侯美容坚强英武的气概和反抗封建礼教、追求幸福生活的渴望。在侯美容与父决斗的这场戏中,有段唱腔是我设计的。龙顺卿流落他乡后,侯美容和丫鬟离家寻找,侯参将得知后骑马追寻。找了整整一天,在一棵大树下碰见。父女两个一个追一个跑,侯参将不小心从马上跌下来。侯美容见状,想到父亲年岁也大了,就下马扑倒在父亲面前,边哭边将父亲搀扶起来。父亲劝说:"你跟我回去。要是找不到龙顺卿,你该怎么活呀?"侯美容回答说:"找到了我就回来,找不到我就不回来了。"此时,侯美容的心情是复杂的,一方面她渴望自由的爱情,另一方面又面临与父亲生死离别的抉择。如果用原先的老寒腔唱,表达不了侯美容此时此刻的内心情感。于是,我就在唱法上做了改变。第一句,小音用高音,顶上去;第二句用中音,悲切的声音,把音唱带出来,有的用连词①,好多词在一块,再用小嗓子②唱出来,还有的地方上句是寒腔,下句用端公腔连词,连五六句,再用寒腔尾子落下来。演出中,我表演真挚感人,不少观众为之泪下。这段寒腔,直到今天仍做教材使用,很受学生的欢迎。

---

① 连词:主调中的唱腔组织形式一般是四个乐句一落板,唱完了再反复。但有些大段唱词的内容却要求唱腔节奏较紧的一气连下去,因此,在演唱上就突破了四个乐句一反复的唱法;在唱过一个上句之后,不接唱下句,而用原曲中带有上下呼应的乐句连字,待唱到唱词内容告一段落时再落板。这种唱法叫"连词"。参见:安徽省庐剧团编《庐剧音乐》,安徽人民出版社,1959年,第6页。

② 小嗓子:假声。庐剧主调中一些唱腔如二凉、三七、寒腔等,在唱法上较突出的特点是真假声同时使用。用假声(小嗓子)演唱的地方,多在一个乐句或曲调结束后。它的作用有两个:一是区别角色年龄,如老生调、老旦调就没有小嗓子的唱法,而在小生、青衣、花旦等所唱的曲调中就用得比较多;二是表现"哀"与"乐"的内在情绪。如在主调中使用小嗓子最多的是三七和寒腔,其次是二凉和小生调等。三七是主调中比较欢快的调子,寒腔则比较悲伤,这些欢快与悲伤的曲调都同样用上了小嗓子的唱法,但它所表达的情绪却完全不同。此外,有小嗓子的唱腔音域很宽,音程跳跃较大,一般七度、九度,最大的有十五度,这就使得这些唱腔有更好的表现力。参见:安徽省庐剧团编《庐剧音乐》,安徽人民出版社,1959年,第4页。

在这次大会上,我因成功饰演侯美容获得演员一等奖。会后,我在省电台向全省听众介绍了侯美容的角色创造和表演。

会演期间,文化部艺术事业管理局局长、中国戏剧家协会主席田汉,专程来合肥观摩部分演出剧目,并向全体代表作艺术专题报告。田汉在肥期间,在省文化局副局长余耘等领导的陪同下,拜访各个剧种的老艺人和有代表性的演员。他来到我家,详细询问我的工作和学习情况,对我的生活也表示了极大的关怀,并对我的眼疾表现出极大的关心。演出结束后,田汉接见了演员代表,还和大家在江淮大戏院门口合影留念。我、刘美君、李宝琴、霍桂英、严凤英等演员簇拥着田老,请他站在前排,田老硬是把我们推到了前排,自己却拉着几位老艺人和领导站在我们的身后,并诙谐地说:"现在我们不是主角了,你们是主角,应该是你们站到前面来,让我们这些老头子做你们的后卫了。"看到这位名扬中外的剧作家如此平易近人,对我们文艺工作者如此关爱,我感到十分敬佩和感动。演出结束后,田汉特意来到省庐剧团,称赞我们:"演得很好!你们明年要到北京去演,要做好准备。"听到这句话,整个剧团的人都沸腾了。

塑造"丁香"形象

1957年初,应文化部和中国剧协的邀请,安徽省庐剧团和泗州戏剧团赴京演出。这突如其来的消息,使我们剧团的全体演职人员都喜出望外,激动不已。为了不负众望,我们剧团的同志马上投入紧张的赴京演出的准备工作中。准备演出的剧目原先只有传统大戏《双丝带》《乌金记》和小戏《借罗衣》《讨学钱》《观画》《打芦花》《打桑》《小辞店》等剧目,后来领导决定把《休丁香》也带到北京去。我知道了非常高兴,可是心里又有点害怕,因为这折戏由我主演,我担心演不好会辜负了领导对我的期望。但我也体会到这是领导对我的培养,是党对我的爱护和信任,于是我鼓足勇气,把全身的精力都用在创造"丁香"这个角色上。

《休丁香》是庐剧传统戏,移植自端公戏①,带有明显的封建迷信色彩。它的内容源自民间故事《张郎休妻》:天上的"财帛星"投胎人间化名郭丁香,嫁给"败财星"转世的浪子张万郎。出嫁前,母亲谆谆教诲丁香做个三从四德的贤妻良母。婚后的丁香勤劳贤惠,把家里料理得井井有条,而张万郎却喜新厌旧、吃喝嫖赌,与"扫帚星"转世的表妹王妙香私通。王妙香挑拨说丁香不生育,要张万郎休丁香娶她为妻,但张万郎一直挑不出丁香的缺点来。一日,张、郭二人在花园中掘出财宝,两人为买骡马还是置田庄发生争吵。张万郎趁机休丁香,并对其百般侮辱,丁香痛不欲生,含恨离开张家,在半路正欲投河自尽,被"聚斗星"转世的樵夫范士江救下,两人结为夫妻,生活日渐富有。张万郎娶王妙香后,家产挥尽,又遭大火。王妙香被烧死,张万郎被火烧瞎沦为乞丐。一日,张万郎乞讨到丁香门前,善良的丁香不计前嫌,做了五个装有钱币的肉包子给张万郎,结果肉包子被其他乞丐抢走,丁香又做了自己擅长的龙须面给他吃。张万郎吃面知是丁香,悔恨难当,撞墙而死。

这个戏家喻户晓,有不少剧种都有这个剧目。但庐剧的《休丁香》是一口调,即剧中的所有角色都唱端公调。② 以前,《休丁香》这个戏能演七天七夜。后来,一些剧团对其进行了压缩、加工和整理。早在1956年安徽省第一届戏曲观摩演出时,就有两个整理本的《休丁香》,一个是寿县庐剧团的,一个是无为县庐剧团的。③ 1957年,陈仲再次对《休丁香》进行了整理加工,整理编撰了八场大型庐剧

---

① 在庐剧班子中,有的戏班专唱丁香戏,人们称之为"丁香班子",要唱两三个月才能演完这个故事。农谚说"正月开锣唱丁香,历历拉拉大麦黄"。

② 端公即巫师,端公为人驱鬼治病时,以唱代哭,人称端公神调。以前在偏僻落后的农村,谁家有吉祥之事或疾病、受灾者,往往把"端公"请来"下神"、驱鬼免灾。巫婆和神汉们在"下神"时所唱的神歌,即是最原始的端公调。那些"下神"的歌唱者,逐渐成为最早的演唱端公调的老艺人。端公调的演唱形式,早期称所谓"一人一台戏",即一人自敲(小锣)自唱,以后逐渐发展到多人分角坐唱、对唱或轮唱。

③ 一是由寿县庐剧团潘际帆根据老艺人王顺田口述本改编。此本删去星宿迷信色彩,并删去《劝嫁》《花园得银》《宝衣惊疑》等场戏。调整结构,将浪子张万郎由朴实农民改写为地主、高利贷者,增写了《绣罗衫》《叹十里》《荡产》三场戏,语言绝大部分作了改写。二是无为县庐剧团夏贤千的改编本,名《郭丁香》,保留了原剧基本情节。

《休丁香》剧本。① 为了演好这个角色,我参与了剧本的修改、唱腔的设计。

我在弄通剧本的主题思想后,逐词逐句地反复阅读剧本,琢磨丁香的人物性格和思想感情,然后根据剧本和导演的提示再来塑造人物的外形。为了塑造出一个纯朴善良、外柔内刚的丁香形象,我观察了很多类似的妇女,专程去表妹家观察她对丈夫温顺体贴的言行表情,把搜集来的一些素材去粗取精,结合道白唱腔去设计人物的各种表情、动作,然后不断排练、修正,直到满意为止。

其他人塑造的郭丁香,重在表现出她柔顺、善良的一面。我通过仔细琢磨这个人物的内心,发现她不仅有善良的一面,还有挣脱命运,萌发自我意识的一面。因此,在角色塑造上,我着重表现出她在封建礼教压制下,从单纯的人格依附,到萌发自我意识再到改变自己命运的心理历程。因此,我在表演时,不仅塑造丁香善良贤惠的一面,还把她内柔外刚的一面也充分表现出来。

为了表现丁香善良贤惠、外柔内刚的形象,我在"情""忍""怨""悲"上下功夫。如"绣罗衫"这场戏,是全场戏中丁香最高兴、内心最甜蜜的一场。我突出表现一个"情"。丁香以为丈夫浪子回头要与她和好,高兴得"燃起了红烛绣新衣,连夜绣衣表我心"。她左手拿着绣衫,右手虽无针线,但要表现出拿着针线绣花的各种动作,同时要表露出渴望绣好衣服夫妻和好的甜蜜神情。同时,我用优美的舞姿和变化的水袖来表达此时丁香内心的喜悦之情。此前,丁香因受丈夫冷落,水袖是软绵绵搭在手臂上的。这时,为了表现出丁香内心的喜悦,我用了几个翻身旋转,将水袖倒撒开来,并轻拢双手交叉胸前,脸上露出羞答答的表情,体现出她一厢情愿的痴情。

在"休妻"这一场戏,我突出表达一个"忍"字、一个"怨"字。面对张万郎的百般羞辱,丁香一忍再忍,三番五次地乞求,她不能、不愿接受被休的事实,因为在旧社会,女子被休是奇耻大辱。当张万郎对她极尽侮辱时,她彻底绝望了。

---

① 1957年,陈仲再次整理《休丁香》。在恢复原剧主要情节和语言的基础上,参照了潘本的《绣罗衫》和《叹十里》情节并做了改写,也吸收了一些唱词和对白。此本计为《劝婿》《荡产》等七场。参见:《安徽省志·文化艺术志》。

这时，要把旧社会女子被休后的那种绝望、羞耻继而产生的满腔怨恨之情表现出来。如听到被休之后，我饰演的丁香跌坐在椅子上，连起几次都好像起不来，用这样的动作表现丁香内心的震惊与绝望。在分财产时，丁香什么都不要，最后，牵着她陪嫁的老牛，绝望离去。至此，她性格中坚强的一面，开始显露。

"叹十里"这场戏是丁香的重点戏，也是丁香思想发生转折的戏。之前，她对三从四德一味地顺从，在这之后，她开始反抗了。在这场戏中，要重点表现出丁香悲哀屈辱的情绪。"叹十里"的原唱腔过于低沉，我与沈执①共同协商修改。沈执是搞作曲的，水平相当高，他会启发人，且作曲细腻，我的唱腔弯弯扭扭，剧团的其他作曲都记不下来，只有他能记下来。我们把庐剧的"端公调""采茶调""寡妇上坟"三个调子糅合在一起，创作出一个新唱腔"叹十里"调，较好地表达了丁香的复杂心情。在出场时，我缓缓出场，轻举牛鞭，以悲伤的表情，告天告地："天涯茫茫何处去，为何落得此下场？""赶牛牛不走。"问"牛儿可是依恋张家庄"，转身眺望"张家庄啊，你枉费我三年好时光"。丁香对自己的命运发出撕心裂肺的质问。拉牛，转身欲前行，可是娘家也归去不得。丁香牵着老牛徘徊不定，这时，雷雨交加，面临绝路，难道投河自尽是归宿？这时，我以强烈的身段和大幅度的水袖摆动，表现出丁香内心生与死激烈的拼搏。"念休书"的声音由低到高，情感剧烈变化，终于她决定撕掉休书，要活下去。至此，丁香坚强的性格很好地表现出来。

《休丁香》排练之后，请观众来提意见、谈观感。有位年轻小伙子说："这个戏太感人了。我本是打算离婚的，看了《休丁香》后非常受教育，现在我不离了，我要好好过日子。"还有一次在江淮大剧院演出，演到张万郎休丁香时，台下一位官员的女儿激动地蹦起来站到椅子上，高呼："打倒某某某……"事后才知道，这位观众的父亲与母亲离婚，又娶了新媳妇。由此可见，《休丁香》这部戏是很有现实教育意义的。

---

① 沈执（1924~1978），原名沈宝铺，江苏省苏州市人。戏曲音乐作曲。

赴京演出

1957年4月，我们省庐剧团和泗州戏剧团，同时受邀赴北京演出。此次赴京演出百余人，由省文化局副局长刘芳松率领。

4月3日，我们坐上北去的列车。第一次到祖国的首都北京演出，我迫不及待地想赶过去。那里有我日夜想念着的毛主席，我多么希望能够早一天见到他老人家，多么希望把我所学习到的一点艺术早一天表演给北京的观众欣赏啊！但同时我也感到很不安。因为这次到北京汇报演出，关系着庐剧的发展前途，而我们之前做的准备工作还不够充分，尤其是《休丁香》这折戏排练时间很短，在合肥只和观众见了两次面，临到出发时还在修改剧本。

4月4日傍晚，火车缓慢地驶进了北京前门车站。中央文化部和中国剧协的一些同志在田汉的带领下，已经在月台等候迎接了。见到田老，我们心情非常激动。这次我们能够进北京演出，多亏他的热情推荐。一阵寒暄后，我们坐上了田汉派来迎接的汽车。天色渐渐暗了下来，汽车在宽敞的道路上奔驰，道路两旁灯火辉煌，我们都目不转睛地看着窗外的景色。

第二天，演员们不顾旅途的疲劳，立即投入了紧张的排练中。我、王本银、李宝琴等几位主要演员，在领队黄宁团长的带领下，去拜访了首都文艺界的领导周扬同志。随后，周扬又带着我们，一道去拜访了几位在京的安徽籍著名人士张治中、李克农、卫立煌等。他们听说倒七戏进京演出了，都感到非常自豪、非常高兴。他们说："我们从小就爱听倒七戏，多少年没看家乡戏了，现在乡亲们把戏送到北京了，说什么也要多看几场。"

在北京的首场演出

4月8日晚，我们就要和首都的观众见面了，我兴奋得一夜都未睡好觉，天刚亮时就起床了，找了个僻静的地方练习"跑驴"这场戏的身段，因为晚上最后一场戏就是我主演的《借罗衣》。下午3点左右，我们来到了当晚的演出场所——位于北京王府井大街的吉祥剧场。一进剧场，我就忙着到后台化装了，一边化装，一边稳定自己紧张的情绪。

当晚前来看戏的，是首都戏剧界、文艺界的老前辈，以及戏剧专家、著名演员、报社记者、戏剧报的编辑等。开幕前，中国戏剧家协会主席田汉致开幕词，他在开幕词中还特意向观众介绍了我。我激动得心咚咚地一个劲地跳个不停，只听到他在台上说："有一个庐剧演员叫丁玉兰，眼残艺不残，在唱腔与表演上都很有特色，她的演技完全掩盖了她的残疾，显示出来的是美的艺术和艺术的美……"听到田汉把我介绍给观众，我更心慌意乱了。这时，我想到昨天去拜访文化部部长周扬时，他亲切地叮嘱我们演出时不要惊慌，要沉着，应该像在家里演出时一样，不要有什么顾虑，我才慢慢地平静下来。

王本银主演的《讨学钱》首先上场演出，鲍志远主演的《打芦花》、泗州戏剧团李宝琴主演的《拦马》相继登场演出，最后就是我主演的《借罗衣》了。轮到上台时，我又紧张起来。我努力把精神贯注在二嫂子这个角色上，但总感到不够自然，大约十分钟后才逐渐进入角色，演到"跑驴"这场戏时，台下响起一阵阵掌声。这时，我的情绪更饱满了，越演越好，越演越自然。演出结束后，观众掌声雷动，我不停地鞠躬谢幕，一连谢了六次幕。谢幕后回到后台，我才发觉全身都汗湿透了。这时许多戏剧界老前辈、报社记者、戏剧报编辑、著名演员等，如周扬、田汉、梅兰芳都来到后台祝贺慰问我们。周扬部长握着我的手说："你以优异的演技掩盖了生理上的缺陷。祝贺你演出成功！"京剧表演大师梅兰芳热情地握住我的手，说："跑驴舞蹈动作设计得很好，小驴子步子走得太像了。二嫂子这个人你是怎样创造的？丁玉兰同志，我要向你学习呀！"卸装时，剧团同事也说我在演出中有些地方比在合肥演出时更动人。后来，著名作家姚雪垠发表文章《田野上的鲜花》，高度赞扬了《借罗衣》的艺术。在文中，姚雪垠谈了自己对泗州戏《拦马》和庐剧《讨学钱》《借罗衣》的看法，文中说："几个小戏中我最喜爱的是《借罗衣》。这个戏结构紧凑，趣味丰富，有比较细致而深刻的细节刻画……看过《借罗衣》等几个戏,我深感到今天应该多注意提倡小戏。小戏像诗中的绝句、散文中的小品,只要剧本好、表演技巧好,就能成为玲珑剔透的艺术品,被观众所喜爱。"

《休丁香》在京演出大获成功

在北京的首场演出大获成功,使我们信心倍增,也促使我们更精心地准备后面的演出。《休丁香》是新彩排整理出来的,彩排时间紧,剧本唱腔也是重新修改设计的,效果如何,我心里一直感到不安。4月10日晚上,我们在北京剧场演出了《休丁香》,结果出乎我的意料,该剧大获成功。

在北京与吕必胜合演《休丁香》

《休丁香》演出后,北京各大报纸,如《人民日报》《光明日报》《北京日报》等纷纷刊登报道。著名戏剧评论家艾芜在《光明日报》发表《看"休丁香"的感想》一文,称赞《休丁香》的教育意义和演出成功,他写道:"一个富有教育意义的戏剧,必须有好的演员,演出才能收到很好的效果。丁玉兰扮演郭丁香,把过去封建社会里面那种被压迫的妇女形象,塑造得非常动人,把郭丁香心地纯良、外柔内刚的性格,表现得极其优美……这个旧时代被压迫的女性有着坚强而又善良的性格,让丁玉兰表现得极其优美生动,再加上歌唱的曲调来自安徽的民歌,含着浓厚的生活气息,我感到比我看'欧根·奥涅金'那个歌剧还要感动。在'绣罗衫'那一场,郭丁香手里没有针线,但拿着衣裳表现绣花的各种动作与渴望由绣好衣裳得到夫妻和好的神情,给人一个难忘的真实的形象。在'叹十里'那一场,我是忍不住冒出来眼泪。"著名戏剧评论家戴不凡在《北京日报》发表文章《从"休丁香"谈起》,提到"安徽省庐剧团来京演出了'休丁香'。节奏沉重的曲调,悲惨凄楚的剧情,加上那位眼残艺不残的演员丁玉兰(饰郭丁香),在控诉中流露出来的一股哀怨……尽管全剧还有可待研究之处,然而,它通过那些朴素真挚的巧妙民间语言,却活绘出了一幅封建道德吃人的图画,使我久久不能释怀。"中央人民广播电台邀请我赴电台,向全国人民发表题为《赴京演出的感受》的专题讲话,我重点讲述了丁香人物的创造,并演唱了《休丁香》中"叹十里"的一段唱词。

《休丁香》在北京的演出获得了大家的一致好评。但在后来的演出过程中,随着对角色的进一步把握和理解,我对其中的一些唱腔和动作仍不满意,重新进行了修改。如"连夜绣衣表我心"这句在唱法上、表演上,与在北京表演时就不一样了。当时,作曲干部和省文化局的干部都不同意,他们说:"首都的领导、专家都认可了,再改不是瞎搞吗?"我说:"我是动脑筋想出来的,如果唱出来观众不喜欢,我再改回来,唱原先的老调就是了。"最终,领导同意了我的改动。在"绣罗衫"这场戏中,我又增加了几个动作。丁香以为丈夫浪子回头了,高兴地连夜绣起罗衫,又连夜擀了一碗龙须面。而张万郎一心想赶快见到情妇,吃面的时候特别着急。我就为丁香设计出一个动作,表示出"你慢点吃噢"的意思,用动作把丁香对张万郎的关心之情表现出来。

其实,我每塑造一个角色,都是这样对待的,边演边改,不停地琢磨、钻研和修改,力争设计出最符合人物性格的唱腔和动作。现在我80多了,已经不上台演出了,但有时仍琢磨剧中人物的唱腔和动作该如何进一步完善。艺无止境,没有最好,只有更好。

周总理邀请我参加国宴 见到毛主席

1957年4月30日是一个让我永生难忘的日子。按照原本的演出计划,我们在北京的演出已经结束了,正准备返回合肥,演出的服装、行李等都托运到了火车站。返程之前，剧团领导给所有演职人员都放了假，让大家去看看北京的名胜古迹，休息调整一下，准备第二天动身返回合肥。我和演员吕必胜来到他干妈家做客。团长胡士楠一人在住所值班。我们出去后不久，团长胡士楠突然接到国务院工作人员送来的一张请柬，是周总理邀请我晚上参加国宴的。收到请柬后，胡团长到处找我，几经打听才在吕必胜的干妈家找到了我。我一听是周总理给我发请柬了，激动得跳起来，迫不及待地从胡团长手中接过了请柬。这张请柬很大，有一尺来长，洁白的封面上烫着金字，熠熠生辉。上款题"丁玉兰"同志，下款落着"周恩来"三个金光闪闪的手书体。我一下子激动得不知所措，真是做梦也想不到，我们敬爱的周总理竟然会给我这个普普通通的唱戏人下了请柬，请我到北京饭店，去参加招待各国来宾的庆祝五一国际劳动节的盛大酒会。我高兴得蹦啊、跳啊，好快活！

好事来得太快，让我措手不及。看着身上的一身便装，我犯难了，心想："穿这么一身衣服，怎么好意思去赴宴呢？"胡士楠看出了我的心思，说："别急，我陪你去买衣服。"于是，我们俩赶快上街挑选衣服，买了一件双排扣子的绿呢子大衣、一双半红半黑的皮鞋、一支口红、一盒粉。买回之后，我赶紧梳洗打扮，涂上口红擦上粉，穿上绿大衣，蹬上高跟鞋，就心急火燎地跑出门口，叫了辆三轮车，直奔北京饭店。快到北京饭店时，只见马路两边密密麻麻地停满了各式各样的小汽车。

我下了三轮车，向北京饭店走去，门里两边一排站着武装整齐的卫兵，一排是穿着整洁礼服的招待人员。我把请柬拿出来，招待人员看了后微微一鞠躬，做出请我进去的姿势。我点点头走进北京饭店的大门。

跟随着来赴宴的人群，我走进一座长形的大厅，只见里边摆满了一桌一桌的酒宴，大厅的一端有一个主席台，台上摆满了鲜花和各种美丽的盆景。我该往哪儿去呢？我想，主席台前面一定是最佳位置，只要毛主席一会出来讲话，我一定会看得更清楚，想着想着，我就往主席台前走去。当我正站在那儿看着来来往往的宾客时，盛大的酒会开始了。周总理走上主席台，站在鲜花丛中，对参加五一观礼的40多个国家的来宾表示真诚热烈的欢迎。最后周总理说："在伟大的五一国际劳动节前夕，让我们为和平的劳动，为国际和平和全世界人民的友谊和团结，为我们全人类的春天干一杯！"这时候来自各国的1000多位宾客都举起了酒杯，有的外宾用刚刚学会的普通话连连欢呼"干杯！""干杯！"，我也举起酒杯一饮而尽。这时张老(张治中)远远地招呼我到他那边去，我举着酒杯走到他跟前敬了一杯酒，并随同他一起向各国的来宾敬酒。

突然全场响起了雷鸣般的掌声，我想一定是毛主席来了，连忙放下酒杯，转身向主席台前跑去，撞在别人身上，踏了别人的脚……我已顾不得礼节了。张老在背后急切地叫我："小丁，不能乱跑，毛主席一会就要走过来了。"这时，我收住脚步，抬起头一看，毛主席正向这边走来，他老人家满脸笑容地和两边的来宾一一握手。当毛主席来到我跟前时，我却怔住了，双手紧紧地握住他的大手，眼泪止不住往下流，原先早已准备好的问候语，却激动得一个字也说不出来。

主席走过去之后，我还呆呆地站在那里，陷入极度的兴奋之中。"小丁……"这时，张治中喊我，我才从沉醉中醒过来。张老问："小丁，你给周总理敬酒了吗？""没有，还没。""来，我带你去给总理敬酒。"来到总理面前，张老把我向周总理作了介绍："这是我们安徽的演员，叫丁玉兰。""周总理，我敬您一杯！"我激动地双手举起酒杯，一饮而尽。周总理笑着说："谢谢，欢迎你来北京演出。你们安徽的'小倒戏'我还没看过，没有发言权，以后一定要抽出时间好好欣赏。"说完，也饮尽了自己杯中的酒。张治中乘兴故意问道："小丁，老毛有没有看我们安徽的小倒戏？"我如实回答："还没有。"在一旁的卫立煌接过话茬说："啊，老毛对我们安徽倒七戏不重视呀？要看，要请毛主席看看我们安徽的小倒戏！"周总理面带微笑说："毛主席会看的。等通知吧。"

之后，我又跟着张老来到苏联最高苏维埃主席团主席伏罗希洛夫①面前，张

---

① 伏罗希洛夫(1881~1969)，苏联领导人，著名的政治家、军事家和国务活动家。1935年授衔苏联元帅，1953年任苏联最高苏维埃主席团主席。1957年受毛泽东邀请访华。访华期间，毛泽东陪同他参加了在北京的一切活动，盛赞他是"中国人民最亲密的朋友"。

老与他寒暄几句后,把我介绍给他。看着伏老那满头的银丝、红光光的面孔,我有一种亲切感,说:"敬爱的伏老,我是第一次从安徽来到首都,在这里第一次和您相见,是我莫大光荣,我祝您身体永远健康!"翻译把我介绍给伏老,说我是安徽省庐剧演员,并把我的话翻译给他听。他用苏式礼仪先拥抱了我一下,然后又在我脸颊上亲了几下,我则用中式礼仪握住他的手。他说:"我也是第一次到北京来,很荣幸看到安徽的年轻演员,可惜没有看到你的戏,祝你努力学习,争取成为一个光荣的共产党员。"我告诉他我已写过入党申请书了。他听了高兴地说:"那太好了!"

我又跟随张老来到宋庆龄副委员长面前敬酒,她虽然已经60多岁了,但看起来只有40岁的样子,举止优雅,气质非凡。我双手举杯说:"祝您身体健康!"她干杯后,放下酒杯,拉着我的手,脸上带着慈祥的笑容说:"小鬼,我要吻吻你的小嘴,还要看你的戏哩!"我不好意思地笑着连声说:"谢谢!谢谢!"

整个晚上,我简直笑得合不拢嘴。当我兴奋地回到住处后,剧团的同志把我团团围住,问这问那。我把酒会的盛况告诉了大家,还讲述了我与毛主席、伏罗希洛夫等握手的情形,大家都非常羡慕。突然,不知哪个同志突然大声说:"丁玉兰,你可别洗手啊,先让我们大家握握,这样就等于我们和毛主席与伏老都握过手了。"话音未落,几十双手争先恐后地伸到了我面前。当时,乐队的汪正香高兴地从炕上滚下来,在地上打滚,兴奋地喊着:"握手!""握手!"大家围着我,跳啊、笑啊……

在天安门观礼台上

整个晚上,我都激动得彻夜难眠,明天就是五一劳动节,我被邀请到天安门观礼。凌晨三点钟我就起床了,把特为五一节观礼买的紫红色的绸裙子和红毛线外套穿好,早早地来到全国戏剧家协会集合。九点钟,我们从剧协乘汽车到天安门。走上观礼台,只见天安门广场已披上了节日盛装,到处悬挂着大幅标语,到处悬挂着宫灯。在天安门观礼台上观礼的有30多个国家的代表,以及来自 40 多个国家的外宾。

上午十点钟，毛泽东主席陪同伏罗希洛夫主席登上天安门城楼，开始检阅五一国际劳动节的盛大游行队伍，台下响起了雷鸣般的掌声和欢呼声。我连忙向观礼台上的来宾借了一架望远镜，从镜里清楚地看到毛主席和伏老并肩站在那里不断向游行的群众鼓掌、挥手致意，还看到站立在台上的许多中央首长和国家领导人。

游行的队伍像五彩缤纷的花海，在花海的上空成群的白鸽飞翔，无数的彩色气球飘舞着。这是我有生以来第一次看到这样盛大的欢乐场面。十几年前，我还是一个被人鄙视、受人污辱的戏子，现在我竟然登上了首都天安门广场，这是以前做梦也想不到的。当游行队伍中出现了文艺大车的彩车行列时，我看到一辆彩车(上搭着舞台)上正在表演《借罗衣》这折戏中二嫂子过桥的一段，我禁不住兴奋地大声对身边的人说："这是我们安徽省的文艺队伍，正在接受毛主席的检阅呢!"并用手指着说，"你们看，站在桥上(汽车舞台上的布景)的就是《借罗衣》里面的二嫂子。"这时观礼台上的来宾也随着我的手指望去。那一刻，我真是感慨万千。我做梦也没想到在旧社会被视为"淫娼倒七"的倒七戏，今日竟能登上首都天安门广场这个大雅之堂，接受党和国家领导人的检阅。只有在共产党的领导下，我们艺人才有这样的幸福和光荣。

当游行队伍全部通过以后，广场上的人群拥向天安门前的金水桥，挥舞着手中的鲜花和红旗，热烈欢呼："祖国万岁!""毛主席万岁!"观礼台上的来宾也转向天安门城楼，毛主席和伏罗希洛夫主席向人民招手致意。人群一次又一次地欢呼着："祖国万岁!""毛主席万岁!"

在怀仁堂演出 再次见到毛主席、周总理

5月6日晚，在张治中、卫立煌等皖籍领导的多方引荐下，安徽地方戏赴京汇报演出团终于有幸在中南海怀仁堂作专场汇报演出。

5 月 6 日早上,江枫①突然接到一个电话,说今晚有重要演出任务,不得外出。至于演什么、在什么地点、为什么人演都没有说。有人猜测:"一定是毛主席要看我们的戏了。""别做梦了,毛主席能有空看我们演戏吗?"大家纷纷议论着。江枫对大家讲:"晚上就演我们的拿手好戏《借罗衣》和《讨学钱》。"

下午三点,我们早早吃过饭,全体人员集合后分乘两辆大客车和几部小轿车出发了。一路上,车子左一转、右一转,大家都在想:这是往哪里去呢? 等到车子停在了怀仁堂门前,大家才知道:"啊,我们是来到了中南海。"

下午五点,我们怀着激动的心情来到怀仁堂,据说,这里是毛主席开会或是办公的地方。为了不打扰主席,大家都小声地说话,走路把脚步放得很轻,悄悄来到后台化装室。我们早早化好装,坐在后台等着。到了开演的前几十分钟,张治中和卫立煌微笑着来到后台,向大家问好,给我们演员加油鼓劲。张治中对我们说:"今晚老毛和老周来看你们演出,你们不要紧张。"张老还拍着演员王本银的肩膀,用家乡话亲切地说:"小庄锁啊,今晚你们可要带劲演噢。要演好,但是千万不能紧张,一紧张就容易出错,这可关系到我们安徽的荣誉啊!"

晚上六点半,一切准备工作都已做好了,离开幕时间越来越近了。这时,乐队的卫洪轻轻地把大幕拉了一道缝,向台下张望后,兴奋地跑到后台,高兴地说:"前面第三排,留了个空位子,一定是给毛主席坐的……"大家听说毛主席要来,欢喜得跳起来。这时开幕的铃声响了,大家迅速安静下来,各就各位,准备演出。

七点钟,准时开幕。先是王本银主演的《讨学钱》,接着是李宝琴主演的泗州戏《拦马》,接下来就是庐剧《借罗衣》了。上场前,我心跳得更厉害了,我不断提醒自己,千万不能慌、千万不能出错,要把最好的表演给毛主席和中央领导看。可是,越是这样想越是演不好,上场一两分钟后,我终于稳定了自己的情绪,渐渐进入角色中,当演到"跑驴"这段时,台下响起了热烈的掌声。

演完戏,全体演员上台谢幕,大家都目不转睛地朝台下看,想多看一眼毛主

① 江枫(1927~1966),浙江长兴县人,戏剧活动家。

席、周总理等中央领导。这时，只见毛主席微笑着鼓着掌站起来了，台上台下一片雷鸣般的掌声。毛泽东、刘少奇、周恩来等在张治中的陪同下，在观众的掌声中朝舞台走过来，演员们和舞台工作人员都拥向台上来迎接他们。毛主席和谢幕的主要演员一一握手，刘少奇与站在上场门的其他演员握手，周恩来总理与站在下场门的乐队同志一一握手。当毛主席的手伸到我面前时，我双手紧紧地握着他老人家的手，激动得说不出话来。泗州戏有个老艺人，激动得泪水直流。毛主席在舞台上站了好几分钟才微笑着走下舞台，大家热烈的掌声一直响个不停，每个人都用依恋的眼光把毛主席送出怀仁堂。

周总理留在舞台上像对待老朋友一样和大家交谈起来，大家都围在他的身边。周总理问带队的省文化局副局长刘芳松："你们安徽有多少个剧团？"刘局长一时紧张，额头上冒出了汗珠，没有回答出来。这时，年轻演员王鹏飞毫不拘束地说："报告总理，我们安徽平均每个县有两三个地方戏剧团。""哦，这么多。国家经济暂时还不发达，我看每个县留一个剧团就可以了，应该重点抓质量。"接着，总理又询问了许多关于庐剧、泗州戏的情况，如剧团一共有多少人，其中有多少老艺人，年纪最大的多少岁了，又问我们这个剧团是什么时候改为国营的。总理转头问一个小演员："你叫什么名字？""潘晓兰。"总理转头问剧团领导："这个小鬼今后不能演戏时，或者若干年后，她因身体条件不愿意再继续从事文艺事业想改行时，你们打算怎么办？"在场的人面面相觑，不知如何回答。总理和蔼地说："演员进入中年以后，总有些人要改行的。要培养人家多学点东西，多一点兴趣和爱好，做领导的应该为他们多打算、多准备。"刘芳松说："总理的指示，我们一定坚决贯彻。"周总理对我们的生活和学习特别关怀，他说剧团内乐队人数（12人）是否多了点，团内行政管理人员也要少而精，要注意培养新演员。他又问我们一年演出多少场，听说一年要演出460场时，周总理对剧团的领导人说："演出太多了吧？要适当地照顾演员的身体，不要太累了。"周总理转过身来问我什么时候学戏的，我说8岁开始学戏，演了快二十年了。周总理说："呵！都快演了二十年了，刚才《借罗衣》中的二嫂子是你演的吧，跑驴是怎么练的?"我告诉他是在乡下看到别人骑驴,加以体验,每天早晨起来锻炼,慢慢就会了。他说:"演得不错。"又转向大家说,"你们这次来北京演出,大家对你们的印象都很好,希望你们回去还要好好学习,千万不能骄傲。"他老人家对我们的关心无微不至,在台上和我们谈了约四十分钟。最后他说:"你们演了一晚上戏,辛苦了,累了吧?早点休息吧。"他老人家笑着伸出手和老艺人王本银说:"你代表大家握手吧!"握手后,他微笑着向大家挥手走下舞台,我们鼓着掌,恋恋不舍地将他老人家送出怀仁堂。

那个时候,能够进京演出、能被最高领袖接见,是文艺工作者最大的荣誉。直到现在,1957年省庐剧团进京汇报演出仍是庐剧艺人开口必提的荣耀。事实上,此次赴京演出,在更大范围内扩大了庐剧的影响,也使我在艺术上得到了进一步的提高。此次赴京演出,成为庐剧史上辉煌灿烂的篇章。毛主席、周总理和中央领导的关爱,使我终生难忘,成为我以后奋勇向上攀登艺术高峰的不竭动力。

领导对庐剧的关爱与支持

20世纪50年代,是庐剧的发展繁荣时期,这当然归功于新中国的戏曲新政策,同时,与领导的帮助与支持也是分不开的。我们来到北京后,在京的皖籍领导对我们照顾有加。4月25日,李克农、张治中、章伯钧、卫立煌、余心清等皖籍人士,特别为安徽进京汇报演出团举行欢迎联谊午宴。我、王本银、李宝琴、霍桂霞等主要演员受邀参加,周扬、钱俊瑞、刘芝明、夏衍、张友渔、王昆仑、老舍、吴祖光、梅兰芳、叶盛兰、杜近芳、新凤霞、李桂云等北京文艺界的领导与著名演员等50余人也受邀参加。席间随意交谈,领导和专家对安徽的戏曲改革工作,对演出的剧目、表演、音乐等方面,都提出了不少宝贵意见。

在北京演出期间,大家都有一个强烈的愿望:要是毛泽东主席能来看我们的戏就好了!我们把这个愿望告诉了张治中,希望他能帮忙。有一次,我们在国务院大礼堂演出,原先听说毛泽东主席要来观看,孰料中央领导当晚要和来

1957年在北京田汉家

访的罗马尼亚经济代表团联欢,我们的愿望落空了。这次,我们利用午宴的机会,再次将想请毛主席看庐剧的想法告诉了张治中。不久,张治中、卫立煌传来喜讯,毛主席已经答应了,让我们好好准备。张治中还不失风趣地说:"我们在老毛那里讲了大话,我们家乡的小倒戏里也有马列主义。主席边笑边说'一定要看,一定要看'!"最终,在张老等人的帮助下,我们成功地在怀仁堂为中央领导作了专场演出,这既实现了我们的愿望,又扩大了庐剧的影响。

　　庐剧、泗州戏在京演出历时40多天,共演出大小传统剧目37个计32场,除在剧场公演和在怀仁堂为中央首长演出外,还先后为国务院、国防部、中央党校、北京大学以及首都文艺界作专场演出。演出期间,受到首都各界许多领导的关怀,同时得到了许多指导。《休丁香》演出结束后,田汉同志邀请我、李宝琴、王本银等主要演员,《休丁香》的编导陈仲,以及几位行政领导到他家做客,共进午餐。席间,田汉指着他院子里的一棵丁香树对我说:"看,我家院子里有一棵丁香树,丁玉兰同志,你要与它比比赛,看谁开得更艳丽。"午餐结束后,我们又来到庭院,我站在丁香树下,拍了一张非常有纪念意义的照片。吃过饭后,田汉同志还请我们大家共游西山。他与我们一起爬山、交谈,我们总能在不知不觉中,受到很大的启发。更为重要的是,田汉还亲自安排,组织我们观摩了著名京剧表演艺术家梅兰芳、谭富英、裘盛戎、袁世海、姜妙香等精湛的艺术表演,还观赏了话剧《茶花女》《虎符》《风雪夜归人》《同志之间》,等等。

在京期间,中国文联、中国剧协等单位专门为安徽进京演出团组织了7次艺术座谈会,许多作家、艺术家发表了颇有教益的观感和意见。我们有幸登门拜访了梅兰芳等著名京剧表演艺术大师们,与他们聚会、座谈,聆听他们对于戏剧艺术的精辟见解,同时还观摩了他们精湛的艺术表演。

拜访梅兰芳

在北京演出期间,我们还有幸拜访了著名的京剧大师梅兰芳,并观摩了他表演的《贵妃醉酒》。

去北京之前,我只知道梅兰芳是京剧大师,名扬海内外。见到他本人后,发现他非常平易近人。梅老是个大高个子,体型微胖,说起话来不紧不慢的,但非常清晰洪亮。我们去拜访他那天,只见他的夫人坐在二楼的椅子上,怀里抱着一只白猫,身穿一件旗袍,涂着口红,脚上穿着一双高跟鞋,打扮得非常时髦。见我们来访,她热情地起身打招呼。梅老请我们参观他的书斋,与我们分享他的从艺经验与体会。临走时,他问我们是否有时间来他家看他《贵妃醉酒》的排练。他的秘书补充说:"梅先生在演出前总要排几遍,你们有空可以来看看。"当时我想:这出戏是不是很久没上演了,才需要排几遍呢?我就问梅先生,他说:"才演过没几天,上演之前应该多排几次,多排几次总会有好处的。"后来才知道,梅老在每部戏演出之前和演出之后,都会在家里演一遍给家人看,让他们提出意见。梅老对艺术的严谨与认真,令我非常惊讶与佩服。他为了保护嗓子,从不吃一口西瓜。

受梅老邀请,我们还有幸看了他演出的《贵妃醉酒》。梅兰芳演出时,把杨玉环这个人物塑造得非常逼真、动人。他通过优美的舞蹈身段和婉转的唱腔把杨玉环演活了。我观看时,不觉得是梅先生在台上,而是杨玉环在宫廷中,我的思绪完全深入剧中去了，别的观众鼓掌叫好、身旁的同志与我说话，我都全然不知。戏演完了，梅先生第二次到台上谢幕，我才从剧情中惊醒过来。剧团的老艺人看过后说："梅先生60多岁了，身段是那么灵活，手骨节那么柔软，化装后简直像少女。"我觉得这种比喻并不过分，这和梅先生的勤学苦练是分不开的。

梅兰芳先生已有极为丰富的舞台经验，且他的艺术成就举国闻名，但他还是那样的勤学苦练，那样的谦虚好学，对待艺术那么的认真、严肃，这都给我留下了极为深刻的印象，他不但使我敬佩，更成为我学习的好榜样。

周总理留我医治眼睛

戏谚说，"三分扮相，七分眼神"，由此可见眼睛对一个演员的重要性。我的左目失明，不仅使角色的外形美受到影响，且经常使我不能更好地表达角色的内心世界。虽然我努力在表演技艺上尽量弥补这一缺陷，但仍是美中不足。

在京汇报演出时，中央首长和北京戏剧界的老前辈们看过我的戏后，都为我的眼睛而惋惜，想方设法帮我医治。1957年5月7日，文化部为安徽省剧团赴京演出成功举行晚宴，席间，周总理专程赶来祝贺，并嘱托周扬、田汉："演出结束后，把丁玉兰留下来治眼睛。"在京演出期间，田汉曾亲

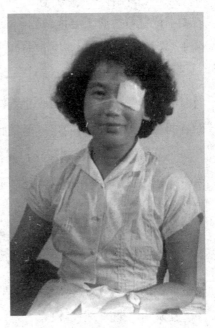

1957年在北京治眼

自带我多次到全国最好的眼科医院北京同仁医院眼科去检查，他还亲自和院长及眼科专家研究根治的办法。进京演出结束后，我随剧团到天津演出。演出结束后，又返回北京住院治疗。田汉对此非常关心，那时他因公去西安了，听说我回到北京治眼疾，发来电报一方面慰问，一方面嘱咐医院须慎重治疗，并写信给

同仁医院院长,一再叮嘱在没有绝对把握的时候不能开刀。经过一些天的观察、治疗和会诊,眼科专家认为我的左眼是可以根治的。但由于延误太久,当时我国在技术设备上条件还不够,同仁医院不敢动大手术,只有民主德国的眼科有特殊设备才可以彻底治愈。周扬、田汉听取医院的意见后,研究决定,立即送我去民主德国治疗。我得到消息后,想到自己失明多年的左眼,经过高级手术治疗,还能重见光明,以后就能更好地登台表演了,十分激动和兴奋。随后,我就准备出国事宜。当时,组织上给我安排好了出国陪同人员,我忙着赶制出几套出国服装,又学会了最简单常用的德语对话。

周扬、田汉将此事向周总理作了汇报,周总理当时正出国在外,听到汇报后非常高兴,说这事要征求一下安徽省的意见。周扬按照周总理的指示,与安徽省委书记曾希圣通了电话,将打算送我出国治疗的意见告诉了他,希望得到他的支持。但遗憾的是,曾书记对我出国治疗不放心,说:"出国治疗有风险。丁玉兰是我们安徽省的著名演员,一旦手术失败,将是安徽省的巨大损失。国内暂时治不好,就等以后我国医疗条件好转时再治。"周总理指示田汉部长尊重安徽省的意见,于是出国治疗一事就此取消。

"出国治疗"的美梦破碎后,同仁医院的眼科专家与来自福建、上海、杭州、南京等地的眼科专家一道,为我作了进一步的会诊,最后的诊断是:我左眼的黑眼球与发病的白翳粘在一起,年数已久,只有动大手术方可恢复视力。但当时我国的医疗设备还比较落后,不能动这么大的手术。如果冒险做手术,万一失败,后果会更严重。谨慎起见,只做权宜的眼科手术。院长亲自主刀,将蒙在眼珠上的一层白翳剥去,在黑眼珠的部位染上黑色。

住院治眼期间,很多领导不断打电话来慰问,全国剧协、《戏剧报》的人每天都来院探望,并安慰我不要着急,等有机会到苏联或民主德国去彻底治疗。当时,在北京青年剧院工作的陆阳春①夫妇,对我照顾有加。陆阳春是搞舞台美术的,是这次进京演出时认识的。我住院期间,陆阳春夫妇每天都会来看我,天天

①　陆阳春(1909~1991),又名陆声铺,浙江温岭县人,现代舞台美术家。

早上送鲜花,晚上送吃的,陪我聊天、说话。从这时开始,我们保持了一辈子的友情。他们夫妇没有女儿,常为这事吵嘴,我就把我的五丫头送给他们做女儿。丫头去了一年半,因户口迁不过去,解决不了上学问题,丫头在那生活也不习惯,他们让我把丫头领回来,说:"你把孩子领回合肥养着,让她上学,一切费用我们来负担。"后来,他们把自己的儿子给我做干儿子。他们不仅对我很关心,对庐剧团的人也都非常热情,庐剧团的人去北京,只要找到他,他都会热情接待。

失明的眼睛难以医治了,虽感遗憾,但我也感到无比温暖。旧社会悲惨的生活夺去了我的左眼,今天中央首长却设法为我医治,激动、感激之情,难以言表。眼睛虽然治不好,但我可以以精益求精的技艺来弥补这一缺陷,真正做到"眼残艺不残"。

被誉为"庐剧玉兰花"

北京演出归来后,《合肥晚报》等报刊每天都连载文章,图文并茂地介绍庐剧团赴北京演出的盛况,发表评论文章,还有对我个人进行采访的文章。一时间,我成为各大媒体争相报道的热点人物。《安徽日报》《安徽文化报》等都刊登了不少关于我演出的文章。很多人前来祝贺、问好、采访。我被大家誉为"庐剧玉兰花"。但不管媒体怎么评论,我始终觉得,我就是个来自农村的人,就是个唱戏的,演好戏是我的本职工作,没什么可值得骄傲的。

我不但没有骄傲,反倒更加深刻地认识到自己的不足。在北京时,我听到了许多领导和艺术同行的发言,也观摩了不少艺术大师的表演,我深刻感受到自己与他们的差距。我想,自己文化程度不高,这样演戏就不深,我要多学文化,多向别人学习,要把人家的东西学好、用好。最重要的是,我在北京受到那么大的礼遇,使我终生难忘,也促使我更加努力地工作。我从一个吃不饱穿不暖的农村人,变成了一个受领导重视的文艺工作者,这天壤之别,怎么不让我兴奋激动呢?唯有演好戏,才是对党、对领导最好的报答。

从北京回来后,我开始对艺术有了真正的理解。过去只知道演戏,哪曾注意什么思想内容、表演艺术技巧啊!经过几年的学习,我基本上掌握了如何分析人物性格、创造人物形象,如何生动地表现庐剧的地方特色等。从此,我更加努力地去学戏、演戏。我文化程度浅,又有眼疾影响形象,要想把戏演好,必须下苦功夫。我一贯把自己比作龟兔赛跑中的乌龟,把有文化的人比成兔子,乌龟爬得虽慢但一直很努力。我觉得,世上无难事,只怕有心人;只要功夫深,铁杵磨成针。我文化浅,就多向别人学习,一天学一点,长期积累,就能学到不少东西;我形象不如别人,就在唱腔上下功夫,在其他方面进行弥补。由于刻苦钻研,我的表演水平不断提高。

付出总有回报,荣誉也能获得更大的机会和尊重。从北京归来后,组织上更加着重培养我,让我出演重要的角色,努力把我培养成一名名演员。我的政治地位也提高了,先后当上了人大代表、省政协委员等。

我是一名党员了

在旧社会,唱戏的属于下等人,没有社会地位,住孤庙、盖稻草,吃不饱穿不暖,整天东漂西流,即便唱戏唱红了,照样受人污辱、被人看不起,地位特别低。当时,只要是唱戏的,即便是男的,也受人污辱,更何况一个女子呢?每个剧种都是如此,不被人重视,不受人尊重。新中国成立后,我们艺人的物质生活得到保障,更重要的是从旧社会的一名戏子变为一名文艺工作者,地位一下子被提高了,这是共产党带给我的,是共产党把我从水深火热中解救出来。因此,我从心底里热爱共产党、热爱毛主席。在平时的工作和生活中,我主动要求进步,加入中国共产党的愿望特别迫切。

由于迫切想成为共产党中的一员,我向省庐剧团党支部提交了入党申请书。1957年5月12日,这是我永生难忘的日子。这天,我们庐剧团正在济南演出,剧团党支部把批准我入党的通知书交给了我,当时我兴奋得眼泪忍不住直流,我做梦也没有想到过去被人看不起的"戏子",在党的培养教育下成为一名中共党员,这让我感到特别光荣和自豪。

入党之后,我事事处处都以党员的标准来严格要求自己,认为党员就该吃苦在前,享受在后,见困难就上,见荣誉就让。因此,不管自己家庭多困难,我从不主动向组织提出要求,对于荣誉和金钱也都不争不抢。最困难的时候,我们一家包括我父母、5个孩子、我们夫妻俩,加1个保姆,总共10个人住在一间半房里,拥挤不堪,室内除了床和吃饭的桌子外,其余什么家具都没有。在外人眼中,我是著名演员,光鲜亮丽。但实际上,生活异常艰难,家里孩子多,负担重,生活水平还不如普通人家。有一年,合肥散播有地震的谣言,家家户户挖地道、盖地震棚,我们也用毛毡子搭了一间。这种地震棚冬冷夏热,住在里面非常不舒服。尽管如此,我父母在里面一住就是一两年,因为家里确实太小了。这时,我也是个名人了,领导经常来访,家里连坐的地方都没有。有人说:"丁玉兰,你与郑锐、杜宏本、丁之、马长炎、张凯帆等省市领导都挺熟悉的,你房子那样小,为什么不向他们反映,不去要呢?"我说:"不用要,领导要是有房子会给我的。"还有一次开会,剧团有个同志反映自家困难,房屋太小,结果第二天就分到了新房子。对此,孩子埋怨我说:"你心里只有庐剧,只有庐剧团,什么时候能为我们考虑考虑,人家都住上大房子,我们还挤在一间小危房里。"后来,我曾历任合肥市庐剧团副团长、名誉团长,剧团历次按照资历要给我分房子,我都拒绝了,把房子让给了更需要的人,自己一直住在一间破旧的危房里。直到50多岁的时候,才在领导动员下接受了合肥市委安排给有特殊贡献艺术家的一套小房子,一直住到今天。

"永远跟着共产党"

1957年开展整风运动,一些人对党进行攻击,批评共产党,我是很不赞成的。8月14日,在省文化局反右派辩论大会上,我结合我们老艺人在新旧社会的遭遇,对右派分子的言论进行反驳。我最后说道:

我们的生活经历使我们认清了谁是我们的亲人,谁是我们的仇敌。我们一定要彻底粉碎右派分子的一切阴谋诡计,我们永远跟着共产党走。①

不久,我又在《安徽日报》上发表《我们永远跟党走》的文章,驳斥右派分子言论。

在旧社会,我是一个吃不饱、穿不暖、到处受人歧视的苦戏子;在新社会,我是一个受人尊重的人民演员。……右派分子说:解放几年来,艺人没有翻身,戏曲工作不是搞好了而是搞糟了,这是党的领导造成的。事实歪曲得了吗?拿我来说,在旧社会为了生活才学戏,学会了也是吃不饱穿不暖,像个没有娘的孩子,东漂西流。……在新社会,中央领导观看我们演出,关心我的眼睛,让我住在最好的医院,院长亲自给我开刀,并且不断地安慰我鼓励我。党和政府的好处,我真是三天三夜也说不完。我们从旧社会走过来的艺人常说:有了共产党,我们这些没娘的孩子找到了娘。这话一点不假,共产党是我的亲娘,毛主席是我的救星。……我们的生活经历使我们认清了:谁是我们的亲人,谁是我们的敌人。我们一定要彻底粉碎右派分子的一切阴谋诡计。我们永远跟着共产党!②

后来,我和孙邦栋列席参加一个会议,提交了一份书面发言《庐剧是在党的关怀下发展起来的》,结合庐剧发展状况,反击右派言论。

解放后,我们庐剧由农村转入到城市来,有了很大发展。过去庐剧在旧社会是被污辱、被人看不起的一个剧种,只能在偏僻的乡村角

---

① 丁玉兰:《驳斥右派分子的谬论》,《安徽文化报》1957年8月20日。
② 丁玉兰:《我们永远跟党走》,《安徽日报》1957年8月22日。

落里演出,艺人生活没有保障。解放后,在党的领导下,我们艺人政治地位提高了,生活有了保障,有的当了省人民代表、市人民代表、市政协委员及青年代表等。在经济收入方面每月最高拿到120多元,低的也拿到50多元,就是双目失明的六七年没工作的艺人冯玉山也能拿到30多元。在艺术发展方面,以前庐剧演出形式很简单,没有规定的"剧词",没有弦乐的伴奏,百分之九十的演员都不识字,哪里能分析主题、掌握人物内心活动呢?自成立国营剧团以来,国家派了干部来,演员们由不识字到能看报、读剧本,也能初步理解人物,在艺术上大大提高了一步。我团先后参加华东、省会演,演员获得了一、二、三等奖,剧目整理、音乐改革、导演等方面均获得荣誉。在北京演出受到各界的爱戴和赞扬,许多专家为我们写了评介文章,更使我们感到幸福的是到怀仁堂演出,见到了我们敬爱的毛主席。在党的热爱和培养下,我们在艺术上有了这些成绩,可是右派分子却颠倒是非诬蔑我们的党是"外行领导内行",其目的无非是要抹杀党在艺术事业上所取得的成绩,想使我们脱离党的领导,这是我们决不能容忍的,所以我们要彻底粉碎右派分子的阴谋。①

坚决不演坏戏

解放前演戏,是不加甄别的,什么戏都演,不管健康的、低级的、粗俗的、文明的、庸俗的、色情的、封建迷信的都演。新中国成立后,把一些庸俗、低级、情

---

① 丁玉兰、王本银:《庐剧是在党的关怀下发展起来的》,《合肥日报》1957年12月22日。

色、封建迷信等低级趣味的戏,视为坏戏,禁止演出。① 1957 年,中央文化部提出"开放剧目"②的措施后,各地相继上演了一些诸如《杀子报》之类的坏戏。

在此背景下,1957 年 7 月 24 日,梅兰芳、周信芳、程砚秋、袁雪芬、常香玉、陈书舫、郎咸芬七人联名在戏曲界提出了提高戏曲质量、不演坏戏的意见书,全国戏剧界纷纷响应。8 月,我和严凤英、丁永泉等投书《安徽日报》,积极拥护他们的倡议:不演丑恶、淫猥、恐怖和有害于人民身心健康的坏戏。

我在题为《铲除毒草,让香花开得更美》的文章中,谈到对人民有害的坏戏时说:

> 《杀子报》的母亲杀掉亲生儿子,《大劈棺》的劈棺取人脑子,起了什么作用?剧团每次演这些戏,孩子吓哭了,大人愣住了;一些色情戏,像《刁刘氏》一剧中的"绣楼调情",那种色情、淫猥、不能看的动作和不能听的低级、下流的语言、唱调,不知损害了多少青年男女纯洁的心灵。剧目开放以来,有些剧团不加分析、不加批判,原封不动上演《杀子报》这类极其有毒的戏,这是不应该的。
>
> 我认为梅兰芳等向戏曲界提出的三点建议是完全正确的、必要的,我衷心地拥护,并且坚决和大家一起,彻底地铲除毒草。同时我也

---

① 解放初期,中央人民政府文化部曾根据当时社会政治情况,经由戏曲界代表人物组成的"戏曲改进委员会"的研究讨论,从 1950 年至 1952 年,先后禁演了 26 出戏曲剧目:一、京剧《杀子报》《九更天》《滑油山》《海慧寺》《双钉记》《双沙河》《大香山》《铁公鸡》《关公显圣》《活捉三郎》《引狼入室》《大劈棺》,全部《钟馗》,《薛礼征东》《八月十五杀鞑子》《奇冤报》《探阴山》;二、川剧《兰英思兄》《钟馗送妹》;三、评剧《黄氏女游阴》《活捉南三复》《活捉王魁》《阴魂奇案》《因果美报》《僵尸复仇记》,全部《小老妈》(《老妈开嗙》《枪毙小老妈》)。

② 为了贯彻"百花齐放,百家争鸣"的方针和第二次全国戏曲剧目工作会议确定的"大胆放手,开放剧目"的方针,进一步推动艺术事业的繁荣和发展,1957 年 5 月 17 日,文化部正式发出通知,指出这些戏曲的禁演是有一定理由的,在当时基本上是正确的和必要的。但是即使在当时,由于对这些禁演剧目的解释不够明确,缺乏分析,在执行中又造成了许多清规戒律,妨碍了戏曲艺术的发展,因此,以前所有禁演剧目一律开放。通令还说明今后各地对过去曾经禁演过的剧目,或者经过修改后上演,或者照原本演,或者经过内部试演后上演,或者进行公开演出,都由各地剧团及艺人参酌当地情况自行掌握。

向我们安徽省的戏曲界提出几点要求：

一、把我们传统剧目排排队，哪是毒草，哪是香花，把界限划清；属于毒草的铲除它，既不让毒草占领我们的阵地，也不让祖先遗留下来的香花被埋没。

二、经过分析研究，属于毒草的拔掉，属于香花的再加工锤炼，使它真正成为为人民大众所爱戴的香花，对于那些有精华也有糟粕的戏，也就是一时还分别不出它是香花还是毒草的戏，我建议在文艺界内部放出来，而后再在群众中作鉴定演出，逐步地使它变为香花。

三、舞台上的混乱现象也必须澄清，把那些色情、恐怖、丑恶的以及剧情、人物不符的，影响观众和演员身心健康的舞台形象(包括机关布景、动作、语言等)，也应像毒草一样清除干净！①

在此前后，我还在《合肥日报》发表了《我们不演毒戏〈杀子报〉》《把"毒草"连根拔掉！》的文章，阐述坏戏对人民的害处。

排演《牛郎织女笑开颜》

1958年，金芝创作一出新的现代神话剧《牛郎织女笑开颜》，这个剧是在民歌的基础上加工而成的。当时，全国正值"大跃进"，民歌创作盛行。加之当年天气干旱，安徽地区创作出了许多关于抗旱的民歌，如有一首民歌影响特别大，一般百姓都会哼唱。这首民歌是："大红旗下逞英豪，端起巢湖当水瓢。不怕老天不下雨，哪方干旱哪方浇。"还有一首："万条蛟龙接上天，牛郎织女笑开颜。如今车干天河水，不等七七就团圆。""红旗插上银河边，东风送我上青天。如今天地都归社，管天管地管神仙。"这首民歌也被广泛传唱。金芝以上述三首民歌

---

① 《严凤英、丁玉兰、丁永泉等投书本报 响应梅兰芳等号召不演坏戏》，《安徽日报》1957年8月11日。

《牛郎织女笑开颜》中
织女剧照

为基础创作了庐剧《牛郎织女笑开颜》。剧情是：牛郎织女为天河阻隔，不能相见，他们彼此思念，无限哀怨，忽然被人间的"大跃进"歌声所激励，更加期盼相逢团聚，因此与王母娘娘发生了冲突。人间的抗旱大军发挥冲天干劲，抽干了天河水，歼灭了天庭的统治者及其爪牙，彻底摧垮了神权统治，使牛郎织女得到了团圆，笑逐颜开。这个戏由于迎合了当时"大跃进"的政治思想、响应了大写现代戏的号召，在当时备受瞩目。

当年5月份，金芝尚在构思这部戏剧时，省文化局领导就宣布由安徽省庐剧团来排演这个戏。《牛郎织女笑开颜》的导演是陈廷榜，后来陈廷榜调走，组成了以王鹏飞为组长的导演组，作曲王柏龄，我演织女，孙邦栋演牛郎、鲍志远、李昌霞、龚维毅、王秀兰、王鹏飞、董光裕、王敏、邱枫林，我弟弟丁道元和丈夫傅昌盛等在剧中扮演各路神仙和人间英雄。省领导对这部戏高度重视，省委书记、文化局长与演职员心贴心、肩并肩地共同研究这个戏，大到这个戏的主题思想、演出风格，小到一个动作、一句唱腔，都想得周到仔细。如省委书记曾希圣对这部戏的剧本创作、修改到演员排练都亲自过问，以极大的热情进行支持。省文化局局长钱丹辉更是亲临现场指导，每次排练他都在台下看，哪个演员的动作或台词不对，他立马指出来要求我们改正。我们全体演职员更是以极大的热情参与到排练之中。经过一个礼拜的紧张排演,这出戏就搬上了舞台。

《牛郎织女笑开颜》在合肥舞台上演百场,场场爆满,影响非常大。1958年9月18日晚,毛泽东主席在合肥稻香楼观看此剧,并对此剧作出了指示:"这个剧应当加一场凡人与玉皇大帝开打的场面,凡人打败玉皇大帝,人定胜天嘛!"同年12月,安徽省文化局在芜湖市举办省第二届戏曲观摩演出大会①,省庐剧团演出的《牛郎织女笑开颜》,影响很大。一些兄弟剧种纷纷来学习、移植上演《牛郎织女笑开颜》。当时省委决定将此剧搬上银幕,上海电影制片厂的导演刘琼和摄影师邱以仁专门赶到合肥,与导演组组长王鹏飞就怎么演、怎么拍的设想作了交流。我担心眼疾会影响银幕形象的美感,还特意去医院做了整容手术。但后来因故未能将此剧搬上银幕,改为由安徽电影制片厂拍成专题彩色画刊。后来,中央新闻电影制片厂拍摄了《牛郎织女笑开颜》的舞台纪录片,上海人民美术出版社出版《牛郎织女笑开颜》配词画册,国内许多报刊发表了剧本和评论。

为毛主席、周总理和中央领导演出

20世纪50年代后期,毛泽东、刘少奇、周恩来、朱德等党和国家领导人多次来安徽视察,我们庐剧团相继为他们演出了《牛郎织女笑开颜》《双锁柜》《借罗衣》《秦雪梅观画》等剧目。领导给了我亲切的关怀和极大的鼓励,让我深受鼓舞。

1958年1月5日晚,来安徽视察的周恩来总理在省委书记曾希圣的陪同下,在合肥江淮大戏院观看了省庐剧团表演的《秦雪梅观画》及省黄梅戏剧团表演的《打金枝》。我和孙邦栋主演《秦雪梅观画》。开场锣鼓敲响后,随着大幕

---

① 1958年11月13日至27日,安徽省文化局在芜湖市举行省第二届戏曲观摩演出大会。参加大会的各地、市演出团体代表和观摩人员有1500余人。会演强调"以现代戏为纲",16个剧种参加演出,演出大、中、小型剧目77个,其中现代题材的剧目57个、新编历史剧3个、整理的传统剧目17个。

徐徐拉开，我扮演的秦雪梅随着伴乐出场亮相。由于有过给领导演出的经验，这次给总理演出，我不是特别紧张，很快就进入角色，越演越得心应手。在表演中，我和孙邦栋配合默契，表演认真而投入，希望把自己最精湛的表演艺术全部展现出来。同样，省黄梅戏剧团的演员严凤英①他们，也都把自己最出色的演技拿出来了，表演也相当精彩。

演出结束后，响起了热烈的掌声。周恩来总理在曾希圣的陪同下，走上舞台和大家一一握手问好。周总理紧紧握住我的手，关切地问道："你不是倒七戏的丁玉兰吗？现在眼睛好些了吗？我相信中国医学会发达起来的。"我握着周总理的手，顿时感到一股暖流传遍全身，激动得热泪盈眶，连说："谢谢总理关心，谢谢！"

当时，大家都想和总理合个影。当曾希圣把我们的想法传达给总理时，他爽快地答应了。于是，搞舞台的同志赶快搬来凳子，大家高兴地把总理围了起来，我坐在总理的右边，严凤英坐在他的左边，总理正在与严凤英交谈时，摄影师拍下了这张宝贵的照片。这幅照片一直悬挂在我家的客厅中。每当看到它，我就不由得想起总理对我们的殷切关怀。

在我们这代人的心中，对共产党、对毛主席充满感恩之情。那时候能够见到毛主席，真是莫大的荣耀。我曾有幸见过毛主席六次。第一次是1957年4月30日晚，在国宴的宴会厅，我第一次见到了毛主席，当时激动得热泪盈眶，心怦怦直跳。第二天，我被邀请去天安门观礼台参加庆祝五一劳动节的活动，第二次见到了毛主席。虽然这次离主席很远，但是坐在天安门的观礼台上，我内心还是很兴奋，听着毛主席在上面讲话非常激动。1957年5月6日晚，我们省庐剧团在中南海怀仁堂为毛泽东等中央领导人作专场演出，我有幸第三次见到了毛主席，并与他亲切握手。

第四次见到毛主席，是在1958年9月18日。那时，毛主席来安徽视察，下榻合肥稻香楼宾馆。我们庐剧团接到省文化局通知，准备在稻香楼为毛主席作专场演出。接到任务后，大家十分兴奋，为演出做了充足的准备。演出那天，省

---

① 当时，在"反右派"中，为改造资产阶级世界观，严凤英被派到庐江的工地上、农村中去演出。此次，她被专门接到合肥参加演出。

1958年,在江淮大剧院与周总理合影,周总理右为丁玉兰,左为严凤英

委书记曾希圣陪同主席看了我们演出的三个戏:我主演的《借罗衣》(40分钟),王本银主演的《讨学钱》(20分钟),我、孙邦栋、王本银、鲍志远等主演的《牛郎织女笑开颜》(30分钟)。这次为主席演出的,既有传统戏又有新创作的戏,其中《牛郎织女笑开颜》是省委书记曾希圣亲自抓的一部戏。毛主席看过后,对《牛郎织女笑开颜》的剧本作了指示。

第二天,中共安徽省委在省委礼堂安排了一场舞会,我也有幸受邀参加。为了参加这个舞会,大家做了充足的准备。严凤英为了挑选出一双合适的鞋子,把家里所有的鞋子都翻出来,整整挑选了两天。省委书记曾希圣及其爱人,文化局局长钱丹辉和省委的其他领导都参加了这次舞会。在舞会上,我和严凤英等都陪主席跳了舞,跳的是四步的交谊舞。当时陪主席跳舞的人有好几个,一支曲子就换了三个女同志,每人只跳大概三分之一首的曲子。时间虽短,但记忆深刻,永生难忘。

1960年,我到北京参加中国文学艺术工作者第三次代表大会,又一次见到了毛主席,并与全体文代会代表一起与毛泽东等国家领导人合影留念。

第一次拍电影

《借罗衣》在上海和北京演出后,深受文艺界专家们的赞赏,我表演的二嫂子活灵活现,受到戏剧大师梅兰芳的肯定。此外,像《借罗衣》这种生活小戏,人物突出,载歌载舞,贴近生活,也深得观众的喜爱。《借罗衣》逐渐成为常演不衰的经典之作。因此,有人萌生了将其搬上银幕的想法。1958 年,庐剧《借罗衣》、泗州戏《拾棉花》和黄梅戏《春香闹学》三个小戏都拍成电影,名为《安徽戏剧集锦》,在全国范围内公开发行。这是我第一次拍电影,也是庐剧第一次走上银幕。

当时,安徽电影制片厂条件差①,就把演员集中到上海,在上海江南电影制片厂摄影棚开拍。这部影片由安徽电影制片厂郭筠②担任导演,摄影组的全体工作人员,都是由安徽电影厂担任,但上海江南电影制片厂派了摄影、美工、照明等各部门同志进行辅导。

为了不影响舞台形象,我特地到上海,在左眼安置了眼片。《借罗衣》是我的拿手戏,在舞台上演起来驾轻就熟,但在幕后拍摄过程中,却遇到了种种困难与不适。我这才明白,舞台表演与电影拍摄有很大不同。舞台表演比较酣畅淋漓,能自由地唱、白,动作也要适当夸张,比如手要伸展开,这样观众看起来动作才优美③,而电影拍摄则被限制在一个狭小的区域范围内,唱、白、笑的口型都受

① 安徽电影制片厂工作起步较迟,1958 年根据文化部提出的《电影事业发展十年规划》,在中共安徽省委的直接关怀下,开始建立安徽电影制片厂,并得到上海、北京、八一等电影制片厂人力、物力上的支援。在"边建厂,边生产"方针的指导下,一方面选调人员,购进设备,建造厂房;一方面筹拍电影。参见:《安徽省志·文化艺术志》。

② 郭筠(1916~),河北上辛集人。影视剧演员、导演。1950 年后调总政话剧团、安徽电影制片厂任演员、导演。1964 年到北京电影制片厂。参演的影片有《花好月圆》《汾水长流》《红雨》等。执导的影片有《南疆春早》(合导)、《安徽戏曲集锦》、《寇准背靴》等。

③ 舞台剧更夸张。因为舞台很大,为了使所有观众都看清楚,表演者一定要将动作做得十分夸张。

电影《借罗衣》剧照

到严格限制,手也不能全部伸展开,否则就出镜头了。表情、动作都要适当缩小,拍出效果才会好。这使我感到束手束脚的,特别不习惯。为了适应这种演出要求,我在宿舍的地上画个大圈,站在里面一遍一遍地摸索、体会二嫂子的一举一动、一颦一笑。

　　舞台表演和电影拍摄还有一个不同就是,舞台表演是在现场随着剧情的发展进行的,演员的情绪、动作都是随着剧情的发展连贯起来的,演员的表演是一气呵成的。而电影拍摄则是按场景拍摄,由许多个镜头组成的。拍摄过程中忽前忽后,根本不考虑故事的连贯性。这就需要演员有即兴表演的能力,该哭就哭,该笑就笑。一开始,我对这种忽前忽后、前后颠倒的演出,觉得特别恼火,因为你刚投入前面的剧情中,演得正来劲,忽然又要演另一段,情绪变化太快,让人难以适应和理解。我对导演说:"郭导演,你这样忽前忽后地拍戏,岂不是把戏拍得乱七八糟?让观众怎么看得懂呢?"

郭筠笑了,给我解释说:"丁玉兰同志,电影和戏剧不同,电影是需要分镜头拍摄,然后经过剪接,再按次序组合镜头。你按照我的要求来唱,不会错的,包你看过片子后满意。"

我当时似懂非懂,只能听他的,按照他的要求去做。当然,对于演惯了舞台剧的演员来说,这是有难度的。如严凤英拍摄电影《天仙配》时,有一场分别哭泣的戏,就两句台词,但整整拍摄了一天。为什么呢?因为严凤英流不出眼泪来。前面刚演完成亲的欢喜戏,忽然一下子演离别的苦情戏,情绪出不来呀。这时,导演发话了:"还说你是安徽的名演员,连这点都做不到,干脆不要做演员算了!"严凤英一听,委屈得眼泪立马流了出来。导演这时说:"好了,今天就到这里吧。"这时,严凤英才恍然大悟,原来这是导演使的花招,是用激将法来刺激她呢。

跑驴那场戏,导演想找个真驴来骑,在商讨时,有人提出异议,说:"不用驴,表演出来的才是艺术;用真驴,虽然是真实的,却限制了演员的表演,没有艺术性了。"最后,导演同意把骑驴的动作用身段动作表演出来。为了突出效果,我们专门跑到一个小树林的坑洼地方拍摄,以表现出骑驴的颠簸感。

李昌霞在剧中反串扮演汉宝子,导演让她把头剃光。一个大姑娘家,把辫子剪掉多难看啊。她很不情愿,哭着跑过来找我帮忙,让我向导演求情。我想,以往舞台剧中汉宝子也没有剃光头呀,而是在头上扎两个羊角辫儿,演电影时也可以这样啊。我把这个想法告诉了导演,他欣然同意,李昌霞也破涕为笑。

拍摄电影《借罗衣》时,演员重新做了调整。我演二嫂子,李昌霞演汉宝子,王金翠演王干妈,龚维毅演大姐,王敏演妈妈,董思昭演二姨娘。拍摄的过程虽然辛苦,但因大家对剧本比较熟练,拍摄比较顺利。我们早上4点起床化装,一拍就是一天,三四天的时间就拍摄完成了。后来,对一些不满意的地方,我们又重新补镜头。

拍摄完毕后,《借罗衣》搬上银幕,在全国范围内公开发行。《安徽日报》

《安徽文化周报》等多家报刊都对《借罗衣》发表了影评和专访文章。①

上山下矿下乡巡回演出

20世纪50年代后期,在工农业生产"大跃进"的形式下,安徽省各戏曲剧团响应上山下乡的号召,热情为工农兵演出,纷纷送戏上门。安徽省庐剧团深入全省广大农村、水利工地、工厂等地进行演出,在劳动中锻炼、改造。我与同志们一道自背背包,自带服装、道具和乐器,跋山涉水,深入山区、乡村演出。每到一地,与群众同吃同住同劳动,打成一片,临时装台,就地演出。演出的有《千万不要忘记》《血泪荡》《江姐》《龙马精神》《金沙江畔》《打桑》《观画》等剧目。

那时候,我们像是着了魔似的,不知疲倦、马不停蹄地到各地演出,逢年过节不在家都是常有的事。我们下工厂、到农村、入厂矿,去过马鞍山、和县、铜陵、舒城、芜湖、当涂、繁昌、滁县、明光、淮南、肥东、肥西、南京等地。演出最多时,一天能演五场大戏。如在南京演出时,我们早上5点半起来化装,演到半夜12点,始终没有看到南京的天是什么样子的。在史渭杭工地上为工人演出,一天演出七场小戏。

在巡回演出中,我们常常突击排戏。如在和县演出时,参加了总路线的宣传,我们除了照常学习和演出外,还苦战两昼夜赶排了《把红旗插遍全国》《赶英国》等十一个节目。在为工农兵演出的同时,我们积极投入春耕生产、秋收秋种、兴修水利、抗旱斗争、大办钢铁运动中。如我们到马鞍山演出时,通过实地

---

① 1959年3月15日,《安徽日报》发表"电影评介"说:"丁玉兰塑造的二嫂子,在皖中来说是家喻户晓的,在北京和外省演出时,也深为首都文艺界和广大观众所赞扬。她的表演特点是,细腻入微、层次分明……跑驴身段实为一绝,而且比真的跑驴还要优美、动人。"同年3月17日《安徽文化周报》发表评论说:"丁玉兰同志扮演虚荣心太重的二嫂子,表演得惟妙惟肖……丰满结实。尤以她在骑驴引路一场中的表演最为精彩,这是功底差的人所难以表演得好的。"3月19日,《安徽日报》发表影评说:"她的精湛的表演艺术,是有极高造诣的,她不仅能抓住二嫂子酷爱虚荣的性格,大胆而适当地加以发挥和创造,而且能利用一些细小的动作,运用眉目传神来加以夸张渲染、烘托人物,从而把二嫂子那华而不实、扬扬自得的精神状态,淋漓尽致地传达给了观众。"

观察和劳动锻炼,思想上大有改变。大家亲眼看到工人站在1300多度高温的高炉旁忘我劳动,千方百计克服困难,突破定额。他们的口号是:"紧急总动员,苦战二年半,投资一当二,产量加一翻。"当时,我们被他们的豪迈气概感染,大家的劳动积极性也高涨起来。在向山采矿厂的一次义务劳动中,大家争先恐后地抬矿石。我们为工人慰问演出,受到工人的热烈欢迎。工人们在标语上写着:"演员演戏上了山,我们的干劲巨浪翻;演员舞台满头汗,我们的大锤冲上天。"在演出时,我和吕必胜、周儒松、霍仲益等,还抽出午睡时间辅导兄弟剧团。我们还组织扁担队深入农村演出,晚上散戏后有时都凌晨三四点了。

在下乡演出中,我既当主角,也甘当配角,深得农民群众的喜爱。几年的时间里,我随团几乎跑遍了皖南山区和皖中庐剧流行地区,与农民群众建立了深厚感情。

反串小生

1959年是新中国成立十周年。为向国庆十周年献礼,在胡士楠等同志的领导下,省庐剧团发动演职员广泛在传统戏中寻找可以加工的老剧目。当时,省文化局局长钱丹辉和副局长余耘先后向我们推荐了《双锁柜》和《花绒记》两个传统剧目,王鹏飞等又发掘整理出了《花园扎枪》。于是,团里成立了《双锁柜》剧组、《花绒记》剧组和《花园扎枪》剧组,三个组同时排练。其中,《花绒记》由我和鲍志远、孙邦栋主演。

《花绒记》是庐剧传统剧目,原本故事为:六安书生陈金榜,泊舟南京水西门,遇邓荣华之妻金凤英,两人一见钟情,金凤英抛赠花绒作为信物。陈金榜不知金凤英已婚,回乡后,即请媒礼聘。此时,邓荣华已携带金凤英赴太平县。陈金榜得知后,乘舟星夜追赶。行江中,遭遇风暴,陈金榜坠江,为邓荣华所救。陈金榜与金凤英相遇,两人互诉衷肠。邓荣华发现后,顿起杀机。金凤英甘愿自己受罚,陈金榜则愿终生饮恨。邓荣华不得已,打算将陈金榜放走,以求了事,但金凤英却发誓以血染花绒,期望来生与陈金榜相爱。邓荣华为之感动,成全了两人的情缘。

1959 年，王淼、金芝根据胡月斌口述本进行整理、改编，将故事改为：书生陈金榜与大家闺秀金凤英一见钟情，私订终生。但金凤英却被父母许配给太平府运粮官邓荣华。陈、金的爱情受到阻碍，但两人发誓生死不渝，陈准备下聘正式迎娶。邓荣华发觉两人私情，产生杀机。但终为两人爱情感动，原谅了他们，并帮助他们。金、陈两人血染花绒，誓不变心，最终冲破封建牢笼，结成伉俪。改过后的剧本发表在《安徽戏剧》第 4 期，由省庐剧团首演。导演为陈廷榜，音乐设计骆志强、邵鹤群、鲍志远，舞台美术设计王

反串小生剧照

淼。我反串演陈金榜，鲍志远演金凤英，孙邦栋演邓荣华。

我在这出戏中反串小生，难度还是挺大的。脚上穿着高底靴，一走就歪，于是，不管戏里戏外，我天天穿着靴子练习走路，终于能走得稳稳当当了。小生的台步、座凳、扇功、踢靴、吹箫等动作，我向孙邦栋和导演请教，在他们的帮助下，我把小生的一个个动作都学会了。演出后，我反串的小生陈金榜，受到各界观众的高度赞扬。《安徽日报》1959 年 10 月 10 日发表评论文章说："看了丁玉兰同志扮演的小生陈金榜后，我们感到这个演员具有多方面的才能，她塑造了一个洒脱、热情、有才华的书生形象。"后来，省电台将《花绒记》灌制唱片，此剧为庐剧的保留剧目。

主演《双锁柜》

《双锁柜》又名《停丧记》,是庐剧传统剧目。原剧故事为:豪富余得水之女布姐,幼与王金柱订婚。后王家遭难,嫌贫爱富的余得水将布姐另许富户江奇,并诈称其女病故,设计骗取王金柱所持婚书。江家婚娶前夕,布姐私约王金柱来绣楼商讨对策。恰逢布姐姨母前来伴宿,情急之下,布姐只好将王金柱锁在陪嫁之柜中。次日晨,王金柱被抬入江家。江奇之妹伦姐,夜梦神人指点,应与王金柱成婚。伦姐到嫂嫂房中看嫁妆,见到王,并得知其名,便以身相许,将王金柱锁入自己的柜中。后王金柱与布姐、伦姐一起逃走。余、江两家闹至县衙,布姐等上堂言明真情。县官判布姐、伦姐与王金柱成婚,并责令余得水赔田二百亩作嫁妆。

1959年,安徽省庐剧团根据李祝之口述本进行集体改编,参加改编者有陆玉琳、吴铸九、王鹏飞、王柏龄等,最后由金芝执笔再改。改动之处有:更改人名,布姐改名于翠岚,王金柱改名王青山,江奇改名蒋百万,伦姐改名蒋凤仙;增加于翠岚之弟于俊生;删除了神仙指婚的迷信情节,改为蒋凤仙得知真相,热心相助;并增加于俊生与蒋凤仙一见钟情的情节;结局改为于翠岚与王青山、蒋凤仙与于俊生结成连理;在语言上也进行了加工提升,加强了喜剧的讽刺性,尤其是夸嫁妆一场戏,情趣盎然。

1959年8月,《双锁柜》由安徽省庐剧团排练演出,陈廷榜导演,我饰于翠岚,孙邦栋饰王青山。起初,《双锁柜》的女主角不是我,得知朱德要来肥视察后,省委书记曾希圣点名让我演出《双锁柜》的女主角。于是,我突击排练,跟在A角后面学。文化局局长钱丹辉对此很重视,亲自来抓,天天在排练场和演员一起上下班,监督指导演员们排练,边排练边修改,直到满意为止。经过努力,我主演的《双锁柜》受到省委书记曾希圣和省文化局局长钱丹辉、余耘等领导的高度赞扬。国庆期间在合肥公演后,又深入淮南矿区演出,受到文艺界和观众的欢迎,并成为后来经常上演和重大招待演出节目。

1959年10月，朱德来合肥视察工作，我们庐剧团为他专场演出了《双锁柜》。演出结束后，朱德上台与大家亲切握手问好。他说："《双锁柜》这个戏很好，很有意思。"

赴福建前线慰问演出

1960年春，我参加了由副省长马长炎、省军区副司令刘奎率领的安徽省赴福建前线慰问团。慰问团由省庐剧团、省黄梅戏剧团、省泗州戏剧团、安庆市黄梅戏剧团、皖西庐剧团和三个电影队组成。从2月19日起到3月23日，我们在福州和闽东北、闽东、闽南地区，在机场、阵地、岛屿、快艇，分头展开了慰问演出活动。我、李宝琴、王本银、孙邦栋、鲍志远、霍桂霞、潘璟琍等都参加了慰问演出。

赴福建前线慰问演出时的照片

我们庐剧团演出的剧目主要有《牛郎织女笑开颜》《讨学钱》《借罗衣》《花绒记》等。在前线阵地演出，我们几乎每天都能听到枪声、炮声，随时都有被炮击的危险，有时国民党的飞机就从我们的头顶飞过，但不管环境多险恶，我们都坚持演出。有一次，我们夜里乘船从国民党的心脏穿过，快到对岸时，听到了国民党的枪响。有时演出过程中，国民党就与解放军交火了，这时，解放军赶快用快艇把我们送到安全的地方。1960年3月1日，人民海军击沉国民党军炮舰的消息传来后，我们庐剧团赶到作战海军部队的驻地，热情祝贺水兵们击沉国民党军炮舰的胜利。我们登上舰艇同水兵亲切交谈，在舰上作了精彩表演。

演出之余，我们帮解放军洗衣服、补衣服、钉扣子，他们则教我们打枪、拉大炮。每到一地演出，解放军都热情欢迎，排着长长的队伍欢迎、接送我们。

这次赴福建前线慰问演出，历时30多天，演出了190多场。在演出中，我们和解放军建起了良好的关系。在这次演出中，副省长马长炎和省军区副司令刘奎加深了对我的了解，他们对我以后的工作和生活给予了很大的帮助。如副省长马长炎，每年都携带夫人一起来我家做客。有一次马省长在杭州看眼，遇到一位著名眼科专家，连夜打电话让我飞过去看眼。省军区副司令刘奎为我在"文革"后复出起了重要作用。

参加全国第三次文代会

1960年7月，我到北京参加中国文学艺术工作者第三次代表大会。安徽代表由陈登科、钱丹辉、余耘、那沙、鲁彦周、刘美君、吕明琴、李宝琴、姜秀珍和我等数十名代表组成，住在首都西郊的西苑旅社。

这是我第二次去北京，在那里，我又见到了许多我熟悉和敬佩的文艺界的领导和作家、艺术家，如周扬、田汉、夏衍、梅兰芳、艾芜、夏梦、秦怡、白杨、常香玉、郎咸芬、新凤霞、张瑞芳等。我和民歌手姜秀珍住一个房间，著名电影演员白杨和张瑞芳住在我们隔壁。我们一起听报告，参加座谈会，观摩演出。平时大家聚在一起，谈戏说艺、拉拉家常。通过与他们的相处，我有一个很深的感触：越是水平高的人素质越高，越谦虚越低调，待人越客气诚恳。他们不但不会看不起我们从小地方来的人，反而事事让着我们。比如洗漱时、上下电梯时，他们都谦让、客气地让我们先来。与他们相处，真是如沐春风。

在一次小型宴会上，我有幸再次遇到了周总理。当时，他和我只隔着一张桌子，我激动得有些不知所措。同桌的钱丹辉局长小声提醒我说："丁玉兰同志，你给周总理敬一杯酒呀！"我连连点头，斟了满满的一杯酒，双手举杯，走到总理面前激动地说："总理，我敬您一杯酒。"总理一眼就认出了我，说："你不是安徽的丁玉兰吗？骑毛驴的借罗衣的二嫂子，对吧？"我激动地连连点头说："总理，是我。"他关切地说："你的眼不是治过了吗？怎么还没有好？"我还没有来得及解释，他就向身旁的周扬部长交代说："老周，这次文代会结束，把丁玉兰同志留下来，继续治眼。"当时，我激动得举着酒杯，呆呆地站在那里，不知道应该说些什么好，只感到眼睛有些模糊，眼泪止不住地流了下来。

文代会结束后，我在田汉同志的亲自陪同下，来到全国眼科最有名的北京同仁医院。住院期间，院长特地邀请了全国各地有名的眼科医生，到北京来给我会诊。总理出国访问，但他在日理万机的繁忙中，还特意打电报给田汉，嘱咐田老指定同仁医院著名的眼科专家张院长，亲自为我动手术。得知这一情况后，我激动得彻夜难眠。在旧社会，一些流氓恶霸逼着我带病登台，哪顾我们的死活？在新中国，一个国家的领袖竟这样地关心我，怎能叫我不激动呢？我怀疑自己是在做梦，而掐掐手却是疼的，我才确定这不是梦，这就是现实。我不由得想起了和我一起来北京开会的同志，在临别时对我说的话："丁玉兰同志，你真幸福呀！周总理都关心你的眼睛，你是多么幸福啊！"

文代会期间，毛泽东、刘少奇、周恩来、朱德等党和国家领导人接见了出席全国文代会的全体代表，并和大家合影留念。我蹲在第一排，由于人数太多，照片虽长达3米，每个人的脸只有黄豆般大小。至今，这张照片还悬挂在我家客厅里。

教学生　带徒弟

"后继有人，广出人才"是每个剧种繁荣兴旺的战略大计。为适应安徽戏剧事业发展需要，1956年，安徽省艺术学校成立，首期设黄梅戏、庐剧、泗州戏等几个戏曲表演专业。从此，戏曲表演人才口传心授的"师徒制"方式得以改变，出现了有文化、有学历的新一代戏曲表演人才。1960年，安徽省艺术学校升格为安徽省艺术学院，增设了编剧、导演专业的本科班。我和王本银受学校聘请，为艺校学生兼职授课，每个星期为学生教授两节课，主讲庐剧唱腔和表演艺术。当时教材是现成的，唱腔可以自由选教。我除了教授唱腔、表演外，每到学期末，还要给学生们排戏。当时，我正处于事业发展的黄金期，既要忙着排戏、演出，又要教授学生，真是忙得不可开交。"文革"期间，我被关进牛棚，中断了在艺校的教课工作。

　　与此同时，安徽省庐剧团自行招收了一批庐剧学员，这批学员也需要有人传帮带。当时，省文化局指定赵从芝（她的丈夫是侯振宇，后来成为庐剧团团长）、王秀兰（她的丈夫是《合肥晚报》的记者）、余华春（她的丈夫是剧团作曲王伯龄）她们三个让我带，即收她们为徒。她们几个基本条件非常好，人长得漂亮，嗓子也好，学得也都不错。那时带徒弟的办法，主要是带在身边言传身教，经常同台演出。如在《牛郎织女笑开颜》中我演织女，王秀兰演嫦娥，余华春演

与徒弟合影

队长;在《休丁香》中我演丁香,赵从芝演妙香。除了她们三个外,还有几个没有正式拜师的,也跟在我后面学,我都认真教。但是,因当时我正值盛年,演出任务繁重,对带徒弟的深刻意义认识不深。"文化大革命"爆发后,我被关进牛棚,三个徒弟则被下放到工厂或新华书店,从此与庐剧绝缘了。

谈庐剧的发声和嗓子的运用

艺无止境。虽然我是老师,是师傅,但仍有许多地方需要向别人学习。因此,只要有学习交流的机会,我都不会错过。1961年6月,中国戏剧家协会安徽省分会、中国音乐家协会安徽省分会联合召集省黄梅戏剧团、庐剧团、文工团、徽剧团、京剧团等主要演员和老艺人座谈锻炼和保护嗓子问题。在座谈会上,我认真聆听他们的发言,吸取他们的演唱经验,同时也分享了我在保护运用嗓子方面的一些经验。同年6月21日,《光明日报》用一个整版的篇幅,刊载了严凤英、王少舫、王本银和我关于保护嗓子的见解和经验,受到同行、名家的赞赏。

此后,我又把自己关于嗓子运用的经验写成了一篇文章,名为《谈庐剧的发声和嗓子的运用》。

冰冻三尺,非一日之寒。功夫是磨出来的,嗓子是练出来的,不肯下苦功夫,不肯动脑筋,是不可能成为一名好演员的。我们练嗓子,不能像唱歌演员那样练,就是其他兄弟剧种的唱法也只能借鉴,不能照搬。我们庐剧唱腔有一个要用小嗓子的地方,因此在唱法上与练嗓发音方面,与别的兄弟剧种不完全一样。庐剧的发音是堂嗓、中嗓、小嗓三种结合起来的。比如唱欢快一些的三七,高音多是以小嗓为主;悲伤沉痛的寒腔、端公低音多是堂嗓为主;抒情一些的花腔曲调,中音多是以中嗓为主;又如悲愤的唱腔高音和中音,多要以中嗓与小嗓结合运用。这三种嗓音的运用必须融在一起,否则唱起来就疙疙瘩瘩很不好听。

由于我们庐剧唱腔的特点,我的师傅们在教我练嗓时常练阿、衣、珠(珠珠如唤鸡声)三个音。这三音与堂嗓、中嗓、小嗓都有直接关系。

唱的时候是把声音从上颚顶出来,跟堂嗓结合在一起……这样的音才有根,字才送得远。更重要的是张口得字,字先出来,然后跟字吐音,一定是字包音,才能字正腔圆。如果唇音送不出去,音朝两边走了,字就吐不清楚。有些演员为什么吐字顾不到音,顾音又吐不清字呢?这原因我想有几个方面:一是腔不很熟,没有把唱词与唱腔紧密地结合在一起。如果唱腔运用得非常熟练,把唱词与唱腔(曲牌)结合得很好,就能唱得清楚好听;再一个字没有排好,也没办法把字送出去。假如一个字只排五寸远,一个字又排八尺远,正需要听字的地方没有字,正需要把字排在高音的地方他落在低音上,这当然听不清楚了。

吐字清楚还有一方面,是口型要摆正,因为口型就是铸音的模型。要吐什么字总要有一个字的口型,口型不对,吐出来的字也一定不对,正好像锅灶的烟囱一样,经过烟囱出来的烟一团一团地连成一条龙似的很有规律,要是没有烟囱,出来的烟也是散的,满屋都是,也送不出去。歌唱吐字要注意口型,也正如烧锅需要烟囱一样重要。

新中国成立前,我们唱戏都是唱两头红(从太阳落唱到太阳出),如果要唱《观画》《小辞店》《三告》这些大戏,又全是唱得多。为了后来还能顶住,所以一开始就要唱低些,因为嗓子还没有唱热。如果一开始就大声唱,到后来高潮的地方需要再大一些就顶不起来了。有些人没唱一会儿时候嗓子就哑了,这也是有原因的。一方面是不会用,硬叫哑了;还有过去的老习惯,唱一段要喝茶。如果正唱着热嗓子去喝凉茶,马上也会使嗓子变哑,温水也是最容易坏嗓子的。我一度因为在幕间下场时好喝茶或温水,曾经哑了嗓子。后来我克服了这个习惯,再渴也不在幕间喝茶,等唱完半小时再喝热茶,到现在嗓子没有哑过。再者,唱过戏后不能马上就吃饭,或吃比较硬的东西,这也容易哑嗓子。一般在唱戏前不吃十分饱,肚子吃得过饱,没有弹性,喘不过气也是唱不好腔的。

腔唱得好,换气也很重要。一段唱腔中间需要有适当换气的地方。如果换得好,下面的唱腔也有力,行腔也很自然,否则也会减少唱腔的色彩,滞涩难听,甚至唱词与情绪都脱节了,试举《游园观画》的一段唱腔来谈换气的学问。

这段唱腔从开始唱到"上画着呀"有个自然停顿的地方,正好换一口气,足足地吸好气准备唱下面一段快速度的滚板,直到"心不"的地方要偷换一口气。本来是不应该在这里换气的,可是因为上面实在太长,下面又没有比这里更适合换气的地方。如果在这里不很快地偷换一口气的话,则下面的"心不平哪哎哎"腔就没法支持到底。在这里偷换好了气,下面的腔调就圆润有力了。等"心不平"这一句唱完之后再换一口气,唱"啊……咿……呀……哎……啊"的呤台帮腔(台上演员自己也唱),后面一句再换一口气,就可以用饱满的情绪唱这段又长又快又有不同情绪的唱腔了。这样换了口气之后,观众还听不出来是在什么地方换的。如第一个换气的地方"上画着呀"与第三个换气的地方"心不平哪哎哎"的长音中换了气,观众还以为在唱,只当是一口气唱下来的。假如不在这里适当地去换气或偷气,就很容易给观众听出破绽,腔也就不圆了。

整理改编《秦雪梅》

1962 年春,在省文化局"挖掘传统、抢救传统"精神的指示下,省庐剧团决定将《秦雪梅》进行加工整理,以新的面目搬上舞台。《秦雪梅》是庐剧传统戏,又名《三元记》,是个连台本戏,新中国成立前在皖中一带农村常演不衰,是深受农民群众喜爱的一部戏,能一连演出七八个晚上。这部戏最大的特点是有九腔十八调,唱腔十分丰富。戏的大概情节是:明朝成化年间,秀才商琳与大家闺秀秦雪梅由父母订婚。后商琳家中发生变故,在秦府借读。一日,雪梅在书馆看商琳的书画,恰遇从外面归来的商琳。商琳邀请雪梅一起看书,天色已晚,雪梅欲回去,商琳不从。雪梅只好骗他说,让他三更来找她。商琳信以为真,三更之后,潜入雪梅绣楼,遭到辱骂。商琳又羞又恼,狼狈而归,回家后卧床不起。商琳父母爱子心切,恳请雪梅上门冲喜,秦府不允,将丫鬟爱玉打扮成雪梅模样,到商家伴宿商琳。商琳发现真相后,病重而亡。雪梅闻讯,往商家吊丧,并决意留在商府,奉养商家二老。雪梅在商家日夜织布纺纱,抚养商琳遗孤、爱玉之子路儿。雪梅织布教子,路儿终成大器,考中状元。路儿奏请皇帝请求锦表。花花公子陶荣,曾欲娶雪梅为妻,遭拒后怀恨在心,诬陷雪梅不守贞洁,已有身孕。雪梅走上金殿,为自己辩解,并剖腹验明。最终,商家竖起了贞节牌坊。

在旧本的《秦雪梅》中,充斥着不少封建迷信、鬼神、色情等糟粕,除几折固定台词外,其他的全都是信口开河的水词。如果原封不动地搬上现在的舞台,是不被允许的。但这部戏深受观众所喜爱,且唱腔丰富。所以,我们决定把《秦雪梅》重新进行加工整理,搬上舞台。我、王本银和孙邦栋等人对原剧本进行了认真研究,从内容上、思想上进行修改、完善。我们对旧本《秦雪梅》的情节、内容作了整理、疏通,将一些明显的封建、糟粕性的东西予以剔除,然后将折子戏串起来,固定好台词,设计好唱腔,浓缩成上下两集。

我扮演女主角秦雪梅(B 角是董桂兰),孙邦栋扮演男主角商琳,王本银扮演商琳的父亲,董光裕扮演秦雪梅的父亲秦国政,赵从芝扮演丫鬟爱玉,田平扮演路儿。改编后的《秦雪梅》首次在江淮大戏院演出,观众爆满。之后,大家听闻我、孙邦栋、王本银等庐剧名角一起登台演出,都蜂拥而至。《秦雪梅》在合肥连续上演三个月,场场爆满。江淮大戏院的经理戴胜武看到演出盛况,高兴地打趣我说:"你的这个戏太红了,红过了梅兰芳!"我连忙摇头对他说:"您老可不能瞎说。人家梅兰芳可是鼎鼎有名的京剧大师。"戴老说:"告诉你,梅兰芳前几年在这里演出,也是场场爆满,可楼上还有一张票没有卖掉。你们在这演出,票全部卖光了,不够了还要加站票,你说说,是不是超过了梅兰芳?"

这并不是说我就比梅兰芳还红,而是反映出,当时庐剧作为一个地方剧种,在民众之中,特别是在它流行地区的民众之中,拥有广泛的群众基础,深受民众的喜爱。过去庐剧只能在江淮大地的农村、小镇上演出,现在城里人也哼着庐剧小调了,街头巷尾都在谈论着庐剧艺术,民众由衷地喜爱它,这是不争的事实。

抱病演出

《秦雪梅》上演不久,我就觉得身体有些不舒服,常常感到头发晕、肚子发胀,没胃口,全身软弱无力。家人和同事劝我到医院去看看,但我当时有点讳疾忌医,生怕查出个什么病来,就要辍演,辜负了观众们的一片热情。于是,我坚持带病演出,在舞台上忍痛顽强支撑。1962年秋,我终于病倒了。那天下班回家,还没跨进家门就一头晕倒在地上。

我被送进了医院,经检查,急性肝炎已转为慢性肝炎。医生善意地批评我平时太不注意自己的身体,拖成这个样子了才来医院。其实,我也是不想拖的,但是一想到我还有演出任务,还有热情期待我演出的观众们,我就能忍就忍、能拖就拖。虽然病情加重了,但我并不后悔,因为我满足了观众们的要求,没让他们失望。

我在生病住院期间,得到领导、观众们的亲切关怀,这使我倍感温暖。住院期间,我常常收到一些观众的来信,每一封信,都充满着亲切的关怀,每读完一封信,我心里总有种说不出的感动。有一位叫王德民的解放军战士来信,问我需要什么东西,他愿意为我设法寄来。有几位与我素不相识的老大娘,挎着装满鸡蛋、红枣的篮子来病房看我,她们是我的老观众……在新中国成立十三周年节日的前夕,我正在为自己不能登台而苦恼的时候,省文化局的几位领导带着慰问信到医院来看我。他们向医生仔细询问了我的病情,又嘱托医生好好为我治疗。余耘局长反复叮嘱我安心养病,多休息,并笑着对医务人员说:"你们快把丁玉兰同志的病治好,让她早日登台。到时我请你们看戏!"张局长说:"丁玉兰同志,党现在交给你的任务,就是彻底把病治好,你要好好完成这个任务啊。"我听了之后,感动得半天说不出话来。

其实,新中国成立后,我生病住院已不止一次。而这次生病,却是我住院时间最长的一次,也是我感受最深的一次。我萌生了写篇文章的想法,我要把在医院的所思所想都记下来。于是,我拿起笔,写下了我在旧社会所吃的苦,在新社会所尝到的甜。后来,我请人帮我修改,把这篇题为《病中》的文章在《安徽日报》副刊发表了。

在我的演出生涯中,抱病演出远不止这一次。因为当时我在观众心目中的位置较高,没有我上场,观众就有意见。1962年初,我们省庐剧团到芜湖市演出,当时演出庐剧传统剧目《花绒记》。这个角色的B角是我的一个学生,演技也相当不错。当时,我抱病在身,就让B角上场演出。结果,上场以后,传来观众鼓倒掌的声音,他们强烈要求让我来演。但领导考虑到我的身体状况,还是决定让B角再次上场。一连三次上场,观众还是鼓倒掌,不买账。实在没有办法,我只好抱病上场。剧团领导怕我在舞台上体力不支,发生意外,就请来医生,临时给我注射了葡萄糖,等我演出完毕后,又送我去吊水。

还有一次是在巢湖半汤演出时,我突发高烧,烧到42度,身体十分虚弱,不能登台演出。但当时戏票已经出售出去,戏报上写的是:丁玉兰主演《小辞店》。我突然生病,剧团只有贴出告示:丁玉兰突发高烧,等病好一些再演出。一连过了两天,观众见我的病还不见好,纷纷要求退票。由别人替我演出,观众也是不买账的。怎么办呢?2000多张票都已经全部售出,要是退票,不仅会使剧团遭受经济损失,还会影响剧团的名誉。无奈之下,剧团领导找我商量:"你就咬咬牙来演吧。"

《小辞店》故事情节长，一共要演两个半小时，我扮演的卖饭女一人就要唱两个小时。在台上，我体力实在支不住了，就扶着在剧中扮演蔡凤鸣的孙邦栋的身子，站不稳了，就坐下来唱，等我唱完了，大幕一落，我就倒下来，全身发麻。在台上时，我是全凭意志力在支撑，唱完后终于撑不住了。剧团领导赶紧打120电话，请合肥市人民医院赶快派救护车来抢救。剧团派了两个人，陪我一起去医院。救护车连夜赶到人民医院时，已经凌晨1点多了。医务人员立即组织抢救，当时我的血压已经测不出来了，人就要不行了，只感到心口发麻，心口以下已失去知觉。医生见此情形，说："这个单位真是没有人性，生这么重的病，怎么还能让她上台演戏呢?"最后，在医院的全力抢救下，我总算是活了下来。但是一直处于昏迷状态，直到第二天下午，我才能开口说话。医生告诫我，千万不能拿生命不当一回事。他还指着一碗干饭对我说："你要是想活命，就把这碗饭吃掉。不能吃掉，就不能上台演出。"医院人员当场打电话告知在巢湖演出的剧团领导，说："丁玉兰不能再回去演出了。"

其实，之所以带病演出，倒不是因为我不关心自己的健康，也不是领导不关心我，而是因为观众们对我的期望太高了，他们喜爱看我的演出，没有我，观众就不愿买票。所以，我把观众的这份心意牢记在心里，不管在哪演出，我都会尽自己的最大努力去演好。

宴请梅兰芳

1958年3月，京剧大师梅兰芳来合肥演出，我因生病住院未能前往剧场观摩演出，成了很大的遗憾。梅兰芳除了演戏外，还在合肥召开了座谈会，谈安徽的戏曲事业及自己的艺术心得。在座谈中，他提到了我，说："这次可惜我没有看到丁玉兰的戏，因为她新近动过手术，还在休养中。她到北京汇报演出，我看过她的《借罗衣》，功夫很扎实，并且有丰富的生活体验，给我留下很深刻的印象。庐剧的青年演员应该向她多多学习。"①能得到世界级艺术大师的夸奖,我倍感荣耀。

1962年,梅兰芳作为全国人大代表视察团来安徽检查工作,我得知后,怀着迫不及待的心情去了梅老下榻的淮上酒家拜访了他。他像老朋友一样热情、亲切地接见我,拉家常、谈艺术。梅老说话时声音很低,语速很慢,但字字清晰,犹如京剧里的韵白。临别时,我说:"梅老,您来合肥了,也让我尽一下地主之谊,请您吃顿饭。"梅老微笑地拒绝了,说:"我不想在外面饭店吃,也不想到家里去。"那时,很流行吃斋饭,我又征询:"要不我请您吃顿素斋饭吧?""哦!吃和尚的斋饭,那倒是蛮有意思的。好,我赴宴。但菜不要多,品品味就行了。"

梅老同意赴宴,让我喜出望外。我回来后向剧团和省文化局领导分别作了汇报,并委托剧团的戴师傅和张海洲去明教寺筹办这个事情。方丈听说梅兰芳光临,命令大小和尚打扫寺院,准备迎接。那天,我在陈登科、赖少其、余耘、胡士楠等领导陪同下,在明教寺宴请了梅兰芳。席间,我向梅老讨教了一个一直埋藏在心中的疑问:"梅老,过去我看过别的演员演《贵妃醉酒》,演到杨玉环醉酒后,一再要太监再取酒来,太监唯恐娘娘饮酒过多会出事,担待不起,跪在娘娘面前婉言相劝,杨玉环用手掌去打太监的嘴巴,而您演的杨贵妃却是用水袖拂打。这是为什么呢?"梅老听罢,做了个以水袖拂打的动作,说:"这样做是非常适合杨玉环贵妃身份的,而且比用手优美,内心情感表达得更真实。"梅兰芳对角色精准的把握、细致的研究,都给我留下了极为深刻的印象,成为我学习的榜样。

其实,除了宴请梅兰芳外,其他的朋友到了合肥,我都热情款待。上海越剧院著名演员王文娟来合肥演出时,我请她吃饭,与她切磋技艺。著名画家亚明,喜欢听庐剧,每次来合肥,都要听我唱上一段庐剧。我在北京治眼期间,陆阳春夫妇给了我很大的照顾,令我非常感动,我们因之成为好朋友。后来,我把他们请到合肥,热情招待他们,并带他们一起去爬黄山。赴福建前线演出时认识的一个当兵的,回到合肥,我也热情接待。

---

① 梅兰芳:《与安徽戏曲界谈艺》,《梅兰芳文集》,中国戏剧出版社,1962年,第123页。这是梅兰芳在合肥戏曲界座谈会上的报告,原题为《在合肥同安徽戏曲界座谈时的讲话》。

挖掘整理传统剧目

赴京演出归来后,我和团里的其他演员们一面演戏,一面又改编、整理了一些庐剧传统剧目。① 当时上演传统剧目是存在很多困难的,因为我们团多年没有上演过老剧了,很多老剧都不记得了。但大家积极性很高,时时刻刻动脑筋、想故事、编台词。像70多岁的王业明、张金柱等,每天都坐在一间房里,口述传统剧目,白天想不起来,晚上睡在床上想。实在想不起来,就去兄弟剧团请教别的老艺人,想尽一切办法来完成这个任务。在演出传统剧目的态度上非常严肃认真,每个剧目演出前,我们都进行一次"消毒"工作,对有"毒素"的台词和不合理的台词,经过分析、研究后加以删改。

1962年,为加速提高全省戏剧质量,我和王本银、严凤英等六位著名演员,在报刊联名发表"又红又专"的倡议,在全省文艺界产生了很大反响,一场比思想艺术、比练功的热潮,遍及全省,这对提高演员的思想素质、艺术素养起到了很大的推动作用。

在这期间,为进一步满足群众欣赏要求,安徽省庐剧团有计划地上演了一批传统剧目,如《打面缸》《卖花记》《休丁香》《秦雪梅教子》《三告跪官》《白玉楼》《双珠凤》《双丝带》和《花绒记》等。在这些剧目上演前,我和王本银等老艺人对剧目中的唱腔和表演艺术作了多次研究,精益求精。青年演员看到我们在传统剧目中精湛的表演,都表示要进一步向老艺人学习,把我们的艺术特长学下来。通过传统剧目的上演,剧团中演员相互学习、研究的风气浓厚起来。这些传统剧目重新上演,都是经过反复研究、不断琢磨的,在表演艺术上,与过去相比有显著提高,从而深受观众朋友的喜爱。

---

① 20世纪50年代末,在"发扬国粹、保护遗产"的口号下,文艺工作者对庐剧进行了全面的发掘、搜集和整理。他们通过民间老艺人的回忆口述,以及到乡间田野做实地考察记录与整理,共整理出传统剧目约292出,其中花腔小戏有63出、折子戏78出,本戏(包括连台本戏)151出。参见:莫军梅、周凤武著:《论文人参与对庐剧艺术审美的影响》,《滁州学院学报》第14卷第4期。

张治中扶持和关心庐剧的发展

1963 年初夏,国防委员会副主席张治中来安徽视察工作,住在稻香楼宾馆。他是安徽巢县人,自幼爱看倒七戏。6 年前,我们庐剧团进京演出,给他留下了深刻的印象,这次他来到合肥,当然免不了要看庐剧。我、孙邦栋、王本银等演出《双锁柜》,王鹏飞、田平演出小戏《花园扎枪》。张老看过戏后,非常高兴。第二天上午,张老直接打电话到省庐剧团,指名要我和王鹏飞去稻香楼谈谈。

剧团团长胡士楠认为,张老如此喜爱庐剧,对我们演员也这么爱护,他既然能引荐我们庐剧团进中南海演出,也一定能帮忙解决剧团里的一些实际困难。当时,安徽省庐剧团只有几排低矮的平房,没有固定的演出场所,条件比较困难。剧团领导觉得可以通过张老向省里反映一下我们的情况,争取改善一下我们现在的处境。因此,剧团领导要求我和王鹏飞见到张老时,请求他向省里有关领导反映我们的两点请求:一是安徽省庐剧团没有演出场地,能否将省政府礼堂拨给庐剧团作为长期演出场所;二是全团演职员住房紧张,亟待改善,请求拨款建造一座宿舍楼。

我和王鹏飞见到张老后,把我们剧团的情况向他做了如实的反映,并把他请到剧团参观视察。那天,张老穿一身银灰色的中山装,头戴便帽,手持竹杖,在省文化局副局长江枫陪同下,来到庐剧团视察。在剧团门口,我和王鹏飞一边一个搀扶着他,其他演员也簇拥而上,摄影师拍下了这个珍贵的镜头。

张治中首先参观了庐剧团主要演员的宿舍。那时比较穷,我房间里没有一件像样的家具,为了不让我的房间看上去太寒酸,我事先对房间进行了精心的布置。张老首先来到我的房间,看到这间十几平方米的房屋,布置得井井有条。靠墙放着一张架子床,床上铺着崭新的毛毯,床边放一张圆桌,铺着好看的桌布,桌上还放了一盆兰草花……张老看过后说:"房子虽然小了点,但是很有艺术家的韵味。"听到张老这么说,我忍不住想笑,但又不敢笑出来。因为,房间里除了一张架子床是我的,其他的诸如毛毯、台布、兰花等都是从剧团同事家借来的。张治中从我的房间出来，又来到了王鹏飞、孙邦栋的房间。接着，张治中又来到学员的宿舍和练功房。学员们穿着练功服，排着整齐的队伍，热情欢迎张治中的到来。张治中在学员宿舍这看看、那瞧瞧，看到叠得整整齐齐的被子，满意地点点头。他对剧团领导说："要把孩子的生活、学习安排好，加强营养，才能长好身体、练好功。

张治中视察安徽省庐剧团

要教他们学文化、长知识。"接着，张治中来到练功房，那时练功房非常破旧，墙壁剥落了，玻璃打碎了，地板上有多处已经腐烂并凹陷，张老不禁皱起了眉头，说："练功房太小、太旧了。这样练功，会把演员的脚崴坏的，条件要尽快改善。"

张治中离开剧团后，庐剧团召开会议，决定趁热打铁，赶快写报告，借张治中来肥视察这股东风，请求盖宿舍大楼。张治中出于对庐剧事业的关心和热爱，出于对故乡人民的深厚感情，很快约见了安徽省有关领导，请省财政给庐剧团拨款三十万元，专门用于建造宿舍楼和练功房，以改善我们的生活和练功环境。省里领导当场表态：马上照办。在张治中的关怀下，安徽省庐剧团在百货大楼西对面的马路上，盖起了一幢漂亮的四层大楼。

"文化大革命"前夕，我们喜气洋洋地搬进了新居，大家由衷地感谢张治中对庐剧事业的热情相助。当然，每当谈到这件事时，大家很自然地想到我和王鹏飞，说我们俩是庐剧团的功臣。

大演现代戏

1964 年，全国戏曲界掀起大演现代戏的热潮，庐剧也停止传统戏演出，投入现代戏创作中。安徽省庐剧团创作、移植了 40 多个剧目，如《枫树岭》《小事一桩》《向北方》《鱼水情深》《龙马精神》《千万不要忘记》《血泪荡》《三世仇》《江姐》《金沙江畔》《刘胡兰》《战火中的青春》《夺印》《鸡毛飞上天》《歌颂好八连》《焦裕禄》《学雷锋》《王杰》等优秀现代戏。在这些戏中，有的我演主角，有的演配角，虽然自己是著名演员，但我从来都不挑角色，大小角色、主配角都演。

《金沙江畔》讲述了红军北上，抢渡金沙江路过藏区时的一段故事。我在剧中扮演一个反派角色女土司。饰演这样一个少数民族女子，对我来说也是第一次。为了扮演好这个角色，我在生活中就按照角色的性格去体验、揣摩。如说话高声大气、粗声粗语，走路健步如飞等，力争使自己的一言一行像个女强盗头子。通过努力，我成功地塑造了这个角色。有趣的是，在这出戏中，我的丈夫傅

在《金沙江畔》中扮演女土司，弟弟和丈夫扮演保镖

昌盛和弟弟丁道元扮演我的保镖,侍卫左右,一时传为笑谈。

在《血泪荡》中,我扮演女儿,比我年轻的王鹏飞在戏中演父亲。我努力演得像,演得好,为主角配戏。在《夺印》中,我演大肉头的老婆刘氏,是个龙套头(每场都出来的龙套)角色,也是为扮演书记的王鹏飞配戏。在《江姐》中,我演一个囚犯,为演江姐的鲍志远配戏。《江姐》上演后盛况空前,深受观众喜爱。在《鸡毛飞上天》中,我扮演党支部书记杨书记,为演家庭妇女林佩芬的鲍志远配戏。在《战斗的青春》《刘胡兰》等现代戏中,我都没有担任主角,但我都下功夫演好。无论角色大小,主角还是配角,我都会认真对待,同样下功夫演好,我觉得这是对自己负责、对观众负责、对艺术负责。

20世纪五六十年代,是庐剧发展的辉煌时期。那时,往往是一个剧种演出了一个优秀剧目,其他剧种就竞相移植,然后同台打擂,相互观摩和学习。如《小辞店》《牛郎织女笑开颜》《江姐》等剧目,许多剧种都演。有一次,我代表省庐剧团,与市庐剧团的董桂兰、省黄梅戏剧团的严凤英,还有南京采茶剧团的一个演员,在长江剧院比赛唱《小辞店》。最后,大家评价我唱的《小辞店》更好些,因为我唱得紧凑,节奏快,符合卖饭女那泼辣的性格。

参加"四清"运动

1965年5月,按照安徽省委统一部署,省庐剧团组织机关干部下乡蹲点驻村,参加农村的社会主义教育运动,即"四清"运动,时间为六个月。我和剧团的徐友玲被分配在一个工作组,在合肥工业大学艾老师的带领下,我们来到六安金寨县。来到农村后,我们"四清"干部分开蹲点,一人蹲点几个村。"四清"工作队,严格执行党的纪律,每个工作队员都要和贫下中农在一起,同吃同住同劳动。我从小就在农村长大,所以来到农村,并没有什么不适应的,农活样样能干,和乡亲们处得也非常好。

来到蹲点的村子后,我告诉当地的干部和社员,我是来这里蹲点,搞"四清"运动的。白天,我就和他们一起在田间劳动,走访农户帮助他们,晚上组织他们学习,宣传解释党的农村工作政策。

我负责的那个村子,有家"五保"户,是两个孤儿,大的 14 岁,小的 11 岁。两个人都生了一头的疮,疮上的脓水粘在枕头上面,一层一层的,家里又脏又乱。我见他们没有父母,挺可怜的,就主动去帮助他们。我把他们的被套、枕套全部拆下来拿到塘里洗干净,晒干后又重新缝起来;又采了一些艾叶,每天用艾叶水给他们清洗头皮,然后搽上药水。村里的百姓看到了,有的比较感动,说:"丁玉兰就像小孩的亲人一样。"但也有些人不理解,说:"我们连看都不敢看,觉得恶心。她还给他们擦药,不知中午饭怎么能够吃得下去。"他们不知道,我自幼讨饭,小时候受了许多苦难,破庙、凶宅都住过,有了这些苦难的经历,我怎会嫌弃他们、对他们不管不问呢?还有一户人家是对年轻的夫妻,家里非常穷,妻子生孩子坐月子了,连点红糖都买不起。我就掏钱给买点红糖、鸡蛋送过去。男主人感激地跪在我面前,我赶快把他拉起来,说:"你们就安心地收下吧,这是共产党让我这么做的。"

空闲时间,我还教社员认字、唱戏。反正,村里有人遇到困难了,只要我知道,我都会尽力去帮助他们。

"文化大革命"期间,有人说我在"四清"运动中在农村放毒,想调查我的反面材料,来到我蹲点的村子,找到村民了解情况,问他们:"丁玉兰来你们这里,有没有讲过什么坏话、做过什么坏事?"他们都说:"丁玉兰和我们贫下中农一样,我们吃什么,她就吃什么。天天下田参加劳动,还自己掏钱给我们买吃的喝的,每天都把我们的院子门口打扫得干干净净的。"来调查的人听后,说:"我让你们讲她不好的言行,你们怎么净讲她的好话呢?你们怎么就不能诌一下呢?"他们都说:"她确实没做过什么坏事,我们怎么诌啊?"

第三章 "文化大革命"中的苦难遭遇

　　"文化大革命",全称"无产阶级文化大革命"。这是一场当代中国历史上空前的政治运动,从 1966 年开始到 1976 年结束,历时整整十年,对中国政治、经济和文化造成了极为深远的破坏性影响,因此,也被称为"十年浩劫"。

　　运动之初,红卫兵在破"四旧"名义下,盲目焚烧古典书籍、文物字画,破坏名胜古迹,肆意践踏中国的传统文化,使中华民族几千年来的优秀文化遗产遭受到一次空前浩劫,造成了不可弥补的损失。同时,他们以"文艺黑线专制论"的名义,对新中国成立以来文化界所取得的巨大成就一笔抹杀,诬蔑全国的报刊、广播、书籍、文艺作品中,戏剧、曲艺、电影、美术、音乐等,都充斥着"封建主义、资本主义、修正主义"的东西,声称要用无产阶级的"铁扫帚"在这些领域来一个"大扫除"。

　　"十年浩劫"中,文化界的知名人士惨遭迫害,不少人被诬陷为"黑线代表人物""反党反社会主义分子""牛鬼蛇神",在对他们反复进行"深揭、猛批、狠斗"后,再将他们或关进"牛棚",或劳动改造,或投入监狱。很多著名作家、艺术家都受到不同程度的批斗、打击、劳改和迫害,一些幸存者也都遭受了巨大的身心摧残。即便像周扬这样声名显赫的文艺界当权者也受到残酷打击,并被关进了监狱。著名历史学家翦伯赞、吴晗,著名作家、文艺理论家、戏曲家老舍、田汉、赵树理、冯雪峰,京剧表演艺术家马连良、盖叫天、周信芳,电影艺术家应云卫,画家潘天寿,翻译家傅雷等一大批文艺界著名人士则被迫害致死。

　　在文化界名人受到迫害的同时,他们的作品也受到批判。新中国成立以来的优秀小说、戏剧、电影等,几乎都被诬蔑为"大毒草"而遭到批判。就戏剧而言,"文化大革命"开始后,占据戏剧舞台的,是八个革命"样板戏"。文艺舞台百花凋零、万马齐喑，一片萧条残败的景象。

"文化大革命"十年，安徽剧坛也同全国其他剧坛一样，遭受了灭顶之灾。优秀艺术家被打入"牛棚"，包括严凤英在内的许多剧团头牌、舞台栋梁被迫害致死。一些剧团或被解散，或被改制为文工团、宣传队；许多主要演员、导演、作曲、舞台美术、编剧人员被下放到农村或工厂；一些优秀传统剧目被斥为"帝王将相、才子佳人"而遭到批判。

"文化大革命"十年，丁玉兰和她钟爱的庐剧事业也未能幸免于难。"文革"初期，丁玉兰被戴上"周扬的黑线人物"的帽子接受批斗并被关进"牛棚"，遭受了精神上和肉体上的双重折磨，过着屈辱痛苦的生活，虽然一年之后从"牛棚"被放出来，但始终被排斥在舞台之外，做些诸如打水、扫地、整理服装道具之类的杂活。庐剧传统剧目如《秦雪梅》《休丁香》《小辞店》等，被认为是宣扬了封建阶级的伦理观念，丑化了劳动人民，被列为"毒草"受到批判和禁演；全省各地庐剧团纷纷将被视为"封、资、修"的传统戏的服装、道具、首饰等一把火焚毁。庐剧团改的改、撤的撤、并的并。1969年，市庐剧团吞并了省庐剧团，但形同虚设，有团无戏，庐剧艺术名存实亡。

遭 批 斗

1966年5月，"文化大革命"爆发了。当时，我跟随省庐剧团正在金寨山区参加文化工作队，后来接到通知，回到合肥参加团里的"文化大革命"。刚开始，我觉得自己从小讨饭，整天过着饥寒交迫的日子，出身也好，八代贫农，苦大仇深，毛主席、周总理都接见过我，我对共产党、毛主席都怀有极大的感激之情，自己肯定不会被批斗的。

但是，到了1967年夏末秋初，我被戴上了"周扬的黑线人物"的帽子，接受审查，受到批判，成了被批斗的对象。对此，我心里特别委屈，想不通，我一个贫苦农村出身、对党和毛主席怀有深厚感情的人，怎么就成了批斗的对象了呢？后来我分析原因可能是这样的，俗话说打蛇打七寸，我当时作为庐剧团的代表性人物，不批我说不过去。当初在运动中批斗我、写我大字报的人，一种是被迫的,不批斗过不了关的;一种是随大流;还有一种是出于嫉妒,心里对我不满的。比如我丈夫写我大字报,就属于第一种。在那种情况下,不写不照,不写就过不了关。

我刚开始接受审查的时候,造反派到处搜查我的"罪证"。有人怀疑我不是真正贫农出身,就去我的家乡调查,外调回来的结论是:"丁玉兰确实出身贫苦,从小讨饭,是地地道道的贫农。"有人怀疑我在农村"四清"时有问题,就跑到我蹲点的那个村子去调查,结果社员说:"丁玉兰没什么问题,她为贫下中农做了很多好事,是贫下中农的贴心人。"在外面搜查不到证据,造反派就来到我家搜查,把我在解放后的演出剧照、获奖证书、与名人合影以及报刊上发表的对我的评论文章以及我写的一些艺术心得体会等,通通作为"黑材料"抄走。如1957年我到北京参加国宴时买的一双皮鞋,被他们用斧头砍烂;墙上的刘少奇画像被掼在地上……后来,我丈夫傅昌盛冒着极大的风险,把我的那些"黑材料"偷偷地从火堆旁捡回来,用牛皮纸分包成几份,塞在墙缝里,才使这些我视为生命的珍贵材料得以保存下来。里查外调都没有找到我的任何反面材料,一些幸灾乐祸的人,四处搜集、编造一些"桃色新闻"来抹黑我。后来,他们实在找不到黑材料,就把我"私人宴请梅兰芳"和"向张治中要大楼"作为罪状。

当时,我和剧团的其他"罪人"一起被关进庐剧团的一间房子里写检查,一共十一个人,有剧团领导胡士楠、侯振宇,他们被打成了"走资派";还有"反革命分子"王淼、张嘉明、李文、董光裕以及邱凤莲等。我们被要求天天写检查,检讨演戏就是放毒等。我文化程度不高,检查写不长,没有什么理论,都是实话实说。有一次,造反派敲着锣、打着鼓,还放着鞭炮,把《毛主席去安源》的宝像抬到我们面前,叫我们十几个受审查的人对此表态,评价一下这个宝像。这下可把大家难坏了,他们就推举我代表大家出面表态,写个文字说明。我感到很奇怪,说:"你们的文化水平都比我高,为什么推我这个文化低的人写呢?"有位难友说:"我们都是'牛鬼蛇神',是敌人,我们说的话他们不信,我们若表态说热爱毛主席,人家就说我们反对毛主席……"还有两个人说:"我们过不了关,丁玉兰你出身好,就做我们的代表吧。"我问:"那我该怎么写呢?"他们说:"你怎么想的就怎么写,你写出来后我们大家在上面签字。他们相信你写的是真的,我们写的造反派是不会接受的。"于是,我就写了一篇简短的表态书递交上去。造反派一看,上面有许多人的签名,就对其他人说:"这不是你们写的,这是丁玉兰写的。她一个人就代表你们大家了?"李文说:"我们写的你们不相信,丁玉兰写完我们看了,同意了,就在上面签字了。"结果,李文被造反派痛打一顿,其他人也被一一训斥。

除了写材料交代罪行、进行思想汇报外,我们还常常被拉出去当众批斗。有一次,我与胡士楠、侯振宇、李文、王淼、张嘉明等人,被押到省庐剧团宿舍大楼二楼东阳台上,排成一溜接受批斗。每个人的胸前都挂着一个打着红叉的大牌子。这儿面对百货大楼,向南几十米就是合肥最繁华的四牌楼,人来人往,川流不息。听说造反派要批斗我们,路过的群众全都停下来观望。当时,我和严凤英分别是庐剧和黄梅戏的代表性人物,因此我们省庐剧团的戏服上都绣有玉兰花,黄梅剧团的戏服上都绣有凤凰。造反派批斗我时,把庐剧团的戏服全都压在我的头上、挂在我的脖子上,想让我低头。我觉得自己没错就是不低头,造反派就拽着我的头发,卡住我的脖子,逼我说我是反对毛主席的。我气愤地说:"毛主席是我的救命恩人,我热爱他还来不及,我怎么会反对毛主席?你们这是污蔑!"我对毛主席是十分热爱的,造反派却非逼我说是反对毛主席的,我心里十分委屈和愤怒。造反派批斗我的时候,路过的群众都驻足停留,议论纷纷。其中有位老大娘从百货大楼对面向这边挤过来,她拄个拐棍,边挤边愤怒地大声喊:"丁玉兰没有错。她唱戏不犯法!你们批斗她真是丧德啊!"

就在那天,合肥工业大学的大学生写了好多张大字报,贴到了省庐剧团门口,贴到了批斗我的地方,其中有一张大字报有圆桌那样大,贴在剧团大门口上。大字报上面写着"丁玉兰没有罪,她是文艺黑线的执行者,不是炮制者""批斗丁玉兰的大方向是错误的"。

除了被批斗,还经常挨打。有一次,我和其他被关进"牛棚"的难友,胳膊上挂着写有"三名三高""反革命""走资派"等字样的白袖章,在人民剧场的工地上捡砖头。附近挑粪桶的农民从那里经过,看到后惊讶地说:"乖乖,我们合肥这么大的地方就出了那么多的坏人呀,这岂不是反了?"董光裕听到后说:"我们不是坏人,是造反派硬把我们当作坏人。"结果造反派听到了,用皮带抽打他。

在造反派面前，我们没有尊严，身心受到极大摧残。

关"牛棚"

造反派虽然没有搜查到我的黑材料，但我们属于"牛鬼蛇神"，最终他们还是把我关进了"牛棚"，批判我的罪行。关押我们的"牛棚"，就在省庐剧团内。一个"牛棚"关押了十一个"牛鬼蛇神"。

那年月，人与人之间斗来斗去，真是把人变成了鬼。当时，我弟弟丁道元在剧团里管理档案，造反派去调取我的档案时，发现档案不见了。弟弟怕引火烧身，就对造反派说："是丁玉兰派人把档案抢走了。"造反派来质问我："丁玉兰，你抢走档案，是想毁灭罪证吗？快把档案交出来。"我很惊讶，没想到连自己的亲弟弟也诬陷我，心里顿时凉了半截。后来，善良正义的弟媳妇站出来说了实话，她对造反派说："大姐没去抢档案，丁道元怕一家人为此去坐牢房，就说反正大姐已被批判了，干脆把错误往她一人身上推吧。"弟弟因此被拉到街上游斗，批他讲瞎话。

还有一些人捕风捉影，想伺机陷害我。有一次，造反派的人把我找来，责问道："你为什么反对共产党，反对毛主席？"我一下子摸不着头脑，不知又犯了什么错误。原来，他们在厕所发现了一个反动标语，有人说是我家 11 岁的小女儿傅晓梅写的，还把晓梅喊过来审问。当时我去厕所，正巧小五子也去上厕所，我看到她好高兴。我见没有人来，就悄悄问她："小五子，你可在厕所写反标了？""啊，什么反标？"我对她说："小五子，反标就是反动标语，是反对共产党、反对毛主席的。小五子，我告诉你，要是你写的，你就承认，如果是你写的你不承认，妈妈会坐牢的；如果不是你写的，他们一恐吓你就承认了，妈妈也会坐牢的。"小五子听了吓得哭起来。后来，造反派在审问小五子时，恐吓她说："有人看见是你写的，你要老实交代。你要是不承认，就把你和你妈一起抓起来。"他们见小五子不回答，又说："只要你讲出来，我们就把你妈放出来。"小五子比较镇静，没有被他们吓倒。她说："我根本就没写。我妈从小就教育我们要热爱共产党，热爱毛主席。叔叔，你们为什么非要我反对毛主席呢？"几个审问的人面面相觑，非常尴尬。后来查清了,这反动标语,恰恰是审问人家的孩子乱画的。此事就不了了之了。我当时虚惊一场,担心年幼的五儿经受不住造反派的那般恐吓诈骗。

之前我在省艺校带的学生,这时也有一些过来造我的反。以前给他们上课排戏,逢年过节,有些学生因排戏回不了家,我就把他们喊到家里来,做些好吃的给他们吃,如一些咸鸭子、咸肉之类的,平时都舍不得给自己的孩子吃。"文革"中,他们中有些人反而说:"丁玉兰经常请我们吃饭,为的就是拿筷子堵住我们的嘴。"严凤英的学生也造她的反。她肠胃不太好,不能吃油水多的东西,平时家里有了好吃的,经常把学生喊到家里做客。"文革"中,有些学生造反说:"严凤英炖老母鸡汤给我们喝,就是为了让我们不给她提意见。"

整天被各种"莫须有"的罪名批来批去,我的精神都快崩溃了。每当这时,我就会想起一些正直群众和亲朋好友给我的鼓励,增添了不少信心和战胜困难的勇气。1968年4月的一天晚上,省庐剧团的费业伦和袁宏信两人,偷偷来到我家后墙的窗户下,小声告诉我:"丁玉兰,告诉你一个坏消息,严凤英自杀了,死后还被当众剖尸。你千万不能胡思乱想,一定要经得住考验。我们都相信你是清白的。"听到这消息,我震撼极了,心想:"严凤英自杀了,那么好的一个人就这么没了。那我的下场会如何?我该怎么办呢?也要去死吗?"但转念又一想:"不,我不能死,我要活,死了就什么也说不清了。我没有做过坏事,我相信总有一天事情会查清楚的,我要活下去。"

刚开始接受审查时,我还能回家。妈妈就安慰我说:"是领导让你唱的,怎么就犯法了呢?你要实话实说,黑的就是黑的,白的就是白的,不做亏心事不怕鬼敲门,事情总有一天会弄明白的。但我想不明白的是:明明是领导让唱的,怎么就怪罪到你的头上了呢?还把工资给扣掉了,只发给生活费,这怎么够一家老小生活呢?"

那时,我的工资被扣除了,一家老小吃喝都成问题。我家门口有个补鞋子的鞋匠,对我家的情况比较了解。他对妈妈说:"武大姐,你家丫头关进'牛棚'了,我这有几袋子糠是买来喂猪的,给你一袋子,做粑粑给孩子们吃。你丫头要是坐班房,我就不要了;要是没犯法,到时候你们就再把这袋糠还给我。"就是这一袋糠,成了我们一家人的救命粮。

还有一次,我们在正在建设的安徽大戏院的工地上劳动,抬砖头的时候我脚底板戳进一根锈钉子,鲜血顿时流了出来,疼得我蹲在地上掉眼泪。和我一同受审查劳动的董光裕看见后向领导汇报。而有个造反派反说:"她是不想干活,自己戳进去的。"董光裕替我拔下了钉子,并关切地说:"钉子上有锈,赶快把血挤掉,不然会得破伤风。"王淼用火柴皮替我贴到伤口上。我一瘸一拐的,仍坚持抬砖头。董光裕和我一起抬的时候,尽量把绳子往自己那边拉,以减轻我那头的重量。

在我处境最难的时候,我的老舅来看望我。老舅是看着我长大的,从小就心疼我、了解我,我见到他后,委屈得忍不住哭起来。老舅安慰我说:"伢啦,你要挺住,毛主席搞这个运动,是搞坏人的。就像一个塘里有鲫鱼,有草鱼,有乌龟,也有毒蛇,有毒蛇怎能不打呢?你是鱼,顶多把鱼鳞碰掉几个,运动是暂时的,把坏人搞出来,好人碰点皮。我相信你不会坐班房的。"

经过老舅这么一讲,我心里想通了,我想我是真心拥护共产党、真心拥护毛主席的。我从小睡破庙,吃不饱穿不暖,是共产党和毛主席救了我,让我有吃有喝,有穿有住,我对共产党和毛主席感恩还来不及,怎么会反对呢?我的历史是清白的,真的假不了,假的真不了,我相信党和毛主席一定不会把我当成坏人看的。这么一想,心里就十分坦然了,就像压在心口的一块石头给搬掉了,心里舒畅多了。

靠 边 站

1969年春,我从"牛棚"中被解放出来。之前被扣除的工资补发了,有了一大笔钱,一些人听闻后纷纷上门来向我借钱。补发的钱,被借去一大半,可我心里还是乐滋滋的。过去被审查时,没有人敢来找我,更不用说来找我借东西、借钱了,现在人家找我来借钱,我觉得人家把我当成自己人了,心里反而觉得高兴、温暖。对钱,我看得不重。从"牛棚"出来后,我主动写了一张大字报要求减退工资。当时,我是省庐剧团主要演员,我的工资比剧团其他演员都高,有四十几块钱。我在大字报中写道:"大家都唱戏演戏,人家的工资为什么比我的少呢?孙邦栋也是剧团主要演员,我的工资比他的也多。我是共产党员,我主动要求退十至十五元,三十块钱就够了。"剧团会计把我喊到办公室,问:"你把工资退给谁?往哪儿退?"结果没有退掉。其实,我的家庭并不宽裕,由于孩子多,在我们剧团里,我家的生活是属于中等偏下的。但我总觉得自己的工资高,就是搞特殊,这样不好。

从"牛棚"出来不久,正好遇上知识青年上山下乡和干部下放劳动的热潮。我也接到通知:全家下放到离舒城只有十里远的小王村。当时,我的大女儿已从艺校毕业,分配到合肥市庐剧团工作。市庐剧团与省庐剧团合并后,原市庐剧团的人员要求减少一些,我就带头把大女儿下放到含山县去。那里没有庐剧,大女儿就改学含弓戏。大儿子已在省京剧团工作。在知识青年下乡的热潮中,我又带头把二儿子和三儿子下放到含山县农村。这时,家里只有老母亲、老伴和小女儿了。我从小在农村长大,对于下放农村,没有什么想不开的。我相信靠自己的一双手勤劳劳动,养活全家不成问题。于是我准备好了下乡的工具,一切准备就绪,就等上面下命令了。可是,没过多久,上面出乎意料地宣布,让我留在城里,留在合肥市庐剧团(1969年8月,安徽省庐剧团与合肥市庐剧团合并,成立合肥市庐剧团),不下放了。

虽然继续留在庐剧团,人身也自由了,但是地位非常低。我从"牛棚"出来后的一两年,主要是在剧团里做些繁重的服务工作。白天在剧团里做些诸如扫地、打扫厕所、拉车、洗幕布等粗活、累活。晚上演戏时,在后台做些打打开水、叠叠戏服、看看后门之类的活。我当时想:时代不同了,我以后估计只能靠边站,干些粗活、累活之类的了。反正是唱戏唱倒霉了,演不演都无所谓了。

大病一场

1971年的夏天,合肥特别炎热,整座城市就像个大蒸笼一样。演员们在台上排练,衣服常常湿透。我在台下端茶倒水,也忙得汗流浃背,气喘吁吁。可能是由于天气过于炎热,加之前受到打击,我的身体十分虚弱。一天晚上,我倒好一碗茶水正准备转身时,忽然一阵昏眩,晕倒在后台。剧团的人连忙用板车把我送回家,直到凌晨我才渐渐清醒过来,接着便是呕吐。一开始,我以为是中暑,歇息几天就好了。但一连几天都不见好转,病情不断恶化,吃什么吐什么。丈夫傅昌盛连忙把我送到医院,医生怀疑我是患了胃癌,做了两次胃镜透视和切片化验。连续几年的精神摧残,给我的身心带来极大的伤害,现在又得了重病,这让我伤心欲绝,整天在医院里以泪洗面。最后,欲哭无泪,情绪跌落到谷底。

就在我悲观失望的时候,我的徒弟赵从芝、王秀兰、余华春来医院看望我,老搭档孙邦栋等也来医院看望。一向粗心的丈夫傅昌盛每天都来医院陪伴、服侍我。孩子们也都日夜守护在病床前,盼望我快点好起来。大家对我的关爱,令我十分感动,激起了我继续活下去的勇气与力量。1971 年冬,在与疾病抗争了数月之后,我终于痊愈出院了。

"文革"期间当老师

出院后不久的一天,军宣队的张金汉和市庐剧团团长侯振宇来到我家,请我到市庐剧团教授学员。"文革"期间,庐剧事业遭到破坏,一些演员被下放农村或工厂,庐剧事业后继乏人。在这种情况下,1971 年,合肥市庐剧团又新招收了一批学员。张金汉说:"丁玉兰,有件事和你商量商量。剧团招收了一批新学员,需要培养,我们成立了一个教学小组,你也算一个。"经历了前面的事情,我有些迟疑了,生怕教不好挨处分。团长侯振宇见我犹豫不决,就说:"你不用担心。这是在落实党的政策,发挥你的一技之长。我这不也平反当团长了吗? 王本银、王柏龄、王淼、邱凤莲等也都开始教课了。"就这样,从 1971 年冬开始,我在市庐剧团负责教授新学员唱腔。

那时,正值寒冬,天气非常寒冷,但我们仍坚持训练。我每天早上 4 点半起床,5 点准时来到学员宿舍喊醒他们,5:15 带着他们跑到环城马路上去练嗓子,风雨无阻。练一个小时的嗓子后,回来吃饭,然后由从北京调过来的一个姓郝的同志教学员们练功。这时带学员,不像以前在艺校里,教材是现成的。这里没有教材,需要老师自编教材。那时我刚经历过批斗,思想比较紧张,生怕搞错了被说成是给学生"放毒"。于是,我们就想出了一个新办法,唱腔不变,唱词换上新的。按照这种办法,我把《秦雪梅观画》《点大麦》《送香茶》《蓝桥担水》《王婆骂鸡》《闯帘》等这些优美的花旦调,都用旧瓶装新酒的办法,填上新词,一句一句、一段一段教给学员。我和王本银等还给学员们排了《半篮花生》《闯山》《审椅子》《东海舰队小哨兵》《采茶》等现代戏,并搬上舞台。后来,这批学员中的张国英、孙小妹、章萍、黄斌等都成为庐剧团青年演员中的佼佼者。

根据剧团安排,我们还带学员下乡演出,边劳动,边演出。一般一年之内到农村两次,每次待一两个月的时间。演出结束回到团里后,团里要开生活会,评述大家在农村演出时的表现及老师的优劣。在带学生下乡劳动演出期间,发生了一个小插曲。那次是我和另外一个女老师带队一起到农村实践演出。她当时有个亲戚在台湾,心中不免担心。她见我与学生相处得比较亲密,就暗中破坏我和学生之间的关系,造谣说我带学生上坟,搞封建迷信。我得知后,十分生气,警告她说:"我是个黑白分明、敢作敢当的人,向来厌恶在背后说人家是非。你有什么问题,可以直接来找我,不要在学生中散布谣言,破坏我和学生的关系。你若是想陷害我,我非打死你不可。"后来,军宣队来调查此事,那位女老师说出了真相:"学生都喜欢丁玉兰,有事都去找她。我教课没人来了。我恨她,所以我就瞎讲了。"

我是个公私分明的人,从不会做公报私仇、落井下石的事。虽然与人发生争执或矛盾时,我态度强硬,据理力争,但事后从不会在背后搞人家。有一次,那位女教师为评职称的事找我帮忙,我就实事求是、客观公正地帮她说话。她这人,性格虽然不好,但演戏还是不错的。事后,她对人家说:"以前我以为别人好,现在看来,还是丁玉兰好。我坏了她的事,她不记仇,还来帮助我。"

不断提高演唱质量　保护演员声带健康

从1971年冬到1976年底,我一直在合肥市庐剧团教授学员,给学员上课、排戏,带学员下乡劳动演出,自己却一直没有演戏的机会。我想自己以后也许再也没有机会演戏了，就努力把自己在唱腔、表演等方面的经验传授给大家。因此，我在给学员上课的时候，认真备课，经常传授一些自己在唱腔、表演等方面的经验。

对于戏曲演员来说，保护嗓子就像保护生命一样重要。为了让学生了解嗓子的重要性及如何保护嗓子，我给学员作了一次题为《不断提高演唱质量　保护演员声带健康》的演讲，内容如下：

我们要想嗓子好，并且唱得有味，首先就要多练。怎么个练法呢？怎样唱得有味呢？从我个人唱三十多年的戏得来十个字的经验，那就是：喊、吊、唱、哼、练、咬、念、型、用、保。

这第一个是"喊"字。过去老艺人们要我"冬喊三九，夏喊三伏"，春天、秋天就更不用谈了，这方法还是很好的。清早起来，嗓子经过一夜睡眠，有些发闷，就要把它喊开。如果不先喊开便忙着唱，一来累人，二来腔不圆，同时对嗓子也不好，因此必须先喊嗓子，由低到高，由小到大，由慢到快。先喊"啊、咿、唔、嗯"等单字，然后再唱几段，这对练好嗓音有很大好处。

第二个字是"吊"。喊过之后，休息一会跟胡琴吊嗓子。舌音、齿音、唇音、鼻音、腭音叫五音，在演唱时都要用上的。首先要求"贴弦"，不能忽高忽低，节奏性要强，音符要准。高音、低音，快慢都要吊，结合人物感情吊，不要随随便便地放掉一个音和一个字。

第三个字是"唱"。平时要多唱，俗话说，拳不离手，曲不离口，唱的里面学问很大。多唱还可以找到唱腔的抑扬顿挫。要一边唱，一边想，表达人物的思想感情。嗓子好只是先天条件，光凭嗓子好，直着嗓子叫是没有艺术性的，叫作唱得拿不住人，没有味。我们学一出戏，首先要把这个人物在全剧中的所有唱腔、台词全部唱完，不能只取一段来唱。理由是：熟悉整个曲调；了解全剧台词需要用什么唱腔来衬托人物；也是为了锻炼持久力，不致发生上气不接下气的现象。过去师傅常常对我讲，要唱出抑扬顿挫，腔调就能拐弯抹角，字正腔圆，而且在唱腔上就能把喜怒哀乐、人物身份和性格都表现出来。但是，切记不要挣得脸红脖子粗，更不要用嗓子硬挤，挤会使嗓子发僵、嗓音难听……此外，演唱力的丰富除了学习本剧种的唱腔外，也要向兄弟剧种学习，也可以从西洋发声法中吸取经验，如西洋发声法注意共鸣位置。我本人在演唱中注意到这一点。比如唱"循板"时，有些延长音，我就让共鸣位置集中到脑门里，声音果然响些。但在运用时，不能够影响庐剧自身的演唱风格。演唱时不能紧张，一紧张，嗓子就硬了。相反，嗓子放松，才能唱得柔软好听。

第四个字是"哼"。如果整天用大嗓子唱，嗓子容易疲劳。有经验的老艺人常常告诫我们，"别有事无事乱叫，有空哼哼调子去"。这话很有道理。这哼，不仅是一种休息，也是一种创造的过程。唱腔中的许多味儿，都是在哼的时候体会出来的。一边哼，一边琢磨，如何把这段曲调唱得更好些。根据人物情感的变化，在哼唱时加上装饰音或者滑音，唱腔就变得活泼多姿了。

第五个字是"练"。必须对练气感兴趣。我教大家练气的方法是：一口气数完三十个"葫芦"来锻炼，计算你的气的长短。要一口气练完这么长时间，就要深深地吸口气，然后有意识地慢慢放气。还有其他练气方法，如"快吸慢吐气""慢吸快吐气"等等。要学会存气。假如不会存气，吸的气再多很快就会漏掉。要学会运动丹田之气，就是把气存放在小肚子部位。我自己有这种体会，演出一台以唱为主的重头戏，下台后往往腰腹都酸，便是用这种丹田气的反应。演唱时保持腰部的正直姿势，小肚子用力顶气。不能弓着腰练唱、练气，一来形体不美；二来气也运不上来，好像断气一般。也不能挺着肚子唱，这样，气只能到达胸部。同时，大凡演唱之前，切忌吃得太饱。唱戏的有句俗语"饱吹饿唱"就是指这个。吃得太饱了，肚子塞得板板的，没有弹性了，哪还能顶动气呢？当然，光学会有气还不行，还要善于换气和偷气。有时候只要嘴一张，鼻孔一吸，就把气吸进来了。偷气的功夫很微妙，技巧不算深，好处却很多，特别是在行长腔或者在唱快的曲子中,心里就要考虑在什么地方换气或偷气合适,又要叫观众发觉不出来,这就要有点功夫了。

第六个字是"咬"。字在嘴里出不来,叫音包字,嗓子再好,观众也听不到。我过去就出现过这种毛病。后来我在演唱中反复摸索,又向老艺人学咬字和喷音,对每个字、每句唱腔都认真训练,终于纠正了这个缺点。再者,字不能放在唇皮上,发音的位置很重要。生活中说话有时会出现跑音的现象,这就是位置没放对。不光要咬字清楚,还要出字归音,很好地把音送出去。评弹的咬字很准,很有味道。我们要认真听,认真分析,这对我们的咬字吐音是有帮助的。

第七个字是"念"。念白很重要。戏谚说"千斤白,四两唱",未免夸张,但这说明道白的重要和难度。有些演员唱得不错,但道白不行。"白"里包含很多唱的基本因素,比如咬字、喷音、出字归音、用气、出情等等。所以说,做一个优秀演员,一定要在道白上狠下功夫。

第八个字是"型",这里指的是口型。一个演员在舞台上的口型不好看,也影响吐字,影响人物形象的塑造,有时还会引起反效果。我们唱出来的音应该像什么?口型要注意收拢、约束,就跟烟囱冒烟一样,看上去烟冒得孤直、集中,直上云霄,显得有力;倘若龇着嘴唱,音从牙缝里跑了,声音散了,音量不集中,也就送不远了。

第九个字是"用"。把上面说的功夫都学到手之后,就要用到台上去。功夫深、有经验的演员上了台能沉着自如,运气行腔,心中有数,能稳妥地把握自己嗓子的特点,想怎么唱就怎么唱,吐字清楚,字正腔圆,声情并茂,收到良好的舞台艺术效果。

第十个字是"保"。要练出一副好嗓子真不容易,稍不注意保护嗓子就会毁坏了。比如傻笑、痛哭、吵嘴、叫嚷、热嗓子吃冷东西、低头看书时间过长、思想过分紧张、体力劳动过量、吃刺激性食物过多等等,都有可能损坏嗓子。那么,应该怎样保护嗓子呢?过去戏班里传授方法:早上喝一碗盐开水,再稍稍躺一会,说这样可以保护嗓子。平时注意冷热,注意食物。在任何场合都不要忘记自己是个演员,千万不要大声嚷叫，不要无故发怒，要使自己的嗓子成为唱不倒的"金嗓子"，永葆青春。

难忘的 1976 年

1976 年是个多事之秋。那一年，是中国人心中一个不能忘怀的年份。1 月 8 日，敬爱的周总理逝世；7 月 6 日，朱德委员长逝世；9 月 9 日，伟大领袖毛主席与世长辞。一年之中，中国三位主要领导人先后逝世，给全国人民带来一片悲痛。

每次看到贴出来的讣告，我都非常伤心难过。在旧社会，我们艺人四处流浪、颠沛流离、饱受欺凌；在新中国，我成了一名党的文艺工作者，受到人民领袖的亲切接见和无微不至的关怀。共产党是我的恩人，是共产党把我这个在旧社会被人看不起的戏子，培养成了文艺工作者。我能有今天的荣誉和地位，与党的培养是分不开的。领导对我的关怀，我都一点一滴地珍藏在心中。毛主席、周总理、朱德委员长观看我们演出的情景，我在宴会上向毛主席、周总理敬酒的情景，周总理关照周扬、田汉为我治眼的情景，我和严凤英在稻香楼陪毛主席跳舞的情景，直到现在我都记得很清楚。即便在"文革"中，我遭遇了一些不公正的待遇，也始终没有动摇过我对毛主席的信仰与尊敬。是党和毛主席把我这个乡村小艺人，培养成了有影响的人民演员，给了我参与国家政治生活的机会。想着想着，我已泣不成声。我把领袖接见我们的照片拿出来，一遍一遍反复地看。

周总理、毛主席去世，我三天没有做饭，三天没有开锅。那一年是我最伤心的日子，后来我母亲去世，我也没有如此伤心。旧社会的苦，新社会的甜，我三天三夜都说不完。

第四章　艺术生涯再次辉煌

1976 年 10 月，"四人帮"反革命集团被一举粉碎，"文化大革命"就此结束。1978 年，中共十一届三中全会的召开，标志着中国从此进入了改革开放的新时代。在经济快速发展的同时，社会面貌日新月异，文化事业更呈现出百花齐放新局面。

"文化大革命"结束后，文艺战线同其他战线一样，开始拨乱反正。一些"文革"中被撤销的戏曲剧团纷纷得以恢复，一些冤假错案得到了平反，许多艺术家被恢复名誉，得以平反昭雪，重新回到戏曲队伍中来。新的生活，新的时代，唤起了一些老艺人的创作激情，他们以加倍的努力进行戏剧创作及演出，希冀补偿被夺去的艺术青春。从此，戏剧界又生机重现，迎来历史上又一个繁荣发展时期。

从 1978 年下半年开始，传统剧目大量回到舞台，逐渐成为城乡各地的主要上演剧目。是时，往往是戏目一经发布，便一票难求，在传统戏剧艺术上久旱的观众，可以从数十里的郊外甚至更远的地方赶来看戏。在热烈的观戏潮的推动下，安徽戏剧很快进入一个新的复苏时期。在这种情况下，合肥市庐剧团率先在合肥剧场重新上演传统庐剧《十五贯》，合肥近郊的农民观众开着拖拉机蜂拥而至，以致连演了八十余场仍供不应求。随后上演的《秦香莲》《休丁香》等也是场场爆满，购票的队伍有时竟一眼望不到头。1982 年起，合肥市庐剧团又对《小辞店》整理加工，由丁玉兰领衔主演，受到观众欢迎。传统小戏《借罗衣》《讨学钱》《花园扎枪》和《打芦花》，都陆续整理复出。观众以久别重逢的心情，争相购票观看丁玉兰主演的《借罗衣》《观画》等传统戏。特别是大型古装戏

《秦香莲》，在合肥一地盛演三个月，场场爆满。

丁玉兰生在农村，长在农村，在农村演出成名，因此她忘不了抚养她、热爱她、支持她的农民兄弟。为了满足农民观众的心愿，丁玉兰曾谢绝了高价邀请她组班赚钱的说客，经常带队下乡，深入穷乡僻壤，为农民观众送戏上门。几年间，他们的足迹遍及定远、肥东、肥西、巢县、长丰、六安、舒城、含山、宣城、宁国等地。每到一地，观众都十里夹道、鸣放鞭炮、鼓乐相迎，并为其披红挂彩。只要丁玉兰一上台，先前还闹哄哄的戏场子一下子便安静下来，观众翘首企盼，目不转睛地盯着戏台。尤其她唱到高潮处，观众的掌声和喝彩声震耳欲聋。演出结束后，丁玉兰每次都要多次谢幕，有时甚至要加唱几段，才能让兴奋异常的戏迷们心满意足地离开。

观众的热情，令丁玉兰激动不已，也使丁玉兰备受鼓舞，她庆幸自己还能为广大观众献艺，还能为庐剧艺术事业出力，决心以加倍的热情来报答观众朋友。因此，在演出中，不管角色大小，不管是主角还是配角，她都认真对待，对每个角色都反复研究分析，对每段唱腔都逐字逐句推敲，与作曲、导演合作，设计出最佳的唱腔和动作。由于认真钻研，刻苦努力，丁玉兰焕发了第二次艺术青春，再攀庐剧艺术高峰，形成了独具一格的"丁派"表演艺术。

与此同时，丁玉兰的政治社会地位也得到恢复、提高。她先后参加全国第四次文代会，担任合肥市庐剧团副团长，又被选为省政协委员，等等。她的名字频频出现在广播、报刊中，成为广大观众和戏迷常常挂在嘴边的著名庐剧表演艺术家。

恢复演出

1976年底，在安徽省军区副司令刘奎的提议下，我正式登台恢复演出了。

有一次，省军区副司令刘奎在江淮大戏院看庐剧团演出，始终没有看到我出场，就来到后台问剧团领导："怎么没看到丁玉兰上台演戏?"领导见状，吞吞吐吐地说："她家有事，今晚就没安排她演出。""把她喊来，我来问问怎么回事。"剧团领导立刻派人到我家喊我,我以为又犯什么错了,怀着忐忑不安的心情赶到后台。刘副司令见到我,问:"丁玉兰,怎么没看到你演戏呢?"我不敢讲实话,只好说:"今天没有我的戏。""你要上台,观众喜欢看你演戏。"司令对剧团领导说,"你们要安排丁玉兰上台演出,观众都喜欢她。"领导听了,忙说:"是是是是。"

军区司令员的话果然有效。不久,在排演移植黄梅戏的现代戏《红霞万朵》中,我被安排演三婶子,是个龙套头角色,一共有四句唱词。当时得知要饰演这个角色时,我的感情非常复杂,既高兴又害怕。高兴的是我终于可以上台演戏了,这让本已心灰意冷的我看到了一丝丝的希望。但经过"文革"的遭遇,我心有余悸,既怕演砸了,名声一落千丈,又怕唱错了,让一些人上纲上线,又要倒霉。

在这种复杂感情下,我在《红霞万朵》中复出了,结果让我意外,也让我深深感动。观众听说我要恢复演出了,票很快售罄,大家争先恐后地来观看我的演出。十年不见,观众依然记得我、喜爱我,这让我特别感动。当时观众踊跃购票看戏,我想他们应该是抱着以下几种心态:一种是有不少人从"文革"开始到现

在《红霞万朵》中扮演三婶子

在都没有见到我,想看看我变成啥样子了,是不是变老了?是变胖了还是变瘦了?一种人对我是死是活都不清楚,丁玉兰真的会上台演出吗?他们心里打问号。还有一种认为我已经老了,又遭受"文革"的折磨,还能唱戏吗?他们心中也充满了疑问。另一方面,广大观众已经看够了样板戏,被禁锢已久的传统戏得以开放上演,观众以久别重逢的心情,踊跃购票。

不久,一些老戏恢复演出了。恢复演出的第一部戏是张月楼导演复排的《借罗衣》。由于十几年不唱了,剧中的台词动作都忘了,排练了好几天才记起来。《借罗衣》复排后首次演出是在东门纱厂小剧场。当时,观众听说我要演《借罗衣》了,都哄掉了①,买不到票。

接着,为了接待刘奎,《借罗衣》在江淮大戏院演出。演出前,刘奎副司令主动让我请他吃饭,其实是想给我撑腰。当时,有钱都买不到菜,买东西都是凭票供应,刘司令就让部队给了我一些票,我就拿着票买酒买菜去了,并请剧团的炊事员过来帮忙做饭烧菜。当时我住在四牌楼的宿舍里,是筒子楼,就一间房子,烧饭在走道上烧。由于地方狭小,我就把床搬走,借来一张大桌子,把家里简单布置了一下。那天,省军区的正副司令、参谋长,还有他们的太太们都来了,一共十六个人,开了两辆轿车,还给我送来了花篮。席间,刘副司令问我:"'文革'期间,他们有没有整你?"我不敢讲实话,就吞吞吐吐地说:"斗得不厉害。""这还不错。你有什么错?从小讨饭,比贫下中农还穷,况且唱戏也是领导让你唱的,犯法也是他们犯法。"

为了这次复出演出,刘副司令给我撑足了面子。在江淮大戏院里,我们为刘副司令他们表演了《借罗衣》,演出结束后,省军区司令、参谋长都上台接见。剧团的人见状,说:"部队的人都看重丁玉兰,她肯定是没有问题的。"通过这次演出,我的身价一下子被抬高了,大家对我的置疑都烟消云散了。自此之后,我就完全正式恢复演出了。

---

① 哄掉了:合肥方言,意思是热闹、踊跃、争先恐后。

庐剧像盘咸鸭子,越嚼越有味

"文化大革命"结束后,万里受中央委派来安徽主持工作,他提出要看一批老演员的演出。我和吕必胜等老演员在庐剧《红霞万朵》中担任角色,所以就请他看了这部戏。演出结束后,万里走上舞台和演员一一握手。

1977年5月,万里邀请安徽文学界、艺术界的著名人士赖少其、陈登科、那沙、鲁彦周、刘美君、曹婉秋、王少舫、周桂芬等到稻香楼座谈,我也受邀在内。会上,大家感慨万千,纷纷发言。有的诉说自己在"文革"中受到的苦难,有的诉说自己家庭的困难……我上有老、下有小,一家人挤在一间狭小的房子里,也有许多苦水要倒,但我心里更牵挂的是庐剧事业,它就像是我的命根子一样,不管在什么情况下,不管走到哪里,我首先想到的都是它。轮到我发言时,我主要反映庐剧团不被重视及遇到的困难。我说:"'文革'期间,有人认为庐剧'土里土气',把省庐剧团下放给合肥市,引起了连锁反应,全省各地30多个庐剧团也纷纷被砍,大批庐剧艺人纷纷转行,庐剧事业遇到了危机,这些需要引起领导的重视。黄梅戏演出时,江淮大剧院门口停的基本上是小轿车;而庐剧演出时,江淮大剧院门口却基本上是拖拉机、扁担和粪筐。但观众既需要阳春白雪,也需要下里巴人。黄梅戏的唱腔比较优雅,一般的观众比较容易接受,而庐剧的唱腔比较'拐'。我觉得黄梅戏就像一盘红烧肉,看着诱人,但不能老吃;庐剧像一盘咸鸭骨头,看着不好看,但只要你吃上一口,就会觉得香味四溢,而且越嚼越香。我希望领导能重视庐剧,扶持庐剧,发展庐剧。"

万里及在座的作家、艺术家如赖少其、鲁彦周等同志对我的发言表示热情支持。万里在总结发言时提到了我的发言,并提请大家考虑这个问题。后来,我的这个发言,都成了一个典故了,每逢说起庐剧,大家都说,庐剧是合肥市的本土艺术,就像人人爱吃的咸鸭骨头一样,越嚼越香,越嚼越有味。

演革命现代戏《江姐》

1977 年 5 月,合肥市庐剧团恢复排演现代戏《江姐》,我被安排扮演主要人物江姐的 B 角。A 角是鲍志远,她在"文化大革命"前就曾演过江姐,轰动合肥。对于我演江姐,当时剧团也有一些争议。剧团领导认为我演惯了古装戏里的青衣、花旦,现代戏只演过一些次要的角色,恐怕演不好这样一个革命现代戏,另一方面认为我刚从牛棚出来,且左眼会损害英雄形象。工宣队、军宣队认为:"丁玉兰戏路宽,能演小姐,也能演革命人物。"文化局领导余耘也支持让我演江姐。

我这个人,天生有种不服输的精神,人家越是认为我不行,我偏要下功夫证明我能行。但是我也明白,摆在面前的确实是个新的课题,十年没演戏了,加上以往没在现代戏中演过重头戏,能否塑造好这个英雄人物,我心里也拿不准。但我不怕困难,下定决心勤学苦练,一定要把《江姐》演好。为了准确把握人物性格和气质,我多次求教剧团编剧王淼,请他帮助分析小说《红岩》,从中了解江姐的斗争经历;同时我走访了一些女英雄模范人物和担负领导工作的女干部,仔细观察和揣摩她们的神态和举止;与导演和配戏的演员认真分析剧本,推敲每句对白和唱词;我还特意去上海,按上次拍影片《借罗衣》时那样,在左眼安置了眼片。

《江姐》进入排练阶段后,导演对我有些成见,认为我才子佳人演多了,英雄人物恐怕演不好,因此不给我排戏。于是,导演给饰演江姐 A 角的鲍志远排戏时,我就在台下坐着看。他们在台上排练,我就在台下学;他们在台上大声唱,我就在台下小声哼。下午他们下班回家了,我则留在排练场,把白天看到的学到的一遍遍地排练。那时正值夏天,每次我都练得满身大汗。有一次,我从排练场回来时,天已经黑了,我又热又饿又累,心思又集中在江姐这个角色中,不小心扑通一下摔倒在阴沟里,疼得我哎哟一声。住在附近的同事王鹏飞闻声而来,发现是我,惊讶地问:"丁大姐,怎么是你? 这么晚了你怎么还没回家呢?"他把我搀扶到他家,打来温水让我把脸上的泥巴洗掉。我谢过王鹏飞后,回到家中匆匆吃过饭又赶回剧场,因为我早已约好了琴师在剧场练习唱腔。当时为练习唱腔,我请了两位琴师利用业余时间帮我练习唱腔,并买包烟、请他们吃饭以示感谢。

《江姐》排到中途,鲍志远嗓子突然哑了,不能排练了。团长侯振宇说:"让丁玉兰排排看。"导演还是不大乐意。团长就说:"先排牢房那一场,如果这场戏演得好,就让她演。搞不好,就不要演了。"排练时,导演发现我全都会了。于是,就从头开始排《江姐》,经过二十天的努力,《江姐》终于排演下来了。

在排《江姐》时,我是这样理解江姐这个人物的:她是一名无产阶级革命战士、顶天立地的女英雄,但同时她也是一个妻子、

《江姐》剧照

一个妈妈,是一个有感情有喜怒哀乐的血肉之躯。在戏中如何把她既是英雄,又是妻子、妈妈,既有坚强的一面,也有作为女人柔弱的一面,恰如其分地表现出来,是十分关键的。在与叛徒浦志高的斗争中,要表现得视死如归;看到丈夫彭松涛的头悬挂在城门时,要把对敌人的恨、对丈夫的疼,都充分地表达出来。演英雄人物不能是硬邦邦的,也要有感情,受刑时也会疼,这些都要表现出来,否则,就不真实了。现在我看有些演员饰演的江姐,看到丈夫的头悬挂在城门的时候,自己的指甲缝被钉入粗长的竹签时,表现不出丝毫的疼痛之情,这是不真实的。英雄人物也是人,也会疼。但她疼痛时与一般人又不一样,既要表现出疼,又要把那种威武不屈的精神表现出来。

排练结束后,剧团按照惯例,请观众观看彩排,开座谈会,提意见。大家一致肯定我扮演的江姐非常成功,他们说:"丁玉兰把坚毅、机智、端庄大方的江姐英雄形象塑造得非常生动,把江姐对敌斗争时表现出的威武不屈、大义凛然的革命气概,表现得极为感人。"此后,每逢有《江姐》这部戏演出时,我和鲍志远一人一场,但每逢重要演出或招待演出时,则由我来演出。

《江姐》是"文化大革命"刚刚结束不久,我复出主演的第一个现代戏,也是我转型成功的一部戏。当时,演出这样一个英雄人物,万一演砸了,就是政治错误,是要被批斗的。为了塑造好这个形象,我下的功夫比排《借罗衣》时还要多很多。功夫不负有心人。最终,我成功攻下了这个角色。团长侯振宇感慨地说:"鲍志远嗓子从来不哑的,演戏从来不衰的,结果嗓子哑了,这次演衰了。"

在《江姐》的排练、演出过程中,我深刻地感受到了"文化大革命"对人与人之间关系的影响。"文革"前,我演出结束后,剧团总会有人端茶递水,嘘寒问暖;而现在我喉咙都唱干了,也无人理睬。人情淡薄,人际冷漠,人与人之间已经没有阶级友谊了。

恢复排演《秦香莲》

1978年11月,合肥市召开落实政策大会,在这次大会上,我被正式宣布平反,恢复名誉。埋在心里多年的阴影终于一扫而光,我终于可以光明正大、挥洒自如地演戏了。

《秦香莲》是合肥市庐剧团自"文化大革命"以来恢复演出古装戏的第一台戏,也是我平反后演出的第一台戏。新中国成立前,我也曾演出过《秦香莲》。《秦香莲》的剧情是:贫寒书生陈世美娶秦香莲为妻,生下一对儿女。后陈世美赴京赶考,中了状元,他贪图富贵,隐瞒婚情,在京城娶了公主,当上了驸马。三年后,陈的家乡遭遇连年灾荒,民不聊生,秦香莲带着公婆及一双儿女,跋山涉水,沿途乞讨,千里寻夫。到达京城后,得知陈世美做了驸马,立即闯驸马府与之理论。陈世美不肯相认,将她赶出府门。在好心的老丞相王延龄的帮助下,趁着为陈世美祝寿的机会,秦香莲打扮成卖唱人被带进驸马府,唱小曲感化陈世美。王延龄劝解他们夫妇和好,并说他愿拼着乌纱帽向皇上求情,不降罪陈世美。陈世美不予理睬,将秦香莲母子赶出京城,并派家将韩琦追杀秦香莲母子,以图灭口。韩琦得知真相后,擅自放走了秦香莲母子,自己服剑而亡。秦香莲在王丞相帮助下,拦住包公的轿子告状。包公设计将陈世美骗到开封府,指控他停妻再娶、欺骗皇上、杀妻灭子,按律该杀。国太、皇姑来求情,要包公释放陈世美。包公执法严峻,不畏权贵,最终用虎头铡处死了陈世美。

戏中扮演秦香莲者共有四人,我扮 A 角,董桂兰扮 B 角,王敏扮 C 角,王华玲扮 D 角。张月楼导演,张嘉明作曲。这个剧总共分八场,即千里寻夫,投店问讯,闯宫辩理,拦轿告状,祝寿劝美,杀妻灭子,设计诱美,抗驾铡美。在"祝寿劝美"这场戏中,秦香莲恳求丈夫认她母子是重点,有五六分钟的唱腔。若是按照原先谱子唱,采用寒腔的上下句反复重唱,不免单调乏味,大大削弱了艺术感染力,不吸引人。于是,我就根据人物性格和剧情发展,修改、完善了这段唱腔。我唱,张嘉明记谱。但我的唱腔除了沈执能全部记下来外,其他人都记不全。所以,我照着谱子唱反倒不如不按谱唱更生动。于是,作曲干部就说:"我写的,你作参考。你就照你的唱吧。"我唱得虽然也是寒腔调,但在唱法上做了处理,注意咬字喷音,哪一句是伸腔,哪一句是寇腔,哪几句是锁板,哪几句是走低调,哪一句是上颚音,哪几句是下颚音,我都进行了重新组合安排。同时,我将《休丁香》的"叹十里调"与"端公调""赶路调"糅合在一起,有悲有愤。改过后的唱腔非常抓人,观众听了非哭不可,剧团的同行也都认为我唱的这段唱腔非常好。每当我演唱这段唱腔时,正在后台化装的演员们听到后,都举着手中油彩停在半空,停止化装仔细聆听。有一次,就连在台上与我配戏的孙邦栋也听入了迷,轮到他表演了,却还坐在台上不动。乐队的人在一边提醒他:"老孙,轮到你唱了。"他才从我的唱腔中惊醒过来。当时,师傅郭士龙在市庐剧团值班,我请他来看我演出的这场戏。师傅看过后,激动地抓住我的手说:"大姐呀,你咋想起来把寒腔这样唱?怎么唱得这么好!我看呀哭呀……我还是你师傅,也没想到你会唱得这么好呀!"师傅边说边激动地流泪。直到今天,这段唱腔仍是庐剧院的教学材料。可惜,庐剧院没有一个人能唱好。

《秦香莲》剧照

《秦香莲》这台戏的演员都非常过劲①,都是庐剧团的名角。孙邦栋演陈世美、花叶甫演老包、凌艳慧演公主、董光裕演丞相王廷玉、邱凤莲演国太。名角荟萃,从而使《秦香莲》在合肥剧场连演一百多场,场场客满,一票难求。演出前两个月,票全部被机关单位承包了,没有开窗口卖票。观众买不到票,写大字报向文化局提意见。文化局和庐剧团领导研究决定,每天留出两百张票,放在窗口出售。很多庐剧迷半夜三更便到售票处排起长队。即便如此,每当我演《秦香莲》时,这两百张票,不到一个小时就全部售罄,来晚的观众还是买不到票。

那时,都是晚上7点开始演出,我一般下午4点多就出门了。有一次,我在去剧场的路上,遇到一个捡垃圾的老大爷,他见到我,一下子拉着我的手,说:

————————

① 过劲:合肥方言,意思是厉害、棒、很好、出色。

"丁大姐,你帮我买两张票吧,我们太想看你的戏了。我们买不到票,你帮帮我吧。"于是,我就帮忙给他买了两张票,对他说:"这两张票是我送给你的。"他激动得一下子跪倒在地,说:"丁大姐,太感谢你了。"第二天他又在原地等我,对我说:"丁大姐,你演得太好了,我从上场哭到下场。我周边邻居听说我能搞到票,也想让你帮他们买票。"于是,我又帮忙搞了三张票给他。他感动地说:"丁大姐,你太好了。我们邻居都以为我和你是亲戚呢!"我对他说:"你跟你的邻居讲,丁玉兰就是个唱戏的,没什么。"

自此,《秦香莲》成为庐剧团的经典戏,演到哪红到哪。20世纪80年代,日本久留米市友好代表团来肥访问期间,观摩了我演出的《秦香莲》后,赞叹不已。我们将其中最精彩的第八场《铡美案》单独拎出来,拍成电视纪录片送给他们,让他们带回日本放映。

《秦香莲》之所以获得成功,与大家的共同努力是分不开的。后来,随着剧中演员变故,这出戏就很少演了。董光裕、花叶甫、凌艳惠、邱凤莲都先后去世了,我退休后,这出戏就不再演了。通过《秦香莲》这台戏,我深深体会到,一个好剧本,一个好导演,加上一台好演员,这台戏就能竖起来,三者缺一不可。如果光有好剧本、好导演,没有好演员,或光有好演员,没有好的剧本和导演,这台戏是竖不起来的。

继《秦香莲》后,合肥市庐剧团又相继恢复演出了一批传统剧目,如我主演的《借罗衣》《观画》等。这些戏都深受观众欢迎,在安纺俱乐部演出了两个多月,仍未满足观众的要求。

参加全国第四次文代会

不久,我省人大代表和省政协委员的政治身份也相继恢复,政治荣誉、艺术名誉都逐渐恢复了。1979年1月29日,我应邀参加安徽省春节联欢会的演出,演唱了《观画》片段。次日,我以省政协委员的身份参加了合肥市政协举办的春节茶话会,再次演唱了《观画》。3月7日,我出席了省里举办的纪念三八妇女节茶话会。

1979年10月28日,我顾不得次日是儿子结婚的日子,把家里安顿好后,坐上火车,去北京参加全国第四次文代会。参加这次全国文代会的安徽代表团由赖少其、陈登科、戴岳、那沙、鲁彦周、余耘、刘美君、潘璟瑚等五十一名代表组成,陈登科带队。会议期间,党和国家领导人叶剑英、邓小平、李先念等出席了会议,邓小平同志代表中共中央和国务院向大会致辞,文化部部长周扬作了《继往开来,繁荣社会主义新时期的文艺》的报告。

开会期间,我特意拜访了周扬部长,向他反映庐剧的现状和问题,请求中央对庐剧事业给予关怀。我还遇到了陆阳春等许多熟悉的老朋友。自"文革"以来,大家很久都不敢通信联系了。这次久别重逢,感觉像是获得了第二次解放,大家都非常高兴。当时,陆阳春因在"文革"中被整,心里不痛快,我就特意来到他家里,做他的思想工作,把我老舅"打毒蛇"的比喻讲给他听。经过劝说,他也想通了。

返回合肥后,我应省电台邀请,以"文代会的归来"为题,作了广播讲话。我说:"这次盛会,使我大大开阔了视野。特别是邓副主席的讲话,使我更加明确了社会主义文化的方向和我们的任务。我们庐剧是江淮人民喜爱的剧种。我们要抢救遗产、挖掘传统,要把推陈出新作为我们努力的方向。在艺术上精益求精,重点培养好的接班人,使庐剧这朵鲜花盛开在祖国的百花丛中。"

关心民间剧团成长

在北京开会期间,阎立秀从淮南跑过来找我。原来,他是为淮南市庐剧团的事情来的。淮南市庐剧团在"文革"前被撤销兼并。"文革"后,传统戏解散,原剧团的一些老艺人舍不得丢弃自己苦心经营几十年的戏剧艺术,自动聚集到一起,成立"恢复庐剧团筹备小组",写材料希望领导恢复市庐剧团。但他们忙碌了一个多月,毫无结果。情急之下,阎立秀同庐剧演员朱玉仙、戴宏云一起到合肥找我帮忙,希望利用我的影响力在上层活动一下,以求问题早日解决。我热爱庐剧,所以爱屋及乌。凡是对庐剧发展有益的事情,我都会积极支持帮忙。于是,我带领他们去找省委书记万里,向他汇报了情况。不久,事情有了结果。淮南市有关领导同意他们成立一个民营性质、自筹资金、自负盈亏、自谋生路的民间庐剧团,由田家庵区文化馆负责管理。于是,淮南市田家庵庐剧团很快成立了。经过一段时间的排练,剧团于1979年中秋节正式开锣,对外公演。开场戏演出了他们的拿手剧目《窦娥冤》,深受观众喜爱。10月21日,剧团来到九龙岗影剧院演出时,大通区文化馆来人勒令停演,说《窦娥冤》是鬼戏,宣扬封建迷信。刚刚组建的剧团面临着散伙的危险。阎立秀心里不服气,对大家说:"我自费去北京文化部上访,相信我们没有错。万一失败,再散伙也不迟。听说丁玉兰在北京参加全国第四次文代会,也许她会帮忙的。"

阎立秀来到北京后,到文化部领取了一张上访的号,得知要等半个月才能受理,他一下子急了,要是等上半个月,剧团估计早就散伙了。他等不及了,决定闯文代会。当时,华东地区六省一市代表住在国务院第四招待所。当阎立秀出现在我面前时,我大吃一惊。等他把来龙去脉讲清楚后,我被他敢闯、敢为、肯吃苦的精神所感动,立马答应帮忙,带着他把情况向陈登科作了汇报。下午,华东地区六省一市代表集中讨论大会报告时,我征得主持人同意后,把阎立秀给我的材料在会上读了一遍,题目是《一个民间剧团的遭遇》。我读的材料,引起强烈的反响,大家纷纷发表意见。有的说:"有些地方采取简单的行政方式来领导文艺工作是不行的,应该按照艺术规律办事。"有的说:"'四人帮'都已粉碎三年了,但是它的阴魂还不散,影响着一些人的头脑……"有的说:"民间剧团是今后发展的方向,我们应大力提倡,给予扶持和正确引导,不应打击。"最终,在大家帮助下,剧团恢复演出,阎立秀把我当成了大恩人。

重新整理《秦雪梅》

从北京参加文代会回来后,我萌生了重新整理《秦雪梅》的想法。我很喜欢《秦雪梅》这出戏,但也认识到这出戏糟粕较多,需要花大气力来进行整理。我把自己的这个想法告诉了我的老搭档孙邦栋和吕必胜，得到他们的一致赞同和支持。于是，我们就请剧团副团长、编剧徐浩一起研究整理。

我们在整理《秦雪梅》时，去粗取精，删除了封建迷信部分，加强了反封建的爱情部分，着力刻画秦雪梅、商琳等人物的性格，使剧情更加合理、集中，唱词道白也规范、固定下来。剧本搞好后，得到领导的认可付排，演员由我和孙邦栋挑选。我演秦雪梅 A 角，B 角由董桂兰扮演，孙邦栋演商琳 A 角，花叶甫演秦国政、邱枫林演秦母、王敏演商母、彭泽南演爱玉，陶荣、路儿、皇帝等分别由丁习详、方向明、朱庆栋等扮演。音乐由我和孙邦栋配合任昌发、余冠华设计、整理，以老调为主，并进行了一些创新。如"金殿辩冤"中，采用庐剧老生调并结合梆剧的高亢演唱手法创编出的新调，秦雪梅吊孝哭灵时唱的"哭灵调"也是新创造出来的。

《秦雪梅》剧照

我每演一个角色,都逐字逐句反复推敲,并与作曲、导演等合作,设计出最佳的唱腔、道白和舞台动作,使人物形象更丰满,力争使观众对这个人物刻骨铭心。当秦雪梅听说商琳亡故,来到商家吊孝。她来到灵堂见到棺材,如五雷轰顶,放声痛哭。这时,如果按照老调一味地唱寒腔(寒腔和端公调是庐剧中最悲的调子、最苦的唱腔),表达不出雪梅此时此刻的复杂心情。于是我就吸收梆子戏高亢的唱腔,吸收了泗州戏的唱腔,加上庐剧的寒腔和端公调,将四种唱腔糅合在一起,创作出一段"哭灵调",将秦雪梅见到亡夫棺材时的情绪丰满地表达出来。我在吸收其他剧种的腔调时,不是生搬硬套,而是设法使它融合在庐剧的风格中,并使之成为它的有机的丰满血肉。这段唱腔刚创作出来时,市文化局局长车云不赞同,他对我说:"丁玉兰,你原先的寒腔唱得多抓人心呢,你这个哭灵调唱出来,到时候观众不哭不喜欢怎么办?"我说:"车局长,这个调子是我根据人物此时此刻的心情,动脑筋下功夫创作出来的,照原先的唱腔唱,我的情绪出不来。你先让我试一试,如果观众不喜欢,我就还唱原来的调子。"结果,彩排后,大家发现这段"哭灵调"是这部戏中最突出、最能表达人物内心感情、最好听的调子。

　　《秦雪梅》上演后,受到观众的热烈欢迎。当时的省委宣传部副部长戴岳和市文化局局长车云,给予很高评价,认为《秦雪梅》演员阵容整齐、唱腔优美、舞美新颖。直到现在,《秦雪梅》仍是庐剧院的保留剧目。

上山下乡演出

　　1979 年底,合肥市庐剧团组成两个演出队,分赴巢县、滁县、六安地区演出,恢复了剧团上山下乡的老传统。自此,我跟随合肥市庐剧团进行了大规模、长时间的巡回演出。

　　我们每到一处,都轰动周围十几里,观众奔走相告,每到一地,迎接我们的鞭炮都能鸣响几里路,群众夹道迎送,剧场、住所、街道贴满了欢迎标语,所到之处,充满节日气氛。

　　那时我们演出分一队和二队，每个队都有自己的场次和经济效益任务。一队多是些老演员，我和孙邦栋都在一队，二队多是些年轻演员。一队演出时，观众特别多，把票价提高后，票仍极为紧张。剧场前，常有数百名观众，因为没有买到票，而站在场外听演出剧场的喇叭播放。对此，二队不服气，有些人甚至发牢骚说："我们累死累活演那么多场还挣不到钱。"后来大家在一起分析原因，其中一个姓马的演员说："一队有丁老师、孙老师，我们肯定唱不过他们。"为了平衡二队的演员，领导安排我在两个队之间穿插演出。上午在一队，下午在二队，但长时间地在两个队之间来回跑，感到特别累。后来我就在一队七天，在二队七天。最后，两个队的演出场次和经济效益大体相当了。

　　那时群众看庐剧，很大一部分是奔着我丁玉兰的名字去的。看庐剧没有看到丁玉兰的演出，他们会感到很遗憾。所以，我所到之处，群众竞相要求与我见面，我常常被围得水泄不通，以致在演出前后进出剧场时，都需要当地领导解围方可脱身。为了保证休息时间，我住所的大门常常需要反锁，方可阻挡住前来求见的群众。有一次，我们在全椒古河演出，散戏后，仍有数百名观众站在雨中要求与我见面。庐剧的发展繁荣，与这些忠实观众的支持是分不开的。

　　我每到一地演出，从领导到群众都相当热情。每到一地，演出所在地的县、区、乡镇各级党政文化部门负责同志，都一再宴请我及剧团领导，并多次到我住所看望。群众得知我喜欢吃咸鸭子糯米饭、喜欢喝老鳖汤，常常是提前几天就把老鳖买回家养着，把饭菜准备好，等着招待我们。有时候我住的地方不好，老百姓则把新媳妇的住处让出来请我去住，晚上休息时还派两个人给我站岗。有一次到炯炀河演出，庐剧团的人先坐车出发了，我随文化局的车子在后面。庐剧团的人到达后，对方不予接待，说："等丁玉兰来了，我们再接待。"结果，剧团的人被迫站在外面淋雪。我到了以后，对方热情接待，生上几盆炭火，桌子上摆满糕点和糖果。剧团的人说："还是跟丁老师后面快活①，有吃有喝。丁老师要是不来，估计我们这会儿还站在外面挨冻呢。"

---

　　①　快活：合肥方言，意为好、愉快、舒服。

从 1979 年到 1985 年,我们演遍了皖东、皖南、合肥地区等十多个县、市的广大地区,所到之处普遍受到热烈欢迎。正是由于我们长期深入乡镇、县城巡回演出,加深了群众对庐剧的热爱,扩大了庐剧的影响,也丰富了广大城乡尤其是农村群众的文化生活。

出任合肥市庐剧团副团长

1981 年,我被选为合肥市庐剧团副团长。起初,我是不想当的,因为一个人的精力是有限的,当了团长,就没有更多的时间搞业务了。但既然领导信任我,我就义不容辞地担当起这个责任来。

做了副团长后,就没有当演员那么简单了。做演员时,只要扮演好自己的角色就行了,剧团里其他的事情都不用去操心。现在,整个团有一两百人,都需要我来负责。我既要抓业务,又要管行政,真是忙得不可开交。白天忙、晚上忙,工作日忙,礼拜天也忙。我都不记得当团长时,有哪个礼拜天休息过。

当了团长后,我对自己的要求更加严格了。俗话说得好,上梁不正下梁歪,做领导的如果都不率先垂范、以身作则,哪能指望下面的人做得好呢?因此,对于上面领导要求的事情,我总是先从自己做起,给团里的人做个好榜样。在安排演出任务、分配角色时,我也尽可能做到客观公正,根据每个人的特长来合理安排。

对于年轻的演员,我不仅在业务上指导他们,还在思想上帮助他们。1982 年,我们在肥东店埠演出,有个年轻男演员因对分给他的角色不满,在演出时故意刁难。演出马上要开始了,他还不去化装,别人催他,他反倒不耐烦地说:"慌什么?"我知道后,批评他说:"你这个样子可不行。"结果,他一气之下,跑到厨房用菜刀把手指头斩掉了一半。我赶紧找车,派人把他紧急送往合肥的医院救治。由于治疗及时,他的手指嫁接成功,很快就恢复了。我去看望他,像亲人一样跟他谈心,说:"你脾气这样犟非常不好,万一你的手指接不起来,那不就残废了嘛!有什么问题跟我说,我会帮助你的。"我同时也非常严厉地告诉他,"你这次行为影响非常不好，既然犯了错误，就要勇于承担。你要写个检查，在大会作检讨。"经过我的劝说，他后悔地流下了眼泪，并在会上作了检讨。通过这个事情，剧团的纪律性得到进一步加强。

母亲去世

母亲武子芳

我自小就和妈妈相依为命，结婚后仍然与妈妈住在一起，来到合肥后依然如此。平时我和傅昌盛忙工作忙演出，孩子、家务都是妈妈帮忙照料着。妈妈的年纪越来越大了，身体状况一天不如一天。1982 年腊月二十九，妈妈病情严重，被送进了医院。我陪妈妈在医院里过了年。到了年初六，妈妈病情恶化了，生命危在旦夕。可是，我们剧团已经答应了肥东蒋集那边的邀请，年初八晚上准时开台，戏报已经贴出去了，第一场戏就是我和孙邦栋主演的《秦雪梅》。这可怎么办呢？一

边是生我养我的老母亲，辛辛苦苦为我默默付出这么多年，一边是渴望看戏的父老乡亲，我该如何选择呢？权衡再三，我决定以工作为重，以观众为重。妈妈得知后，伤心地说："伢啦，你就这样想挣钱吗？我的病是好是坏，也就这两天了。"我听了，只能强忍泪水。想起当初妈妈过着颠沛流离的乞讨生活，把我抚育长大成人，带领我走上艰辛的卖艺之路，我止不住地泪流满面。我所取得的每一点成绩，都饱含着妈妈的心血和汗水啊。我真想不去演出，想守在母亲身边尽一点孝心。但是，作为一个演员，戏比天大。很多时候，我只能把对母亲的感激之情、把对儿女的牵挂之情深藏在心里。

临走前，我请我的一个好朋友帮妈妈做好了寿衣，交给护士长并特意交代：

"万一我妈走了,麻烦你们替我把这寿衣给我妈穿上。"我又请了两位保姆轮流照顾母亲。

初七晚上,我在医院陪了妈妈一晚上。我把演出的事情告诉了妈妈,这时,妈妈已经理解我了,说:"你还是去吧。"

第二天早上,我把弟弟喊来,作了关照,然后离开病危中的母亲。这时,又传来了四儿媳妇在医院难产的消息。

我强忍泪水上了赶往蒋集的汽车,那天,天上下起了大雪,路滑难行,车子一路上颠颠簸簸。有些人发怨言:"丁团长真砸蛋①,下这么大的雪还出来演出,万一车子翻了我们都砸蛋了。"

当时,蒋集盖了新剧场,大家都非常期待我们去演出。我们快到蒋集时,只见几里远的马路上,站满了从四面八方赶来的乡亲们,看不到头望不到尾。锣鼓声、喇叭声、爆竹声、欢呼声……响成了一片。"热烈欢迎著名庐剧演员丁玉兰、孙邦栋回娘家"的大幅标语贴在路边村庄的墙壁上,特别醒目。

蒋集公社把我们安排住在一所学校里,当时正值寒假,公社干部们将所有的房间都打扫干净,铺上厚厚的稻草,被子、褥子都洗得干干净净,里面的炭火都烧得旺旺的。

第一场戏是我主演的《秦雪梅》。因此第二天早上一大早,我就起床化装。突然,见公社门口开来了一辆北京牌吉普车。我看见司机是文化局的柯师傅,还有剧团的范书记和我的徒弟凌艳慧。我心一沉,顿时预感会有不好的消息,因为剧团领导一般都是在我们演出三四天后才会下来看望的,现在一场都还没演,怎么就来了呢? 我急忙问:"范书记,是不是我妈……""你不要着急,你妈现在正在抢救,但是已经很危险了。"

我一听,自责内疚,脑子突然一片空白。我真想放声大哭,但一想到马上还有演出,只好强忍着不让泪水流出。公社王书记得知这一消息后,当即与范书记商量,他们决定让我立即回合肥奔丧。但这时观众已经在场等候了,他们都

---

① 砸蛋:合肥方言。比喻希望破灭或事情失败。方言读音为 zē dàn。

期盼着看我的演出，就这样离去，不太妥当。于是范书记决定在开幕式上，让我上台和观众见个面打声招呼再走。在开幕式上，公社王书记向观众说明情况后，我深深向观众鞠了一躬，说："蒋集的父老乡亲，我回去把事情料理好了，一定尽快回来为乡亲们演戏。"说完，我就从人群中挤出，直奔吉普车。这时，我之前强忍的泪水终于忍不住了，范书记说："丁玉兰，你想哭就哭吧。"

赶到医院时，已经是下午4点多了，我母亲已被送到太平间了。其实，在我们赶往蒋集演出的途中，我76岁的老母亲就离开了这个世界。当我回到家里时，已经是晚上12点了。我的弟弟和大女婿已经把母亲的灵堂搞好，亲戚朋友送的挽幛也挂了起来。大家劝我不要再哭了，好好想想怎么安排母亲的丧事。母亲含辛茹苦地把我带大，我能有今天的成就，与她在背后的默默支持是分不开的，她临终前我都没能守在她身边，心中特别愧疚，我真想隆重地安葬母亲，尽一个做女儿的孝心。但一想，当时国家正提倡丧事从俭，我作为一个公众人物，若是铺张浪费影响不好。最终，我决定简办母亲丧事。母亲去世，我哭昏过去三次，由于伤心过度，自此之后，我的例假就没有了。

办完母亲丧事后，我又匆匆赶往蒋集，忍着丧母的悲痛，登台演出。当地群众都非常感动，人们纷纷来看望我。有位老大娘还专门带着自家的鸡蛋送给我补养身体。正是因为有许多像这样爱戴我的观众，使我觉得所有的付出都是值得的。

整理改编《小辞店》

《小辞店》又名《蔡鸣凤辞店》，是《菜刀记》中的一个折子戏，讲述的是有妇之夫与有夫之妇婚外情的故事，是最受戏迷欢迎的庐剧传统剧目之一。庐剧的剧目非常多，但真正让戏迷们百听不厌的，就是《小辞店》。《菜刀记》原本剧情是：有妻室的湖北商人蔡鸣凤到三河镇做生意，与有夫之妇卖饭女胡凤英产生感情，引起街坊闲话。一别三年，蔡鸣凤思乡心切，胡凤英谆谆叮嘱，并送月饼给蔡鸣凤途中充饥。蔡鸣凤回家途中，遇到小偷魏大蒜尾随。蔡鸣凤途经岳父朱茂青家中叙旧,落了雨伞。蔡鸣凤到家后,发现其妻朱氏与屠夫陈大雷私通。朱氏和陈大雷在所剩月饼中下毒,蔡鸣凤身亡。次日,朱茂青送伞至蔡家,朱氏便借机诬告父亲图财害命,告至官府。朱茂青在狱中遇到魏大蒜,得知实情。官府复审,冤案得以昭雪。这是一个违背伦理道德的故事,但在民间流传甚广。原因是《小辞店》的唱词非常动人,几百句唱词,情感上缠绵悱恻,旋律上凄婉动听。庐剧和黄梅戏都唱《小辞店》,严凤英唱的《小辞店》也非常受欢迎。①

"文化大革命"中,《小辞店》被当作"封、资、修",受到冲击、禁演。改革开放后,在下乡巡回演出过程中,农民要求看《小辞店》的呼声很强烈。但《小辞店》里面有些色情糟粕的部分,因《小辞店》的故事发生在三河,因此我们到三河一带演出时,遭到反对。我想,这个剧有它积极的一面,如果把它低级庸俗的东西除掉,肯定是个好戏。为何不下一番功夫修改一下呢?

1982年,我与合肥市庐剧团的邵鹤群、孙邦栋、徐浩、王淼、王国光等一起研究修改《小辞店》。我认为,原先剧本在思想内容上有许多糟粕,低级趣味的东西较多,必须删除;另一方面,在艺术结构上也有很大弱点,卖饭女胡凤英既然是主角,但她的戏仅集中在"辞店"一场中,与后面情节无关,因此必须改为以胡凤英为贯穿全剧的人物。经过大家反复研究商讨,剧本最后改为胡凤英为亡夫守寡,蔡鸣凤改为未婚青年,投店后,对胡凤英的身世深表同情,对她的爽朗、聪慧十分爱慕,二人渐渐产生感情。同时还设置了一些新人物,增加了一些与主题有关的场次。但自始至终以蔡鸣凤、胡凤英两人的爱情纠葛作为主线。最后,由王淼执笔,写出新本子《蔡鸣凤辞店》。

《小辞店》排演时,正值省政协组织政协委员赴黄山、庐江等地旅游。剧团领导不同意我出去,说:"《小辞店》马上就要排练了,你要负责研究唱腔,出去旅游,会耽误事情的。"我则说:"领导你放心,我虽然出去,但是唱腔照样搞。"于是,在旅游的途中,我人虽在山水之间,但心早就跑到卖饭女的店铺中去了。坐

---

① 《小辞店》是著名黄梅戏表演艺术家严凤英的成名剧。严凤英原名严鸿六,后唱《小辞店》出名,因剧中女主人公的名字为胡凤英,遂改名严凤英。

在车上、爬山途中,我都仔细捉摸、研究唱腔。在"寡妇家"这场中,开头四十几句唱腔都是我自己设计的。原先的唱腔,是用二凉调,显得过分单调、乏味,难以表达胡凤英复杂的感情。我就试着采用花腔小调、剪花调、点大麦调、二凉调、三七连词等多种调子互相糅合,设计出一段唱腔。唱出来后,十分优美动听。

排演开始后,我每天早起晚睡,走身段,练唱腔,没过好一个周末,没睡好一个安稳觉。中午,我经常一个人躲在排练场,关起门来苦练。夜晚,别人都乘凉休息了,我还是走呀走呀,直到深夜。有一次,有人在下班时间找我,一推房门吓了一跳。只见我腰里围着被单,脖子上套着条绳子,正在指天画地地念叨些什么。原来我在作戏,拿被单当作腰包裙,草绳当作锁链,正演卖饭女公堂受冤一节呢。

在排演中,我虚心接受别人的意见和批评。青年演员小杨对我提出:"你表演卖饭女想象做花轿的时候,两手相握,过于拘谨了。如果把手放开,一只手前后摆动舞起来,会更生动地表现出她那时欢乐、幸福的心情。"我觉得有理,立即接受了这一建议,把动作改了。

《小辞店》剧照

《蔡鸣凤辞店》由王国光导演,任昌发、余冠华编曲。我演卖饭女胡凤英A角。B角是我的徒弟凌艳慧,男主角的A、B角分别由孙邦栋、丁习详扮演。我除了排演自己的角色外,还经常辅导凌艳慧。在我的启发下,她进步很快,下班回家后,也关在家里练习,和丈夫丁习详反复琢磨人物形象和表演技巧。

修改后的《蔡鸣凤辞店》到三河演出，深受观众的欢迎和好评，而且把《小辞店》看成是他们的家乡戏。但自从我退休后，《小辞店》《秦香莲》都没演过了。因为《小辞店》全剧只有两个人物，演完这出戏要两个半小时的时间，胡凤英一人就要唱两个小时左右。想在这么长的时间内让观众屏住呼吸倾心细听真的不容易，一般演员因体力不支也坚持不下来，所以这个戏非常考验演员功力。想让观众在长时间内不感到乏味、单调，演员必须用比较动听的歌声唱出人物的喜怒哀乐，用细致得体的表演动作让剧情高潮起伏，用眼快、嘴快、手快的三快手法来表现卖饭女泼辣爽朗的性格，要调动各种艺术手段，把观众带入剧情中。

我的唱腔的形成

一个演员之所以能被大家认可，一定有他自己独特的唱腔和表演风格。但这种独具特色的唱腔和表演风格，不是一下子就形成或能学会的，而是在长期的舞台实践中，不断摸索、不断吸收借鉴而逐渐形成的。

那么，我的唱腔是如何形成的呢？我认为就是要广采博收、多方借鉴，在继承中发展，在传统中创新。为丰富唱腔，我不断借鉴其他剧种的唱腔，把人家的东西消化吸收到我的唱腔表演动作上来。看电视时，如果我看到哪个动作、台词好，也会把它吸收进来。但这种借鉴，不是生搬硬套，也不是全部都用，而是根据庐剧特点，有所取舍，融会贯通，形成自己的东西。如泗州戏、梆子戏、河南豫剧的唱腔对我都有所帮助。李宝琴是唱泗州戏的，她的花腔多，我就把她的唱腔接到我的花腔小调中。张富兰是淮北的，演梆子戏，唱腔比较高昂，我把她的唱腔也吸收进来。还有豫剧常香玉的唱腔，也被我吸收利用。如《秦雪梅》中的《哭灵调》，就是取各家之长而创作的一个新调子。秦雪梅得知商琳病亡后，不顾父亲阻挠，执意到商家吊孝。秦雪梅一身白衣来到商家，一下轿子，看到商琳的棺材，立马扑倒在棺材上大哭。按照原来唱腔，是唱表达悲伤的寒腔，但这样我的情绪表达不出来。我认为这时秦雪梅应该是歇斯底里、情绪非常激动，因此唱腔必须要改。为了表达出秦雪梅那种歇斯底里的感情，我就吸收了梆子戏张富兰高亢的唱腔，中间的拉腔又吸收了泗州戏的唱腔，再结合庐剧的寒腔和端公调，形成了一段新的唱腔。

此外，唱腔要想打动人，演员必须要有感情，必须进入人物中去。要用自己的唱腔、动作和表情等，把观众带入故事情节中，使观众在情感上产生共鸣。我演戏时，登场前就已经进入角色。通常是开始化装时就不与人讲话了，慢慢进入角色，考虑台词和动作。有些演员上场前还在讲话、抽烟，有时我提醒他们这样不好，她们反而说"我都熟悉了，我晓得"。这样怎么能带感情上场呢？这样就不会真正把角色演到位。演戏，不能糊弄观众，不能糊弄角色，否则到头来糊弄的是自己。

我的唱腔和表演独具特色，引起了大家的广泛关注。20世纪80年代，一些报刊、广播等相继对我的从艺之路及演唱风格进行介绍，一些音像公司等也为我相继录制了一些比较有特色的唱腔。1981年，中国音协副主席贺绿汀特地来到合肥，在稻香楼专门录了我演唱的《秦雪梅观画》《借罗衣》《点大麦》唱腔。1985年至1987年，黄山音像公司、海威特音像有限公司等又相继录制了我演唱的《双锁柜》《秦雪梅》《休丁香》《借罗衣》《小辞店》《秦香莲》《点大麦》《张太和休妻》等。

我的表演技巧及唱腔特征

新中国成立后演戏，一般要对剧目的唱腔进行重新设计。我曾协助音乐干部共同为《借罗衣》《秦雪梅》《秦香莲》《休丁香》《小辞店》《姐妹告状》《玉簪记》《双丝带》等诸多剧目，设计出了新的唱腔。同时，在长期的演出实践中，我摸索出许多表演技巧及演唱技巧。但因我文化水平有限，很多东西自己心里明白，但讲不透彻，说不明白。幸运的是，我身边有一些懂戏剧、有知识、有文化、对我又比较了解的人，对我的表演技巧和唱腔特征进行了总结。

我的老领导王国光对我非常了解,他在《丁玉兰与庐剧》的文章中,对我的表演和唱腔特征进行了总结,将我的表演艺术称为"丁派"艺术。他在文章中写道:

丁玉兰在40余年的舞台生涯中,在艺术上精益求精,逐渐形成了独具一格的"丁派"表演艺术。主要特点如下:

坚持运用"唱做并重""表里兼求""真美俱备""不拘窠臼"的多种表演手法来塑造人物。"唱做并重"是说丁玉兰在表演中,不仅重视运用感人的唱腔来表现人物的喜怒哀乐,还重视用恰当准确的形体动作体现人物不同的面貌。"表里兼求"是说若只有外在的语言动作,而演员心里没有与其相同的思想感情,表演就虚假、枯燥无味,还必须求得人物表面言行和内心感情有机的统一,才能使表演真实生动,具有感人的力量。"真美俱备"是指戏曲的表演,虽然多是没有实物的虚拟动作,但要给人以真实合理的感觉,如舞台上骑驴、坐轿等身段,都要表演得像真的骑在驴上和坐在轿中一样,同时还要使这些动作优美好看,才符合舞台艺术的要求。玉兰在排演《借罗衣》中,为了求得真实,就雇了毛驴乘骑来体验生活,然后又把它加工成优美的舞台动作,使这个动作在音乐配合下,成为既具有真实感又有美感的"真美俱备"的表演艺术。"不拘窠臼"是说丁玉兰在塑造人物中,是根据剧本的规定意境和人物性格的需要,在继承庐剧演唱艺术传统的基础上,敢于大胆创改新的唱腔、语言和动作,决不死搬硬套旧有的规格框框。她在排《借罗衣》时,由于这个节目既不是传统的古装剧,也非现代的时装剧,而是一出表现近代农妇生活片段的讽刺喜剧,这就必须具有欢快流畅的格调和浓郁的生活气息。若是生硬地套用旧有的模式,就不能体现剧本的主题思想和人物特性。所以丁玉兰在导演、作曲的指导配合下,选用了庐剧跳跃的花腔作为唱腔的基调,在保留了原曲调欢快爽朗的色彩基础上,为了突出人物的性格和剧情,大胆改变了音调中的某些低沉的旋律,并把几个曲调糅合起来改编为新调。在语白动作方面,注重以生活为基础,适当夸张美化,从而成功地塑造了《借罗衣》中血肉丰满、性格鲜明的艺术形象。

"丁派"的艺术风格在唱腔上较突出。由于她的嗓音久经锤炼,且善于融汇他人之长,唱得比一般人委婉圆润。她特别善于运用小嗓子(即假声),在真假结合的上跃过度音中,衔接得非常婉转动听,她常把"寒腔"等尾句乐声上翻为高音阶的小嗓音来加重唱腔的感染力量。她擅长根据人物的性格情绪,运用装饰音、滑音、重音、伸腔和清唱"连词"等唱法来改变音乐的节奏和气氛,使她的唱腔具有隽秀妩媚、绚丽多姿的特征,既善于柔美多情,也长于悲壮哀痛,有着很强的表现能力。她在表演中,常有大段的唱腔,能吸引观众的全部注意力,使全场鸦雀无声。在她演唱《小辞店》《借罗衣》等欢快唱腔时,使人感到轻松舒畅,有春风荡怀、醇酿落腹之感,场内笑声迭起。她演唱《叹十里》《哭灵》等唱段时,观众又为她那如泣如诉、声裂锦帛的哀音流下了热泪。她的嗓音不算很高,但能灌满全场,使后排的观众也能听清楚。她吐字清楚,使观众不看字幕也能听懂词意。

作曲王柏龄将我的从艺经历及唱腔进行了总结,写了一篇题为《浓郁醇厚朴实感人——介绍庐剧著名演员丁玉兰和她的唱腔》的广播稿,安徽人民广播电台于1981年1月4日晚进行了播送。他在广播稿中写道:

提起丁玉兰,群众就会想到庐剧。尽管庐剧还有其他的有艺术成就的演员,但丁玉兰却是庐剧艺苑中最为群众所熟悉和热爱的演员之一。

许多喜爱庐剧的观众,特别喜欢听丁玉兰的唱腔。丁玉兰的唱腔,从风格上讲,浓郁而淳厚;从情绪上讲,朴实而感人。

杨玉华在《庐剧皇后丁玉兰》一文中如是说：

大量的舞台实践，锤炼出丁玉兰独具一格的表演艺术，即坚持运用唱做并重、表里兼求、真美俱备、不拘窠臼的多种表演手段来塑造人物形象。

……

由于丁玉兰的嗓音久经锤炼，且善于融会他人之长，所以在庐剧这一行当里形成了独具一格的"丁派"演唱特色。

她既善于委婉抒情，也长于悲壮哀痛，有较强的表现力。抒情时，令观者听者有春风荡怀、醇酿落腹之感；哀痛时，又令观者听者作悲悲切切、潸然落泪之状……她的嗓音清正圆润，富有浓郁的乡土气息。丁玉兰尤擅长运用小嗓子，在真假结合的上跃过度音中衔接得非常婉转动听。她演唱的"二凉""寒腔""三七"和各种寻板，同行们都说与众不同，说她美化并加强了声腔的表现能力。丁玉兰还善于根据人物的性格情绪，灵活运用传统唱法中的装饰音、滑音、重音、伸腔、清唱、连词和升降嗓子尾音等手法来改变唱腔的节奏和气氛，以加强感染力，并始终散发出浓郁的泥土芳香。

《中国艺术家辞典》这样评价我的唱腔和表演：

她的唱腔清正圆润，富有浓郁的乡土气息。表演朴素细腻，善于刻画人物的内心活动，形成了自己的风格，对发展庐剧的唱腔和表演手法做出了贡献，有"小梅兰芳"之称。

我的婚姻

作为一个著名的女演员，大家比较关注我的婚姻生活。其实，我的婚姻很简单，一段婚姻，一个丈夫。很多人得知我的婚姻后，都觉得不可思议或不太相信。一个名演员的婚姻生活怎么会是这样子的呢？《梅姐》的导演曾说："我拍过不少电视剧，见过不少著名女演员，她们的婚姻生活都相当丰富，三婚、四婚的都有。像你丁玉兰这样，对父母包办的婚姻，一直过到老的，真是罕见。这是与其他女演员非常不同的地方，我一定要在电视剧《梅姐》中把这点突出来。"

我少时因生活所迫，整日为填饱肚子而发愁，对爱情一窍不通，开化比较晚。解放前在丁家班唱戏时，我经常和卜家玉搭档演出，他比我大三四岁，人长得帅气。有一次，卜家玉的妈妈来到戏班里，看到我和卜家玉演的《合同记》（又叫《王清明招亲》），我演小姐，卜家玉演王清明，即小姐的未婚夫。看过戏后，卜家玉的妈妈找到我妈妈，故意试探性地说："你家小姐子和我家的家玉演戏多般配啊！要是跟我们家玉就好了。"妈妈以"孩子太小"给回绝了。戏班的方平九子比我大几岁，平日对我不错。有一次，他试探我说："小姐子，你要是给我做老婆就赞了。你要是同意，我把大烟戒掉。"我以为他在瞎讲，一口回绝了。那时，年龄又小，生活又苦，肚子都填不饱，我哪里会想爱情这个事？

后来，年龄大了，却时常遭到一些地痞流氓的骚扰，搞得我苦不堪言。好不容易遇到一个心仪的王文富，却被父母拆散。嫁给傅昌盛后，虽然心里不痛快，但传统的从一而终的观念根深蒂固，我对爱情不再抱任何幻想了。

我和傅昌盛的婚姻虽然不美满，但也磕磕碰碰地走了一辈子。他是个比较憨厚老实的人，心眼不坏，但比较粗心，话也不多，不善与人沟通。记得我们结婚的第二天早上，住在同村的董良才要到合肥城里置办东西，问我要不要带点东西。我正想买条夹裤面子，于是就让他帮忙给我带一条回来。当时，傅昌盛正坐在桌子前，我看见他口袋里有钱，就问："傅昌盛，你能不能借给我点钱，我想买条夹裤面子。"他说："我哪有钱？"我一愣，指着他口袋说："你那不是钱吗？都露在外面了，还说没有。""我不能借给你，这是我给大嫂孩子的压岁钱。"我最恨人家与我搞假，钱都漏出来了，还说没有。我伤心、失望、难过，眼泪一下子流了出来。董良才在窗外听到后，说："小姐子啊，你不要哭，我现在不要你钱，等我把衣料给你带回来,你再给我。"由于对婚姻比较失望,结婚后,我就一门心思地投入工作中。

虽说我们感情不融洽,但在关键时期,还是相互扶持、相互帮助的。20世纪50年代,我们刚到合肥不久,傅昌盛突然生了一场大病。为了给他治病,我将自己所有的积蓄都拿出来,但仍然不够,我又变卖了一些自己的首饰、衣服来买药。我的妈妈每天都在院子里烧香,到明教寺拜佛,跪在地上乞求神灵保佑。"文革"中,傅昌盛写我的大字报,但实际上是明害暗保,关键时刻,是他冒着风险,把我的一些珍贵资料和照片从火堆中捡了回来。1971年夏,我重病住院,也是在傅昌盛的悉心照料下恢复的。

虽然对婚姻不满,但我从来都没有背叛过。即使出名后,遇到外面的一些诱惑,我也都顶住了。当时省里领导对戏剧比较重视,对我们演员也都非常熟悉。省委某领导得知我婚姻不和,过来劝我说:"丁玉兰,你是出门欢喜进门愁。家庭不幸福会影响你业务发展的。你怎么还不离婚呢?"文化局的一位领导也劝我说:"丁玉兰,你要是想业务上进步,首先要生活上开心,你看人家严凤英多潇洒。"还有其他一些人也劝我离婚。我的思想有些动摇了,于是就找人替我写了一份离婚协议书,递交给法院。我的妈妈、二舅、小老舅(大舅已经去世了)得知后,坚决不同意,他们怕闹笑话,怕丢人,劝我不要离。不久,法院来人调解,他们开头就说:"丁玉兰,你看你都有几个小孩了,离了婚,最伤心的是孩子。为了孩子⋯⋯"没等他们把话说完,我立马说:"好好好,听你们的,我不离了,不离了。我不想让孩子们受罪。"1957年到北京演出后,我的名气更大了,许多人认为我肯定会闹离婚的。但我这时却更加注意影响了。当时有位领导的警卫兵从北京给我写信,要求与我交往。当时,这封信被几个同事中途截到了,她们想:反正丁老师不认识字,我们拆开看看吧。看过信后,她们恶作剧,擅自回信说:"慎重考虑。"结果对方信以为真,想来合肥与我见面。这下,她们才意识到闯了祸,把事情的原委告诉了我。我把她们批评一顿,立即让她们回信,说明这是一场恶作剧,并且说明我已经成家,都是五个孩子的妈妈了。"四清"时期,我们下放到农村蹲点,带队的艾老师是个年轻的有知识、有文化的小伙子,对我有好感,他对我说:"我等着你,等哪一天你想离婚了,告诉我一声。"他一直等到40多岁,最终觉得没有希望了,就伤心地离开了合肥,去了杭州,在那结婚成家了。

还有不少戏迷暗中单相思,偷偷喜欢我。我排《借罗衣》时,晚上常常一个人在篮球场上借着月光排练,发现总是有个人站在不远处偷看。有一次,我演《江姐》,有个观众在台下说:"丁玉兰演得真好,她要是能给我做老婆就赞了。"这话正巧被坐在前排看戏的我妈听到了,她生气地说:"你瞎说什么! 丁玉兰早就结婚了,都有几个小孩了,不能乱说。""哦,对不起,对不起,是我瞎说,是我瞎说。"还有合钢的一个工人,年轻时就暗自喜欢我,我演的戏,他场场去看,我演到哪,他就跟到哪,一直跟了十多年,都没机会表白,直到36岁才结婚。前几年,他退休后在老年大学京剧班学习,认识了我的一个亲戚,才把这段感情讲出来,我才知道这个事。当时,追求我的人太多了,我就不一一讲了。

1997年,一向很少生病的傅昌盛突然病倒了,起初他瞒着我和孩子,自己偷偷在外面吊水。不久,我们发现他越来越瘦,就带他到医院检查,结果是癌症。我找到肿瘤科主任,说不管花多少钱,都要给他治好。但医生说:"丁玉兰,你就是有座金山,也买不回他的命了。他患的这种癌非常罕见,治好的希望太渺茫了。"回家后,我就做一些他平时爱吃的饭菜,如卤鸡爪子、红烧肉等。但那时,他已经咽不下去了,在嘴里品品味就吐了出来。临死前,他写了一封遗书,在书中,他对孩子们讲:"我一生对不起你们的妈妈丁玉兰,我走后,你们要对你妈妈好一些。"

丈夫傅昌盛去世后,一些热心的朋友认为我这辈子婚姻不幸福,想给我找个老伴,享受一下幸福。他们介绍的都是些有地位的、丧偶的退休领导干部,但都被我一一拒绝了。我把整个心思都放在庐剧上面了,需要我做的事情太多了。

我的孩子们

我有五个孩子,分别是大女儿傅贵英、二儿子傅成道、三儿子傅成新、四儿子傅成明、小女儿傅晓梅。

老母亲武子芳率全家儿、女、孙、重四代同堂合影留念

大女儿傅贵英非常懂事也非常孝顺。因她是抱养的,我总感觉应该对她更好些。因此,不论是在感情上还是物质上,给予她的总会多一些。对于她抱养的这个事,我们一直没有告诉她,怕她知道了伤心难过。直到有一次,贵英在学

校里与王金翠家的孩子吵嘴,王金翠的女儿小扣姐说:"你是捡的,不是你妈的亲闺女。"小贵英才知道了自己的身世。她非常伤心,哭着跑回家询问我到底怎么回事。我这才一五一十把事情的原委告诉了她。受我的影响,贵英从小学唱庐剧,从合肥艺校毕业后分配到省庐剧团工作。当时,剧团人员过多,要求削减人员,我作为主要演员,就带头把贵英裁减下来,下放到含山去了。因含山没有庐剧,贵英就改唱含弓戏了。有一次在演出中,贵英不小心从舞台上摔下来,跌伤了骨头。但轻伤不下火线,她带伤坚持上场,结果第二次摔下来,摔坏了腿,从此不能演舞花旦了。因腿伤的缘故,贵英最后退出戏剧事业,调到肥东纱厂幼儿园做老师,一直到退休。

1950 年 2 月,即我们来到合肥不到一年,我的二儿子傅成道就出生了。那时平民剧社还实行分账制,一天不上台演戏就没有收入。由于家庭困难,未出月子,我就登台演出了,把在襁褓中的儿子交给我妈妈来照顾,并请了一个奶妈给孩子喂奶。孩子 1 岁左右断奶后,就交给乡下婆婆帮忙照顾着,我每月寄去一些生活费,节假日去看望一下。1951 年,三儿子傅成新出生了。像他哥哥一样,断奶后也交给奶奶带。1952 年,四儿子傅成明出生。此时,婆婆已经帮我带两个孩子了,不能再麻烦她了。于是就把成明放在身边自己带。也许正是因为如此,成明与我的关系比较亲近、融洽,他懂事,对我也很孝顺,而他两个哥哥却因此对我颇有意见。到了成道、成新上学的年纪,我就把他们接回了合肥。那时我整天忙于工作,对孩子的关心不太够,只有周末的时候才能抽出半天时间陪他们到公园等地方去玩玩。大儿子傅成道从小喜欢京剧,后来到省京剧团工作,一直到退休。三儿子傅成新和四儿子傅成明,对艺术不太感兴趣,没有走上艺术的道路,但工作都还不错,现在也都退休了。小女儿傅晓梅,1956 年出生,长得甜美俊俏,嗓音也比较好,但亦未能走上艺术的道路。在工厂退休后,她才接过我的衣钵,在老年大学教授庐剧。

我年轻的时候,整天忙于工作,无暇顾及孩子,对他们多有愧疚。退休后,我又忙着教授、宣传、普及庐剧,与孩子们见面的时间也少。我想他们或他们想我的时候,会打个电话问候一下,但彼此很少能有时间聚在一起。为了庐剧,我投入太多,也牺牲得太多,但我心甘情愿,乐此不疲,希望孩子们能够理解!

我的老舅

我有三个舅舅,老舅武子维与我们的感情最深。老舅比我大十几岁,小的时候,经常带着我和弟弟一起玩耍。他天性乐观、诙谐幽默、爱开玩笑,经常逗我们开心。当时,肥东一带门歌比较流行,深受百姓喜欢,一般群众都会哼唱。在插秧和锄地等劳动的间隙时,大家爱哼唱几句,以调节劳动气氛、消除劳动的疲劳。可能受此影响,老舅武子维也会唱门歌,嘴里经常哼唱。每当逢年过节,他都走街串巷唱门歌①,不为挣钱,纯属娱乐,但偶尔也会有一两户人家给点钱财或东西。老舅回来后,总会给我和弟弟带一些好吃的好玩的。平日,老舅带我们一起玩耍、干活的时候,会教我们唱门歌。有一年秋天,我和弟弟跟在老舅后面一起到地里摘棉花,老舅为了给我们解乏,就教我们唱门歌,我们一边干活一边唱,真是不亦乐乎。

老舅对我们一家都非常照顾。爸爸杨永才活着的时候,老舅从不歧视他。爸爸的那根打狗棍,就是他帮忙给做的。后来,家里发生的一切大小事情,都是老舅帮忙解决。"文化大革命"中,我被关在牛棚中,正当我心灰意冷的时候,老舅特意过来安慰我,给我说的一番话,让我有了继续活下去的勇气。

老舅的一生,日子过得比较苦。我的第一个老舅妈,为人老实。1961年生活紧张,老舅妈饿得实在招架不住了,跑到生产队偷了个南瓜,结果被人发现,准备把她抓起来批斗。舅妈胆小害怕,回家后上吊死了。后来,老舅又娶了个媳妇,比我大两三岁样子,一共生了五个孩子,两个女儿、三个儿子(武芹、武道良、武道柱、武道芝和武道强)。后来,又抱养了一个女儿,一共六个孩子,抱养

---

① 庐剧在民间传唱已久,传唱的旋律优美朴实,朗朗上口,流行区域的群众把其当作一种精神上的享受,在劳作之余、饭前茶后、旅行途中,哼着民歌,唱着小倒戏,悠闲自得。人们在插秧、采茶、犁田、打耙时也口不离庐剧。

的这个孩子最大。当时,妈妈在庐剧团旁边的一个厕所里,发现了一个被人丢弃的小女孩,妈妈就把她领回了家,说:"你老舅家男孩多,家中又穷,把这个女娃抱回家给他家做媳妇吧。"但后来,他们处得非常好,就当成亲闺女待了。

后来,老舅妈得了癌症,我把她接到合肥来治疗,结果已经是晚期,没多久就去世了。同年,老舅在堆草垛时,不小心从草垛上掉下来,摔断了两根肋巴骨。我把他接到合肥治疗,结果不到40天也去世了。一年之内,老舅妈、老舅相继去世,家中的孩子,除了领养的大姐已经成家,剩下最大的才14岁,最小的才6岁。一开始,我们几家亲戚一家领养一个,但后来,他们舍不得与兄弟姐妹们分开,不到半年,他们又重新回到自己的家。他们的大姐武芹说:"再苦我们也要在一起。我来照顾弟弟和妹妹。"于是,武芹在家当家,照顾弟弟和妹妹。我十天半个月,就会拿些米、油、煤等生活日用品去看望他们,常年进行接济。

生活的困难并没有吓倒他们,反倒激励着他们更加努力地学习上进。表弟武道良和武道柱先后考上了大学,武道芝和武道强在抱养大姐的帮助下,都先后成才。

第五章　为传承庐剧艺术而努力

新的世纪里,中国的改革开放继续深入全方位展开,并且取得了令全世界瞩目的巨大成就。中国经济已经与全球经济融为一体,中国文化与世界文化也更加紧密地交流、合作和相互影响。全球化已成为当今社会发展的一种趋势。

但是,中华民族是一个拥有悠久历史和灿烂文化的伟大民族,其优秀文化在世界文化中别具一格、熠熠生辉,即便在全球化的大背景、大趋势下,中华文化仍根深叶茂,常青常新。因此,坚守自己民族的文化,坚持"越是民族的就越是世界的"文化理念,成为新世纪中国文化文艺工作者的目标。

到 20 世纪 90 年代,随着新兴媒体的崛起及商品经济的发展,人们的生活方式和文化观念逐渐发生变化,文化娱乐亦随之发生变化。人们除了看戏外,有了更多的娱乐选择项目,如看电影、看电视、K 歌、听音乐会、看演唱会等。戏曲一统城乡文化娱乐的地位,已不复存在。同时,由于农村演出市场日益缩小,一些剧种逐渐消失或已经消失。中国传统戏曲文化在全球经济一体化过程中出现了前所未有的危机。

所谓戏曲危机,主要表现在以下几个方面:一是国营戏曲剧团数量锐减,民营剧团虽在艰难中得到了一定的发展,但创作质量和演出条件令人担忧;二是戏剧演出场次快速下降,戏剧观众持续锐减,全国人均观看舞台艺术的场次,从 20 世纪 80 年代的每年 1.2 场,下降到 90 年代的每年 0.4 场,降幅达三分之二;三是剧目生产力急剧下降,新创作的作品是由不足百分之二十的院团创作的;四是戏剧人才断层严重,许多戏曲剧种随着老艺人的离世而逐年消失,"文革"前全国尚有 367 个剧种,到 90 年代全国尚在演出的剧种仅有 200 多个,有的上演率极低。

　　作为庐剧代表人物,丁玉兰视庐剧为生命。庐剧,一直是她的情感所系与追求所在。她对庐剧的发展与传承都做出了很大贡献。早在 1952 年,丁玉兰就开始辅导新文艺工作者,开始了庐剧的传承工作。后来,她带徒弟、教学生、辅导学员,传授经验和心得,一直为传承发展庐剧而努力。1993 年,丁玉兰从合肥市庐剧团正式退休,离开了她所钟爱的庐剧舞台。当时,戏剧危机的言论不绝于耳,庐剧也面临着江河日下、后继乏人之势。对此,丁玉兰等老一辈艺术家心急如焚,日夜思索戏剧未来的发展道路。为了庐剧事业的发展,她老而不闲、退而不休,主动承担起帮、传、带的任务,积极为庐剧的发展贡献余热。为培养新的接班人,丁玉兰特别关心青年演员的进步与成长。她经常废寝忘食,为青年演员说戏、排戏,辅导他们练功练唱,并且毫无保留地把自己的技艺传授给他们。她担任安徽省艺术学院庐剧声腔教学、剧目排练,始终勤勤恳恳、认真负责;担任合肥庐剧院的艺术顾问,积极参与剧院建设,为庐剧发展建言献策。2002 年,她应合肥市老年大学的邀请,开办了庐剧专业班,组建了玉兰艺术团,为宣传、传播庐剧找到了一块艺术阵地。为传承庐剧,她不顾高龄,风雨无阻往返于多个老年大学之间,已培养庐剧爱好者近千人,带领玉兰剧团公益演出 400多场。2009 年,丁玉兰被授予国家级非物质文化遗产庐剧项目代表性传承人。同年,被中共合肥市委授予"德艺双馨"艺术家称号。

　　现在,86 岁高龄的丁玉兰仍在为庐剧的传承和发展而奔波忙碌。她说:"作为传承人,只要身体条件允许,还能说,还能走,我就会一直把庐剧传承下去。"

我的徒弟们

　　"文化大革命"前我曾带过三个徒弟,"文化大革命"后又带了三个,她们分别是凌艳慧、彭泽南和张国英。

　　凌艳慧是这几个徒弟中最懂事,也是后来最出名的,是合肥市庐剧团能够挑大梁的主要演员之一。20 世纪 80 年代,我们经常下乡演出,自己背背包、背道具、背被子等。当时凌艳慧和她的爱人与我们一起演出,每次下乡,他们总是帮我打背包,对我非常照顾和尊敬。凌艳慧非常用心认真,我每次在台上演戏,她都在台下仔细观看,一心想拜我为师。当时我主演《秦雪梅》,戏重太累,也想有人分担一下,愿意收她为徒。于是我向领导申请收凌艳慧为徒,起初领导担心她个子稍矮会影响舞台形象,没有同意。但我们没有放弃,而是在背后默默努力。凌艳慧有一副好嗓子,庐剧味很足。我根据她这个特点,有针对性地辅导她排演《秦雪梅》,演出后,效果非常不错,领导也非常满意,就同意我收她为徒了。之后,我又重点辅导她排演了《小辞店》等戏。由于她努力认真,又虚心学习,所以进步很快。在合肥市首届戏剧节中,凌艳慧获优秀演员奖,在安徽省中青年戏曲演唱电视大奖赛中,获二等奖,在《秦雪梅》《张太和休妻》《孟丽君》《小辞店》等剧中担任主演,还在电视剧《双锁柜》《情仇》中担任重要角色。凌艳慧对我比较尊重,生活上、工作上的事乃至婚恋都与我商量,听取我的意见;每逢遇到我演出或参加会议,她都提前联系好出租车,让司机到我家门口来接我;散戏或散会后,又找出租车接我回去。后来,她得了癌症,胃部大出血。她住院期间,我天天去看她,鼓励她。她自己虽然病很重了,但仍考虑到别人,有时我到医院去看望她回去比较迟,她会特意交代家人:"丁老师晚上一人回去我不放心,给她打个车。"她走后,我难过得好几天都吃不下饭。

张国英是领导指定我收做徒弟的。她人长得漂亮,嗓子也好。为了让她演好《借罗衣》,我给她单独开了 20 多天的小灶。白天上班排戏,下班后,我把她喊到家里练,口对口地教唱腔,手把手地教动作。她的舞台形象美,被评为"小丁玉兰"。在合肥市青年演员会演和首届戏剧节中,张国英都获得演员表演一等奖。她先后主演了《江姐》《香妃恨》《半把剪刀》《白玉带》《站花墙》《恩仇记》《如意缘》等戏,拍摄了电视剧《情仇》,被评为国家二级演员。

1983 年,在王国光推荐下,我又收了彭泽南做徒弟,她是省艺校毕业的,人长得漂亮,也会表演。早在 1976 年复排演出《借罗衣》时,剧团领导就让她跟在我后面学习二嫂子。后来她被评为国家一级演员。

当时，庐剧院还有不少青年演员想拜我为师，但我真的太忙了，带不了那么多，就没有答应，为此还得罪了不少人。现在，我都80多了，还有些人包括业余的、庐剧院的都慕名积极要求拜我为师。说实话，我不想收了，收了就要对人家负责，若是只想挂个名，对人家艺术没有提高，还不如不收。另外，做我的徒弟，不仅基本条件要好，而且思想品德也要过硬，必须先学会做人，再学艺，如果思想素质不过硬，我也是不会收的。

希望在青年一代

20世纪60年代，我曾在省艺校兼职教授庐剧，在市庐剧团里培养学员，也曾收赵从芝、王秀兰、余华春等人为徒。但那时候，我正值盛年，演出任务繁重，对培养接班人的意义并没有深刻的认识。20世纪80年代，戏剧事业受到电影、电视等现代艺术的冲击，开始走下坡路。当时我们这代老演员都已年过半百，庐剧事业面临青黄不接、后继乏人之势。如果没有年轻人挑起大梁，庐剧事业的发展前景将十分堪忧。在这种情况下，我越来越感觉到培养青年演员的重要性和紧迫感了。因此，除了带好徒弟外，我还在各种场合呼吁，要重视青年演员队伍的建设和培训，同时我在工作中身体力行，竭尽全力帮助青年演员。

庐剧发展前景堪忧，也引起了市领导的重视。合肥市文化局在全省提出了"振兴庐剧"的口号，并相继开展了一系列的艺术活动，如举办全市青年演员调演，举办合肥首届戏剧节，召开各种艺术研讨会，重金悬赏新剧目，庐剧演出展览月，拍摄庐剧电视艺术片，举办庐剧轻歌音乐会等。这些活动，我都积极参与，为庐剧的发展出谋划策。

1982年，合肥举办首届青年汇报演出。为了让青年演员在演出中有出色的表现，我舍弃了休息的时间给他们辅导。那时，我正在演《小辞店》，工作很繁忙，每天只好挤出时间来给他们辅导。每天晚上，等到《小辞店》剧场散后，我匆匆忙忙卸了妆，赶往市庐剧团为青年演员辅导。为了使年轻人掌握演唱技巧，找口对口、手把手地教动作，耐心地为他们说戏，帮他们分析角色，一干起来就忘记了时间,忘记了疲劳,直到年轻人也支撑不住了,方才罢休。到了周末,我仍没有时间休息。有时儿女周末回来看望我,做好了饭菜却迟迟不见我归来。有一次,大女儿从含山跑过来看望我,一直等到傍晚我才回到家。女儿看见我疲倦的样子,心疼地埋怨道:"妈,你不能不去辅导吗?"我说:"孩子,你也是做演员的,你不希望更好地接过老一代的班吗? 妈妈都是 50 多岁的人了,还能在台上唱几年? 不把年轻人带出来,我心里急啊。只要我还有一口气,我就要把庐剧这份家产更好地交到他们手里啊。"

除了辅导本剧团的青年演员外,其他县市的庐剧团演员,只要找我辅导的,我都会欣然答应。长丰县庐剧团缺少教师,希望我能给予辅导,我一口答应下来。为了不耽误晚上的演出,我早上去,晚上赶回来。几个月来,没有休息过一个星期天,没睡过一个安稳觉,甚至在吃饭的时候也常常对前来求教的年轻人谈戏说艺。大家都说,丁玉兰真是把整个心都扑到庐剧事业上了。

合肥首届青年汇报演出时,中国戏剧家协会主席、著名剧作家曹禺到会观看了青年演员的演出,并题词"播佳种于田"。我代表全市戏剧界的老演员在会上发言:

> 合肥市举办了首次青年演员表演艺术汇报演出,这是一件关系到我市戏剧事业发展的大事,理所当然地受到省市领导和各界人士的广泛关注和重视,特别是受到了青年一代的热烈欢迎。
>
> 十年浩劫,摧残了老一代艺术家,也耽误了新一代青年演员,使庐剧事业出现了青黄不接、后继乏人的局面! 作为唱了几十年庐剧的我,终日挂在心头的一件事就是如何发展庐剧艺术,培养和造就青年演员,使庐剧——百花园中的这朵散发着乡土芬芳的鲜花,开得更加鲜艳,并永葆艺术青春。
>
> 长期以来,由于历史和其他原因,一些人对庐剧怀有偏见。有人叫它"倒七戏""下里巴人",认为它没有发展前途。"四人帮"时期甚至要取消庐剧剧种。对此,我心里曾经很难过。那些人并不懂得庐剧,其实,庐剧在我省江淮地区有着深厚的群众基础,为广大劳动人民

群众所喜闻乐见。这次青年演员会演,使一些庐剧的后起之秀崭露头角。在舞台上,我看到了庐剧"中兴"的可喜局面,这在我心中所产生的欣慰之情,是难以用言语形容的!

青年时代是人生最宝贵的时期,也是打基础、求上进、出成果的阶段。老一代艺术家们,大多是在20来岁的年龄便成了名,他们在艰苦的磨难中形成了自己的艺术风格和特色,创出了自己独有的"拿手好戏"。今天,我们的年轻人,学习条件比老一代好多了,党和人民为我们提供了艺术实践的广阔天地,我多么希望我们的青年一代超过前辈啊!

庐剧,面临着承先启后的任务,我恨不得日夜帮青年演员排戏,教唱腔,练身段。我的心愿是在有生之年,把自己仅有的一点"箱底货"全部翻出来,毫无保留地传授给青年演员,并在他们的身上得到发展,为繁荣庐剧事业做出我最大的贡献!

既要练唱又要练气

在教授学生或带徒弟的过程中,我常常将自己的一些心得记录下来,也把从报刊、电视上看到的一些好的经验或做法记下来,然后仔细研究捉摸,形成自己的认识,并把自己的这些经验传授给学生和徒弟们。在《既要练唱又要练气》这篇文章中,我这样讲道:

要使嗓子好,并且唱得有味,首先要多练。一早起来,嗓子总有些发"闷",就要轻声地喊几个字。我的嗓子宽,总是先喊"依——"。像说话那样自然,然后声音逐渐提高,逐渐大起来。声音虽然提高、大了,但是像说话那样自然,不要挣得脸红脖子粗,更不要用嗓子去挤,这会使嗓子发僵。喊了"依",再喊其他几个字,如"啊""哦"……嗓子慢慢就开了,然后练唱。

我小的时候,在农村里非常喜欢唱山歌。山歌一般走高音的多,并且音扯得很长。这对我后来演唱影响很大。一方面吊了嗓子,另一方面练了气。我对练气特别感兴趣。老师傅教我们戏,也教我们练嗓子,也要我们练气,是用这种方法练的:用一口气把这句话说完:"墙头一根草,风吹两边倒,一口气数二十四个菩萨佬……"一直数完二十四个菩萨佬。我现在体会起来,这种练法是有一定道理,一是想念完这样长的句子,总是要多练些气;二是有意识地慢慢放气,我们叫"存气"。假若不会存气,吸的气再多,一哈就没了,绝对数不到二十四个菩萨佬。存气很重要,黄梅戏里有些边腔,音拖得很长,还有些"二行""三行""火工",节奏快,很少有换气的地方,有时一口气要唱很多句,会"存气"就不怕了。

当然,也不能光靠存气,还要善于换气,特别是在行长腔,或者在唱节奏快的曲子中,一口气换得是地方,又要叫观众听不出、看不出,那才是功夫,这种换气,我们叫作"偷气"。偷气也是有道理的,特别是黄梅戏的"三行",就像京戏的快板,不仅节奏快,而且当中没有过门,像庐剧《观画》那样,"牛郎星、织女星、循板、声腔……"有十多句,一口气是唱不完的。从唱腔的旋律上看,也没有空子可钻。但是,平常多锻炼,就能找到适当的偷气的地方。偷气的确是个微妙的功夫,事情不大,好处不少。"平词"起板和"阴司腔"都有行腔,一句要拖七八上十板,善于偷气的,叫观众听起来好像是一口气唱出的,婉转动听,其实是两口气甚至三口气唱出来,这叫"听不出"。另一条要叫观众看不出,演员在台上换气不能像广播体操的深呼吸那样,胸既不能挺,肩也不能抬。这首先与创造人物有关系,此其一;挺胸耸肩的形象不美,此其二。

演唱中切忌紧张,思想一紧张,嗓子也僵了,声音也僵了。偷气就是这样,有时嘴一张,气就进来了;有时鼻子一"闻",气也进来了,观众是看不出来的。

除了吊嗓、练气以外,还要练咬气,我们的师傅特别讲究这些。有的人嗓子好，本钱不错，但光听见音，听不清字，字裹在嘴里出不来，这叫"音包字"。戏曲演唱忌"音包字"，讲究"字包音"。我开始上台唱戏，也是"音包字"，戏院门口卖茶的散了戏总要对我说："你嗓子高、好，但听不到字。"这对我是很大刺激。嗓子光高有什么用，喊出来的话观众听不清，有什么用。我就向老艺人学习，学咬字，学喷口……

提起学习，我还有个体会，就是面部不妨要放松一些。向老艺人学习，向同辈艺人学习，向青年演员学习，向各种流派学习。这些唱腔各有特点，对我的演唱和行腔有说不尽的好处。我喜欢京剧、歌曲、评剧、越剧，我更喜欢昆曲和评弹的咬字韵味。平常我也喜欢学几句哼哼。虽然学得不像，但对我的咬字和演唱上的韵味很有帮助。

练唱还有重要的一条，就是不光是用嗓子唱，更重要的是用脑子唱，更是用角色的思想感情来唱，在唱中表达出人物的思想感情。

训练也要劳逸结合

教学生，不仅要教舞台表演艺术，还要教平时的训练方法。在《训练也要劳逸结合》这篇文章中，我把自己平时的训练方法与大家作了分享。

要想唱得好，在于多锻炼。嗓子的锻炼，一方面要勤学苦练；另一方面也要注意劳逸结合，从实际出发。

多练是主要的，有句老话："拳不离手，曲不离口"。还有句老话："熟能生巧"，一熟，什么事都好办了。对剧情熟、对台词熟、对曲调熟、对传统唱腔熟，这对演唱特别有好处。戏班有句老话，叫"随口曲，自来音"，意思是演员对唱腔、对人物滚瓜烂熟了，唱起来自会得心应手。

庐剧也有练长句的那种练气的方法，但不是数菩萨佬，而是数葫芦，是"南葫芦，北葫芦，一口气数二十五个葫芦，一葫芦，二葫芦……"逐渐地，越练数得越多，气越练得长。

吊嗓子也要逐步地来。譬如一早起来，不要猛然就大声喊高音，而是先小后大,先低后高。先喊几个字,然后唱几段,也是从低到高,一个调子一个调子慢慢翻上去。到翻不上去时,就不要勉强。光顾唱高,直着脖子硬挣,吃力不好听。就好像挑担子一样,挑得过了量,走路脚就不稳,唱也是这样。

嗓子不但要练高,而且也要练低。光高不低是不够的,光低不高也是不够的。要练低,但也不要使嗓子感到受压,嗓子一压,就像老牯牛掉到井里一样,有力无处使。

还要练咬字。字要咬得准,咬得狠,咬得清。不能把字放在嘴皮上,用嘴皮说话也不行,没有分量,唱更是这样。

多练、多唱,演员上台也不会紧张。有的演员上台爱"恨戏",就怕观众听不见,一上台就拼命地唱,想把观众的喧嚷压下去,结果一场戏下来嗓子就哑了。这都是经验不足,心中没有把握。有经验的演员沉得住气,有把握,他们是有计划地运用自己的力量。一些老艺人一上台,用多大气,唱得第几排听得见,心中都有数。

拍电视艺术片《双锁柜》

《双锁柜》是庐剧很成功的推陈出新剧目,剧本结构完整,人物性格鲜明,唱腔、语言都很精练,演出阵容强大。中共安徽省委书记曾希圣对《双锁柜》十分看重,朱德、彭德怀等中央领导来安徽,曾希圣都要陪同观看这出戏,他还告诉文化局的领导,这出戏改好了可以拍电影。但由于创作演出的时间节点等原因,该剧未能得到较好的宣传,加之剧中人物众多,复排演出机会较少,所以社会影响不大。

20世纪80年代,在戏剧艺术不景气的情况下,许多戏剧工作者都多方思考振兴庐剧的方法和途径,其中,拍摄电视剧就是振兴、推动庐剧发展的途径之一。合肥振兴实业公司的阮经理是个庐剧迷,也是我的忠实观众之一,有一次开会时我遇到了他。他对我说:"丁老师,我非常喜欢看您演的戏,您是安徽人民十分喜爱的庐剧演员,我想出资拍一部电视片,让更多的观众看到您的戏。"我觉得这是个好办法,就向领导作了汇报,得到了领导的支持。于是,由合肥市振兴实业公司出资赞助,合肥市文化局和上海电视台联合将《双锁柜》拍摄成了上下两集的电视剧,这是第一部庐剧电视片。

《双锁柜》的舞台导演是王鹏飞、马成忠,作曲是王柏龄。为了符合电视艺术的特点,上海青年话剧团导演杜冶秋按照电视剧的要求,改编了剧本,并与上海电视台的李美娣一同进行导演。杜冶秋说:"丁玉兰同志幼年生活艰难,早在八九岁时,左眼就因病失明。眼睛是心灵的窗口,是演员的生命。可她却以顽强的毅力拜师学艺,以艺术的功底来弥补生理的缺陷,志在庐剧,独树一帜,实在难得。出于敬佩之情,我们决心为她录制一部形象俊美的电视片。"①

《双锁柜》是在1985年拍摄的,当时,我已经54岁了,而剧中的女主角则是一个一二十岁的花季少女。这次演出,最大的挑战就是年龄差距过大。要演出一个面貌、体型和气质与自己相差甚远的妙龄少女,其难度可想而知。为了使我的艺术形象更完美,摄制组调动了各方面的资源,他们请来上海昆剧团的化装师,专门为我美容。电视台又从上海昆剧团借来了出国定做的服装,专门为我挑选了几套。摄影师则从多个角度进行拍摄,有时为了一个镜头、一个画面,要反复拍摄十几次。

为了角色,为了艺术,为了给观众一个年轻貌美的形象,我在拍摄中付出了不少努力,也吃了不少苦头。当时正值炎热的7月,为了保护嗓子,剧组进了上海后,我就住进旅馆不出门,尽量与人少说话。当时化一次装,前后得花费几个小时的时间。为了保持舞台形象和节省时间,我中午便不进餐。因为如果中午吃饭,面部牵拉的肌肉和皮肤就会变形。我便饿着肚子拍戏,实在受不了,便喝水充饥。进入上海电视台摄影棚的第二天,从早到晚连续排戏十个小时,等到剧排完时,我已累得晕倒在地。幸好管道具的同志眼疾手快,一把将我扶住,捡起撒得满地的"喜果"——从街上买来当道具的桂圆,剥下几个放在我的嘴里。

---

① 乔华:《她年轻了——庐剧电视艺术片〈双锁柜〉拍摄侧记》,《合肥晚报》1985年9月10日。

《双锁柜》剧照

接着又有人给我端来一杯温水,休息了片刻才恢复力气去卸装。

由于大家的努力,《双锁柜》仅用五天时间就拍完所有镜头。经过两天整理剪接,7月28日拿出样片,分上下两集,每集六十分钟。上海电视台播放《双锁柜》后,效果良好,得到观众的认可和称赞。有报刊发表评论说:"1985年《双锁柜》被搬上屏幕,54岁的丁玉兰在该剧中成功塑造了一个天真、忠贞而勇敢的少女形象,再一次得到广大观众的喜爱和专家的好评。"

甘为人梯做园丁

青年是国家和未来的希望,是庐剧能否顺利发展的希望。为了让年轻人有更多的演出机会,我、孙邦栋、鲍志远、董桂兰等著名的庐剧老演员都逐渐退出舞台,担任艺术顾问,热情地辅导青年演员。我们还深入各县市的庐剧团,观看他们彩排,提意见、做指导、做示范。

1986 年 4 月，在戏剧舞台不大景气的形势下，合肥市庐剧团上下一心，全力以赴，在全市举办了规模较大的"庐剧展览演出月"活动，组织了较强的中青年演员阵容，精心编排，上演了现代戏《奇婚记》和优秀传统戏《双锁柜》《借罗衣》《休丁香》等十台节目，在广大观众中产生了一定的影响。《奇婚记》原为淮剧，在全国戏曲观摩演出中曾荣获剧本一等奖和其他多个奖项，合肥市庐剧团在移植这出戏时，组织了很强的中青年演员阵容，精心排练，充分发挥原剧情节感人、以情感人的长处。该剧由中年演员花叶甫和青年演员孙小妹主演，演出后受到广大观众和上级领导部门的热烈赞赏和欢迎。《借罗衣》由我的徒弟、青年演员张国英首次主演二嫂子，她形象俊美，表演自然。凌艳慧、戚玉生合演《秦雪梅》，王华玲、黄冰合演《孟姜女》，董桂兰、熊学珍主演《秦香莲》，我与孙邦栋主演的《双锁柜》，作为压轴戏与观众见面。

《双锁柜》被拍成电视片后，剧团领导找到我说："丁玉兰，阮老板是你的戏迷，你和他比较熟，你看能不能请他再投资拍摄一部电视剧，让青年演员也在电视上亮亮相？"我觉得这是一个展示青年演员实力、宣传庐剧的好办法，于是一口答应下来。不久，戏曲电视剧《情仇》拍摄了，我对它给予了高度的关注。其实，只要是与庐剧相关的，能够促进庐剧事业发展的事情，不论大小，我都非常关心。庐剧就像我的命一样，我要时时刻刻关心它。《情仇》是根据舞台剧《半把剪刀》改编拍摄的电视剧，主要角色由青年演员张国英、王礼福、孙小妹等扮演。我的徒弟张国英扮演女主角金娥，戏份很重。这是她第一次演电视剧，我不由得为她捏了把汗。为了发挥她的长处，我把电视导演请到家中，一遍遍地向他介绍张国英身上的优点和不足，对于如何发扬优点、弥补缺点，我都坦诚地提出自己的意见。我还多次找张国英谈话，教导她要谦虚谨慎，认真听取导演和摄影师的意见，并把自己演电视剧的经验都告诉她。

在《情仇》中，张国英、王礼福等青年演员在表演中崭露头角，他们以俊美的扮相、真切的表演，使庐剧在电视剧中大放异彩。四集庐剧电视剧《情仇》拍摄出来后，在中央电视台、安徽电视台播放，获得广泛的好评，并获得安徽省电视剧"灰喜鹊"奖。《大众电视》《戏剧电影报》《戏剧界》《合肥晚报》等报刊，都刊发了剧照、评论和介绍文章。为此,我感到特别欣慰,将这些资料都一一作了剪贴收藏。

业余辅导

除了带徒弟,教学员,我还经常给各县庐剧团演员及庐剧爱好者做业余辅导。各地的一些庐剧青年演员到合肥市庐剧团来专门向我学习,就近向我请教的庐剧演员更是络绎不绝,就连我在外地巡回演出时,也常有当地剧团的一些青年演员,慕名向我求教。我不论多繁忙,对于来访的青年演员都是有问必答、有求必应,不厌其烦地对他们进行辅导,对他们口对口地教唱腔,手把手地教动作。

20世纪五六十年代,庐剧事业比较发达,安徽除了省庐剧团外,肥东、肥西、定远、霍山、全椒、滁县、芜湖、巢县、庐江、无为等县都有庐剧团。安徽省庐剧团曾经是庐剧的领头羊。一般情况下,只要是省庐剧团上演了新的剧目,下面市、县的庐剧团就会派人来观摩学习。如《借罗衣》演出成功后,全国各地十几个剧团派人来向我学习"跑驴"的动作。六安的叶金萍,经常与我进行表演艺术上的切磋,在华东会演时,她演《借罗衣》中的汉宝子,我们配合得相当默契。《花绒记》演出后,我反串的小生较受欢迎,肥东的蔡延冲来向我学习小生陈金榜。霍山的陈训川,来向我学习《姊妹易嫁》;肥东的魏帮如,向我学习《秦香莲》;巢县的李道洲,省文化局副局长余耘指定她跟我后面学唱腔;芜湖的张利霞,向我学习《借罗衣》;马鞍山的小杨前来学习《秦雪梅观画》;肥西的潘伟向我学习小生;长丰的小刘,前来学习《双锁柜》的花二娘……这些青年庐剧演员,只要找到我,我都会热情辅导,并与他们建立了深厚的感情。

兄弟剧团、业余剧团专门派人向我学习的络绎不绝,至今不断。如我为蜀山公社庐剧团排演的现代剧《拖拉机站》,在合肥市会演中获一等奖;协助定远炉桥民间庐剧团团长阎立秀修改现代戏《认母》,后由我导演将此剧拍成电视剧;为肥东白龙业余剧团排演的《兴修水利》,在该县的会演中获一等奖。还有宿松、萧县的黄梅剧团有两位演员,曾想拜我为师,改唱庐剧。

有些演员为了参加比赛,也找我进行辅导。1990年5月,由上海、南京、合肥、杭州、苏州等地联合举办的"华东十八地市地方戏曲竞争"在南昌举行。长丰县庐剧团代表合肥市参加演出。赴演前,经文化局张楠同志推荐,我给该团演员李秀红在表演和唱腔上进行辅导。最终,李秀红在比赛中获得了二等奖。同年,根据莎士比亚名剧《威尼斯商人》改编的庐剧新剧目《奇债情缘》准备赴京参加第二届中国戏剧节比赛。8月15日,团里召开复排动员大会。从那天开始,虽然天气炎热,但我一天也没离开排练场,帮助团里中青年演员,在表演上、唱腔上做具体辅导。在10月份的戏剧节上,我的关门弟子,号称"小丁玉兰"的张国英,成功塑造了剧中女主角鲍惜霞的形象,获得了首都观众和戏剧行家的好评。1990年12月2日,《戏剧电影报》上报道:"丁玉兰不挂名,也不要一分钱,师生苦战三个月,精雕细刻,给《奇债情缘》锦上添花。"2008年5月,庐剧《借罗衣》参加全省小戏折子戏调演。《借罗衣》原长44分钟,这次为参加全省小戏调演,要改成20多分钟的小戏。为此,庐剧院召开《借罗衣》专题讨论会,并请我参加。导演和饰演二嫂子的钱涛①沟通,想把王干妈、二姨娘两个人物删除,我建议只删除王干妈的戏,二姨娘要保留,因为她在里面烘托着戏,二嫂子才格外来劲。经过改编,去掉了台上王干妈一角,改为幕后搭话,把姐姐改为妹妹,去掉了妈妈角色,增加了妹婿一角;把原来的家庭场景改在路中完成;唱腔上,在保留原有庐剧老腔基础上,增加了一些民歌的风格。我觉得改编《借罗衣》主要是因为参赛要求,否则不需要改。在排练中,钱涛几次登门向我请教,请我到排练场现场指导,我都全力支持。

除了专业演员,其他的求教者,不管是一般的庐剧爱好者,还是其他剧种的演员,只要找到我,我都热情辅导。到了老年大学,我付出了更多的心血,把这里当成是传播庐剧艺术的阵地,传授、排演都一丝不苟。

对于培养庐剧人才,我一直是尽心尽力,毫不藏私,但令人遗憾的是,至今

---

① 钱涛曾是黄梅戏演员,因成功饰演庐剧大戏《李清照》而享誉庐剧圈。2007年10月,调入合肥市庐剧院工作。

为止没有培养出一个接班人来。做一个名演员是一件非常不容易的事情,我带的徒弟中不乏资质优良者,但没有人能完全继承我的衣钵,比如《借罗衣》中的二嫂子,至今没人能超越,主要就是很多人吃不了那个苦,坚持不下来。现在庐剧又处于不景气的状态,有不少演员经受不住外界的诱惑,纷纷转行了。我曾在所带的学员中发现两个苗子还不错,但一个去当兵,在部队提干不回来了;一个到北京拍电影电视去了,也不回来了。

有人说:"丁玉兰,你这么大年纪了,还不分白天黑夜、工作日或休息日,整天累死累活的图个啥?"我说:"给他们做辅导,不图钱也不图名,凭的是艺术良心。庐剧是我的命根子,庐剧成就了我,我哪有理由不为之奋斗呢!我是庐剧老艺人,做好帮、传、带是我义不容辞的责任和义务。"

庐剧兴衰之我见

20世纪80年代中期,一些人就说戏剧危机,认为戏剧出现了危机,面临着萎缩乃至走向消亡的命运。我对这种过于悲观的观点是不认同的,我认为戏剧是不会消亡的。但不得不承认,戏剧受到了冲击,没有以前辉煌了。因此,对于戏剧的发展,我们既不能消极悲观,也不能盲目乐观。1986年,合肥市戏剧界开展了一场"关于戏剧命运的探讨",我也受邀在内。在这次会议上,我也做了认真发言,谈了自己对戏剧未来发展的看法。后来,我的这篇发言发表在1986年《艺谭》第5期上。在文中,我讲道:

> 目前,"振兴庐剧"之声响彻剧坛。庐剧如何振兴呢?我认为,无论振兴还是发展,关键在于提高戏剧的日常演出质量。剧团要能真正地不断地推出无论是在内容还是在形式上都具有"新""深"特点的舞台精品,才能使剧种得到不断的发展,这实际上也就是要剧团能不断地进行艺术上的创新。
>
> 每个剧团,应该有它剧种自身的有特色的剧目和演出;每个剧种,应该有它自己的土壤和基本观众。庐剧是安徽土生土长的四大地方

戏剧种之一,它生于江淮之间,长于江淮之间,江淮之间的两千多万观众就是它的土壤。庐剧的唱腔表演,有着它自己的特点,任何创新,都不能轻易放弃这个特点。但特点并不一定就完全是优点,有它形成的历史。在这个形成的历史中,特点既有消失,也有发展,不是一成不变的。特别是在今天,各种艺术式样纷呈,观众的审美意识,有着大的变化和新的需要。一个剧种的特点要经受今天观众的选择和考验,就得经常地理解观众审美需要,调整、改变剧种演唱所表现出来的艺术美,剧目内涵的社会性、美学性。这是一个十分重要的问题。

要创新,就得有创新的人。一个剧种,首先离不开自己的剧作家,剧作家要按自己剧种和演员去写戏。这些年来,庐剧在整理传统剧目上,在改编、创新的历史剧和现代戏上,有影响的不多。目前,在剧本创作方面,虽然争论很多,但都是主张要创新的。一个好剧本,往往需要经过从剧本到排演,从排演到观众,从观众再到剧本的多次反复修改。剧作家一不能怕麻烦,讨厌这个反复过程;二要耐心地和剧团一同扎实地去做。要写出群众喜欢的戏,一个剧作家,他的心要和时代的脉搏一同跳动,要敢于闯禁区,只要对人民有利,就要大胆表现。创作出的剧目,无论是古装戏还是现代戏,都应当力争是有影响的,群众喜闻乐见的,特别是有剧种风格特点的剧目。至于剧目的"雅"与"俗",最好是雅俗共赏,力争能具有多层次的审美价值,以满足观众的需要。因为我们一定要既保持老观众,又要不断地扩大新观众,这样才能使剧种具有旺盛的生命力。

有了好的剧本,不等于一切都好了。除了剧本以外,还有一个极其重要的,就是声乐。不同剧种的区别,实际上主要是声乐的区别。因此,如果偏激一点说,地方戏的创新,在某种程度上就是声乐的革新。新中国成立以来,我们的庐剧音乐工作者,为庐剧音乐做了大量的工作,也有了可喜的突破。但是,总还是叫人感到不足。我觉得我们过去都是在一个具体剧目的创作上,也就是在音乐改革的微观方面花了很大气力,但在宏观上,也就是在整个庐剧声乐上,特别是唱腔方面,研究它到底存在什么缺点,和人家相比有什么不足等等,却都没有引起足够的重视。还有,一个地方戏,在今天,它的唱腔美感、唱腔的表现力,在不过分违背原有观众欣赏习惯的情况下,又力求符合新观众的审美心理,该如何去逐步创新? 像这样根本性的、事关剧种前途发展的音乐革新大事,我们也一直没有把它摆到议事日程上来。这就使庐剧在唱腔创新方面发展很慢,各行当仍然是原有的那几种唱腔,艺术的表现力不够丰富,在唱腔美感选择革新的趋向上也很不明显。我十分期望庐剧音乐工作者能重视这方面的研究工作。

还有,关于培养演员方面我想多说几句。新中国成立后对庐剧演员的培养是很不够的,这固然有历史的原因,但与我们重视不够也有很大关系。如果说各地方戏都存在着演员老化的问题,而我们的庐剧尤为严重。一个剧种的兴衰,主要是演员的兴衰。这不光是再好的戏也要演员去做的缘故,而且更重要的原因就是这剧种的演和唱的创新与发展,也有一大半要靠演员在艺术实践中去创造。我省的黄梅戏,固然有它的剧种特色,但它的创新与发展,早期是和严凤英分不开的。过去,演员的培养是自发的,现在培养演员,虽然仍然要强调个人在艺术上的刻苦锻炼、努力追求、积极探索,但都是在党和政府以及文化主管部门的领导下去进行的,离开了领导什么也谈不上。所以,我迫切期望艺术领导部门,一定要把培养庐剧新秀工作放在首位,不能再拖下去了! 关于培养新秀,我希望:

(一)招考演员时,必须有庐剧行家坐镇,严格挑选,以减少淘汰率。最好在省艺校培训,严格要求。

(二)庐剧有成就的老同志,要成为教戏的主要力量。

(三)还必须提高演员的文化素质。今天要当一个合格的演员,仅依靠生理条件和天分不够了,必须具备后天的功力,去不断提高艺术修养,还要加强"戏德"教育,培养演员具有为艺术而献身的精神。

戏曲艺术是一个综合性的整体艺术,一个熟悉戏曲而又有导演造诣的导演,是非常重要的。我们庐剧舞台,一直不重视二度创作。一台好戏,好剧本、好演员、好导演、好舞美四者不可缺一。从整体艺术的创造方面要求,好导演在这四个条件中还居首位。因此,要振兴庐剧,也期望有志于庐剧的导演,在艺术创新和发展上,能立下汗马功劳,这都是我迫切期望能做起来的事。

1991 年赈灾演出

1991 年,安徽省遭遇了严重水灾,这次洪水来势猛,面积大,时间长,在历史上是罕见的。7 月中旬,我作为评委正在参加合肥市第三届艺术节评选工作。当时,坐在长江剧院会议室评委席上,听到外面的风声雨声,我心里深感不安,觉得应该尽自己的微薄之力做些对灾区人民有益的事情。我对评委们说:"现在灾情这么严重,我们不能坐在这里慢慢评了,应抓紧时间结束评选工作,为灾区人民做一些有益的事情。"大家一致同意我的看法。

评选会一结束,我就向合肥市庐剧团团长张良安谈了自己的看法,得到了他的支持,并与我一起商议义演的事情。

当时,我患了夏季皮炎,浑身奇痒难忍。可是,每闻水情灾情,我的心就不得安宁。作为一名文艺工作者,当人民遭遇苦难时,应该用自己的歌喉,用自己的艺术表演,为人民歌唱,为灾区人民贡献一份爱心。因此,只要安排义演,我都坚持参加。7 月 23 日晚,我们在长江剧院义演《借罗衣》。当时天很热,演至中途时,我身上痛痒难忍。凭经验,我可以把一些唱段省去,可是看着台下观众热切的目光,想到灾区人民正在受洪灾之苦,我硬是一字不落唱下来。8 月中旬,我和徒弟凌艳慧、张国英赴长丰县双墩集义演。演出前,我突发高烧 39 度,别人劝我不要登台了,但我打了一针退烧针,仍坚持登台演出。就这样,我先后在长江剧院、肥东剧场、合肥小戏院、肥西剧院、郊区大圩乡、长丰双墩集等地参加九场赈灾演出,先后演出了《看相》《借罗衣》《义演表衷肠》《秦雪梅观画》等剧。在这九次义演中,我与合肥市庐剧团全体人员共同努力,收入赈灾义演款32万多元,全部捐献给灾区人民。

除了参加义演,我还积极参加募捐活动。在三次募捐活动中,我先后认捐了100元现金、38件衣服、100斤粮票。虽然不多,但表达了我对灾区人民的一份心意。

9月初,合肥市人大组织人大常委到肥西县三河镇视察工作。我们自带干粮、乘小船,从一个灾民点到另一个灾民点了解灾情。百闻不如一见,通过深入观察,我们发现,虽然灾情严重,但是乡亲们有吃、有穿、有住,没有发生传染病,灾民的生活得到了妥善的安置。

此后,在灾区重建家园的工作中,我也积极参与进去。9月15日晚,在肥西义演时,我对采访的电台记者说:"是江淮这块土地上的父老乡亲、兄弟姐妹们的关心与扶助,才使我成为一名著名的庐剧演员。我离不开他们。如今这块土地上的人民遭遇水灾,有很多庐剧迷的家被水淹了,我同他们一样着急、难过。我要尽我的一份力,多演一部戏,多挣一分钱,向乡亲们贡献一份爱心。"

当年,我被省文化局评为"抗洪救灾积极分子"。

争取庐剧招生名额

20世纪80年代末,庐剧面临危机,呈现出青黄不接、后继乏人的势头。新中国成立初期,政府接收了第一批民间庐剧艺人,如我、孙邦栋、王本银等,和政府输送的第一批新文化工作者,如鲍志远、王鹏飞、董桂兰等。后来,又培养了两批庐剧演员,即20世纪60年代初省艺校庐剧班提前毕业和剧团自行招生的一批庐剧学员,20世纪70年代初剧团招收自培的一批。随着时间的推移,合肥市庐剧团演员队伍日趋老化,青黄不接的危机日益严重。据1992年统计,合肥市庐剧团实际定编95人,现有在职人员90人,其中演员队30人。演员队中年龄最大者为63岁,最小者为30岁,平均年龄为41岁。能够在舞台演出的实际人数只有18人。如不及时补充庐剧表演人员,除了无法保证正常的演出外,还将影响庐剧事业的持续发展。对于这种状况,我和剧团领导以及庐剧老艺人,心中都十分着急。为保护和挽救庐剧不致濒临绝境,自 1984 年开始,我作为人大代表和政协委员,积极为培育庐剧人才而呼吁,年年在省政协、市人大会议上提出议案,请求从速解决庐剧后继乏人的问题,有口头的,也有书面提案,要招生名额,但几次未果。后来,我真是着急了,在 1992 年召开的合肥市人大第 11 次会议上,我们又提交了"关于补充庐剧表演艺术人才"的议案。在会上,我激动地说:"合肥市庐剧团自 1972 年至今,整整 20 年没有招过一位艺术表演人员,现有的表演队伍包括我和老孙(孙邦栋)只有 30 人,平均年龄超过了 41 岁。救救庐剧吧,如不把庐剧接班人的问题摆上议事日程,剧团将面临停演关闭的危机呀!我们建议在安徽省艺术学校定向委培 30 名学员。我宁肯用自己人大常委的头衔来换取庐剧团的 30 个名额。"合肥市文化局接到我们的议案后,向合肥市政府递交了"关于市庐剧团招收新学员,要求增加编制和增拨经费问题的报告"。1992 年 8 月,市政府召开会议确定:"关于市庐剧团请艺校于 1993 年招收 30 名庐剧学员问题,市编办同意预编计划;市财政局同意在今年底前一次性拨付 6 万元委培费。"①事后,市文化局李局长在大会上点名表扬了我,他说:"为了给剧团争取名额,丁玉兰连人大常委的位置都不要了。哪一个演员能像她这样,为了剧团的发展,宁可舍弃自己十分珍惜的政治荣誉?她的这种忘我精神,值得大家学习。"

1993 年,合肥市庐剧团招进 30 名年龄从 11 岁到 15 岁的小演员,由省艺校委培。为了招收选拔合适的庐剧学员,我亲力亲为,跑到肥东、肥西、长丰等地挑选学员。在考试中,我担任评委,严格把关,对一些关系户不徇私情。是年,合肥市庐剧团在省艺校定向委培的 30 名学员正式开课,教授庐剧唱腔的老师由合肥市庐剧团委派有经验的演员任教。当时,我正好退休,就被返聘教授庐剧。1997 年这批学生毕业后,分配到合肥市庐剧团工作,我在团里继续辅导他们,给他们排了两台大戏和一个小戏《借罗衣》,一直到 2002 年我到合肥市老年大学任教。现在,这批学员已成为合肥市庐剧院的中坚力量。

---

① 合肥市文化局 合肥市编办 合肥市财政局:《关于市庐剧团、曲艺团补充演艺人员、解决后继无人和演员老化问题的实施意见》,1992 年 8 月 26 日。

为合肥小戏院而奔波

作为一名毕生从事庐剧事业的演员,创建庐剧自己的剧场是我多年以来的凤愿,也是剧团全体人员的一个愿望。多年来,我和剧团的领导多次在一起研究建院方案。为了使小戏院早日建成,我多次在人大、政协、政府会议上,甚至跑到领导家中,陈述其事,申请建院资金。几经呼吁,此事终于得到了市政府、人大以及各级领导的支持。后来,剧团领导亲自抓戏院建设,经过上上下下共同努力,1988 年,在现在四牌楼移动营业厅的位置,合肥小戏院开工建设,1990年 11 月 17 日正式开业。自此,合肥市人民有了一所专门观看庐剧表演的演出场所。

但好景不长,随着庐剧观众数量的萎缩,为了增加收入,这里曾放过录像,开过溜冰场。1996 年 7 月,为了给开发商让路,合肥小戏院被迫拆迁。当时,各地搞开发,有些单位领导以权谋私偷偷把地皮卖给了开发商,庐剧团的剧场和宿舍共几千平方米的地皮也被卖给了开发商。自此之后,合肥市庐剧团就居无定所,没有排练场地了,也没有固定的演出场所了。① 事情暴露后,剧团的人纷纷让我想办法。当时我已经退休了,我完全可以不去管这种得罪人或出力不讨好的事情。但是既然同事们信任我,我就要帮助他们。于是,我带领他们到处跑,终于要回了 2800 平方米地皮,相当于之前的三分之一。现在这块地皮租给了北京同仁堂,租金用于维持剧团的开支。我也因此得罪了某些领导。但我不后悔这么做,只要是对庐剧有益的事情,我就会义无反顾。

---

① 1996 年合肥小戏院拆迁后,1998 年庐剧院整体搬迁进入六安路 45 中校区;2001 年办公区搬迁至合肥人民电影院,因为是对口单位,所以房租比较便宜,仓库同时搬至合肥水泥厂仓库;2003 年底,办公区从人民电影院搬至希达大厦;2004 年,办公区搬到合肥市文化局老办公楼;2006 年,水泥厂仓库拆迁,合肥庐剧院的仓库搬到合肥铝厂仓库;2008 年,再从铝厂搬至庐阳工业区某公司仓库;2009 年,再搬至庐阳区工业园另一家公司的仓库。

在老年大学任教

1993年,我从合肥市庐剧团正式退休。退休不久就被省艺校返聘为教师,教授庐剧,一直到1997年庐剧班学生毕业。后来,有些毕业生分配到市庐剧团,我继续在市庐剧团辅导他们,给他们排戏、说戏。直到2002年,我才结束在市庐剧团的辅导工作。

上班的时候,整天忙于排戏、演戏,累得身心俱疲。我想,这回终于可以松口气,好好地休息一下了。但刚退休不到两天,就接到省里老年大学打来的电话,想聘我当老师。当时我很累,想稍作休息一下,就婉言拒绝了。第二天,合肥市文联主席又打电话来说:"合肥市老年大学已办了几年了,没有庐剧班,想聘请你为老师,成立一个庐剧班。"我曾是省剧协副主席,与文联领导认识,我向来对领导比较尊重,既然领导开口了,我抹不下面子,就同意了。所以,我退休后只在家休息了一个礼拜,就到市老年大学教课了,一直到今天还在教课。

在老年大学上课

当时有 90 多人报名庐剧班,因教室小,我们从中挑选了 70 多人。学员大多都是离退休人员,机关干部、办公室主任、工人、农民、教师、家庭妇女等都有,年龄有 70 多岁的,也有二十几岁的,但"两头小中间大",以五六十岁的居多。学员一般 2 年毕业,但也有些学员一直在庐剧班学习,有个学员一直待在庐剧班 13 年。

我最先在合肥市老年大学教庐剧,后来,蜀山区老年大学、庐阳区老年大学、政务区老年大学、庐江县老年大学先后聘我去教授。最多的时候,我在五个地方的老年大学教授庐剧。除此之外,我还要给一些剧团排戏,给一些专业演员或业余爱好者做辅导,接受记者采访等,每天的时间都不够用。为了节省时间,我中午一般买个五块钱的盒饭吃,在家稍微休息一会,下午 1 点多又要从家出发了。后来,我让小女儿傅晓梅到庐阳区和政务区的老年大学任教,我在合肥市、蜀山区、庐江县老年大学任教。合肥市、蜀山区的老年大学一般每周上两节课,庐江县老年大学一般半个月去一次,每次待一两天。

培养一位庐剧演员,是非常不容易的,需要倾注许多心血。而培养一位老年大学的业余庐剧演员,就更加不容易了。因此,有人不支持我在老年大学任教,认为我花费了太多的精力,效果却有限。但我认为,这也是一种传承庐剧的方式。因此,对老年大学的业余演员,只要爱好庐剧,我个个花心血,个个爱惜。如有两位学员跟在我后面学了很长时间了,但一直没有机会登台演出,我怕时间长了会影响她们学习的积极性,就根据她们的特点,专门为她们安排了一个折子戏《双寡妇上坟》,分别扮演秦雪梅和爱玉。她们登台演出后,非常高兴,积极性也更加高涨起来。她们说:"我们年轻时没演出过,没想到老了还能登台演出,这让我们很有成就感,人也活得更加快乐和自信了。"

我在老年大学工作了十几年了,培养庐剧爱好者数百人,从不会唱庐剧到会唱庐剧,从不懂庐剧到了解庐剧。现在,庐剧表演班的学员,像滚雪球一样,越滚越多。他们一直跟在我后面,学习、传承、创新着庐剧,用自己学到的艺术,为民众演出,服务社会。

老年大学庐剧专业教学浅谈

我从 2002 年开始在老年大学教授庐剧，至今已有 14 年了。在长期的教学过程中，我摸索总结出一些适合老年人的教学经验。在 2009 年，我应《合肥老年教育》杂志邀请，写了一篇题为《掌握特点　因人施教》的文章，将我平时在老年大学授课时积累的一些教学方法做了总结。文章内容如下：

庐剧是安徽地方戏，也是安徽首批非物质文化遗产之一。我作为非物质文化遗产的传承人，有责任、有信心把我几十年来所掌握的戏剧知识和唱腔传授给庐剧院的青年一代，同时也传授给庐剧爱好者。下面谈谈几年来的教学体会。

一、为人师表，是教书育人的准则

我们庐剧班的学员大多都是老同志，又以女同志居多，各人性格、爱好、阅历不同，水平参差不齐。我在课堂上经常和同学们说我们要想唱好戏，首先要做人，要严于律己、宽以待人，还要培养自己的品德修养，大事讲原则，小事讲风格，要活到老学到老，要顾全大局，树立集体主义观念，树立我们庐剧班在社会上的形象，千万不能争名夺利出风头。大家都来自不同单位，文化素养不一样，有时难免发生误会，应该相互宽容体谅，团结友爱。

我们班的学员在家里都是爷爷奶奶，来学庐剧也是退休后在家无事来寻找快乐的，更主要的是为了丰富退休后的文化生活，以老有所学、老有所乐、老有所为。对于课堂上学生提出的各种要求，我自己首先要做到以身作则，不论在学校教学还是参加社会活动，我和大家一律平等，绝不搞特殊。我认真备课，认真教学，不论刮风下雨，每天早早到，迟迟走。在教学中从不留一手，把我自己的舞台经验和唱腔动作都毫不保留地传授给学生们。严格要求，对学员一视同仁，一样对待，一样要求。身教重于言教，在我的带领下，庐剧班就像一个和睦的大家庭。我们每周虽然只上半天课，但是姐妹们都非常期待这次课，每次上课大家打扮得漂漂亮亮，显得非常精神。大家一进教室，谈笑风生，忘了年龄，忘了所有的烦恼和不愉快。有的学员家住得远，有住大学城的，有住肥东的，他们来上课都要提前一两个小时起床赶路，早饭都在公共汽车上吃。尽管如此，大家都认为每周的上课时间是他们最开心的时刻。

二、针对老年学员特点，努力探索适合老同志的教学方法

我在退休之前曾在本团和省艺术学校做了七八年的兼职教师，退休之后来老年大学授课。在艺术学校授课对象是孩子们，在本团授课对象是青年人和中年人。现在老年大学都是老年朋友，年龄的差距给我授课带来一定的困难。老年学员们几十年养成的生活习惯和性格很难改变，同时又来自不同单位，有教师、工人、机关工作人员，还有的是没有职业的家庭妇女，文化程度不同，接受能力也不一样。还有部分学员在过去的生活中学会了一些老的庐剧唱腔，很不规范。为了纠正他们的唱腔，我舍弃休息时间把他们请到家中来练习，有些学员纠正得较快，有的同学不但纠正不过来，还认为自己唱得对，有时还理直气壮地和我争执。我只好不厌其烦地帮助他们慢慢改正。针对学员接受能力不同的情况，我采取了先易后难的教学方法。因为庐剧比较难唱，大嗓子、小嗓子、中嗓子、上腭音、下腭音、鼻音、边音都要上，唱出来才好听，才符合庐剧的规范要求。第一年我教比较容易唱的花腔，花腔好学又好听，也教主调，但以花腔为主，主调为辅。第二年，花腔和主调各占一半。第三年，教容易唱的基本调为主，花腔为辅。第四年，以教主调为主，兼顾其他唱腔。最近两年教新改的庐剧唱腔。这样先易后难，使整个教学有条不紊地进行。新改的庐剧唱腔比较难唱，班里的学员大部分都不会简谱，我先一字一句教简谱，再一字一句教唱词，例如《梁山伯与祝英台》里的"化蝶"，《小辞店》里的"寡妇家"，《秦香莲》里的唱腔都是新的，非常难唱但很好听。我不但教他们

唱，还把剧情内容讲给他们听，使学员加深理解，学得更快。每教一段唱腔，我都叫同学们分组唱，个人上台唱，直到每个人都唱会为止。班上只要有一个人不会唱，我都利用休息时间单独给他们补课，全班同学都会唱我再教新的。功夫不负有心人，经过这样不厌其烦反复地教，现在班上大多数人都会唱这几段新的庐剧唱腔。每周上课只有半天，为了巩固学习效果，我们利用大部分课余时间把大家组织起来排练表演，在表演时有的唱腔在课堂上没教过，我就利用休息时间，先教唱腔，再教道白，然后再教动作。我们排练时没有固定场地，有时在公园里，有时在机关院子里，有时在街道，有时还在我家里。服装头饰都是学员自己准备，有的学员家庭困难，我就给他们准备服装头饰，有的服装没有办法解决就到外面租。经过几年学习，我们班大部分同学都能演好几个角色。为了巩固学习成果，我鼓励学员们走出课堂，参加社会上的各种公益活动，这样既能锻炼、提高文艺演出水平，又能投身到社会精神文明建设中，丰富基层的业余文化生活。我们的努力不但取得了很好的社会效果，同时也扩大了老年大学庐剧班在社会上的影响力和知名度。

三、发挥班级骨干作用，互帮互学共同提高

我们庐剧班从2002年开学以来，就建立健全了组织管理机构，设有由班长、队长、协理员、组织委员、宣传委员共五人组织的班委会。我们不仅在课堂上学习唱腔，更重要的是利用业余时间，为社会公益演出排演了很多受群众欢迎的有教育意义的庐剧折子戏，如《梁山伯与祝英台》里的《十八里相送》，《铡美案》《休丁香》《双锁柜》《秦雪梅》《小辞店》等。虽然每次演出很辛苦，但只要满足了群众愿望，我们就感到非常欣慰。

我们这个班既是一个学习大家庭，也是一个演出小团体，同时又是业余的无报酬的自愿参与的小小庐剧团。平时除了完成学习任务，我们还要参加很多社会文化活动，到基层、到敬老院、到劳改农场演出一些富有教育意义的文艺节目,不但在本市演出,还到六安市、马鞍山市、全椒县、肥东县和其他市县老年大学交流演出。排练演出几乎没有间断过,这样既能提高我们的演出水平,又能扩大老年大学的知名度。参加课外活动多了,就增加了我们的工作量,为了教学和演出两不误,我十分注意发挥班里骨干的作用,充分调动他们的积极性。

为了不影响上课,我推掉一切外出活动,一切以课堂教学为主。

总之,这几年来我们这个庐剧班在合肥老年大学领导的重视和关怀下,加上全体学员的勤奋努力、齐心协力,庐剧班办得红红火火,有声有色,深得老同志的喜爱和赞誉,也为老年票友晚年生活增添了一道亮丽的风景,为社会稳定、促进精神文化建设做出了应有的贡献。

2012 年 8 月,我又将上述教学方法重新进行了归纳总结,题为《老年大学庐剧专业教学浅谈》,内容如下:

庐剧是安徽省地方戏,是祖国众多戏剧中的一朵奇葩,已被列入国家非物质文化遗产项目。在江淮地区广泛流行,深受广大民众喜爱,尤其是中老年人对其情有独钟。

我从事庐剧演出、研究和教学七十余年,作为非物质文化遗产的传承人,我钟爱庐剧,更有责任、有义务将其文化与演艺精粹传承发扬。我在合肥市老年大学庐剧专业班连续教学已达十年之久,在此之前我在安徽省艺校从事庐剧专业教学六年,获得了优秀教师(教授)和文化部颁发的园丁奖,培养了数百名青少年庐剧专业人才。在老年大学这一特定的学生群体教学中,我不断探索和总结教学经验,形成了一套适合老年大学的庐剧专业教学模式,这套教学模式具体说来就是:明确教学目的,灵活调整教学方案和注重教学效果。

一、明确教学目的

老年大学学员多是来自各行各业的老年人,他们的生活经历和文化层次不同,对庐剧的认识水平和欣赏角度不同,学习方法和接受能力不同,学戏目的也不同。鉴于此,我在制订教学计划时,首先花大力气进行"教学目的"的教育,使学员充分明白:老年大学是所学校,是学知识、学文化、学艺术的地方,是为老年人提供老有所学、老有所成、老有所乐的精神圣地。在老有所学方面,我系统教授庐剧唱腔、身段,做到一招一式认真细致,不因为是老年人而放低专业要求。在老有所成方面,我精心为学生排练剧目,让学员能以60多岁、70岁甚至76岁的高龄在舞台上扮演不同的庐剧角色,参加各种形式的表演、比赛,赢得众多观众的热烈掌声和鼓励,为繁荣庐剧和传承祖国优秀文化做出了应有的贡献。在老有所乐方面,我们把老年大学庐剧班营造成一个和谐的大家庭,在这里每一位学员都能找到自己的乐趣,大家共同切磋庐剧,倾诉家事,分享快乐。

二、灵活调整教学方案

老年大学的学员年龄大,文化水平参差不齐,记忆力下降,接受能力相对较弱。他们的长处是:阅历广、见识多,生活经验、社会体察丰富。鉴于此,我一改以前在剧团和艺校的教学方法,探究了一套行之有效的适合老年庐剧专业班的教学方法。

精心选编教材。我在选编教材时,遵循以下原则:

一是突出思想教育。这是对学员负责,对观众负责,对社会负责。不论是精选,还是创作剧目,都根据毛泽东《在延安文艺座谈会上的讲话》精神,以不脱离生活、不脱离社会、不脱离人民为基本准则;以提高学员和观众的思想觉悟为目的;不哗众取宠,不低级趣味,将戏剧艺术的本来面目,展现于世人面前,以给人们带来新的魅力和无尽的意趣。

二是兼顾学员兴趣。庐剧优秀传统剧目很多,广泛流传于民间。庐剧专业班学员中的很多人从小就爱看民间戏班唱庐剧,直到上年岁了还会哼唱不少片段。也有不少人年轻时就想拜师登台,因种种原因,不能如愿。庐剧中的一些名家名段,家喻户晓,深入人心,学员对其兴趣极大。如《梁山伯与祝英台》中的《十八里相送》,《铡美案》《休丁香》《秦雪梅》《小辞店》《双锁柜》等，都是学员所爱。庐剧同其他祖国优秀传统戏曲一样，也随着时代的进步而发展。1949年新中国成立以来，一大批优秀的现代庐剧剧目不断涌现，《江姐》等一批剧目深受广大人民群众喜爱。我在选编教材时，注意传统与现代剧目相结合，并将传统剧目中原来不恰当的唱词作了精心修改，使之更加健康、完美。

三是循序渐进教学。学员的文化水平参差不齐，接受能力强弱不等，进班先后不同。如果"一刀切"，对不同的学员采用同一种教学方案，就会盲目教学，事倍功半。根据这些特点，我采用了差异教学法，该方法的特点是：因人而异，循序渐进。庐剧唱腔很多，且难。大嗓子、小嗓子、中嗓子、上腭音、下腭音、鼻音、边音等都要用上，音调才好听，才符合庐剧唱腔的规范要求。第一年，我教好听易学的花腔为主，难学的主调为辅。第二年，花腔和主调各半。第三年，主调为主，花腔为辅。第四年，以主调为主，兼顾其他唱腔。最近两年，教新改的唱腔。

对于新改的唱腔，我采用分段教学。方式有个人登台唱、分组唱、课下自唱，以老带新，单独辅导和集体排练等多种教学形式。根据不同的教学对象灵活选用不同的教学模式。

我的教学原则是：先易后难，循序渐进；学习有条不紊，注重教学效果。

四是实践促进教学。鼓励学员走出课堂，走向社会，登上舞台，面向观众，让实践来检验自己的学习效果。老年人也有自我展现的欲望，尤其是年轻时就想登台表演而不可得的"庐剧迷"，更觉得机不可失。学员们明白"台上一分钟，台下十年功"的内涵，他们自我施压，为实现自己的梦想而努力学习。经过几年"修行"，庐剧班的大部分学员能扮演几个角色。他们自备服装头饰，满怀信心，粉墨登场。戏剧艺术来源于生活，服务于社会。每逢国家法定节日，我们适时把"现烧热卖",自创、自导、自演的与现实生活相关的小剧目奉献给社会,热情洋溢地礼赞新生活,歌颂新社会。学员兴趣盎然,积极参与,收效很大。兴趣是最好的老师,有了兴趣,就有了强劲的学习动力。学员们凭借兴趣,信心十足,乐此不疲,进步很快。

事实证明,实践是促进教学的有效途径。

三、注重教学效果

2002年,合肥市老年大学开办了庐剧专业班,庐剧班的学员们在此度过了十个春秋。他们紧紧抓住在校的每一个"今天",刻苦学习,快乐生活。师生们不仅在课堂里学习唱、念、做、打,并为社会公益演出了许多深受群众欢迎的、有教育意义的庐剧折子戏。《十八里相送》《铡美案》《休丁香》《秦雪梅》《小辞店》《双锁柜》等优美唱腔唱响了皖中大部分地区。为了配合宣传党和政府的方针政策以及反映老百姓的幸福生活,我们自创、自演了许多贴近民众、贴近生活、贴近现实的短剧,受到了广大群众的热烈欢迎。现在的庐剧班(可以称之为小剧团)除了在本市城隍庙定期公演以外,还多次到城郊三县农村演出。每到一处,首场演出观众达数千人,我们先后与六安市、马鞍山市、全椒县和其他县市的老年大学、敬老院、劳改农场交流演出,这得到了当地政府和文化部门的大力支持,受到人民群众的热烈赞誉。

身教重于言教。十年来,我无时无刻不在为教学工作废寝忘食,操心不已,精心备课,认真讲解,示范动作,栉风沐雨参加社会活动,和大家共同探讨、研究教学改革,为达到教学目的不懈努力。

老年大学庐剧班开办十年来,教学效果明显。我们共培养了250名学员,其中三分之一的学员基本上达到了唱、念、做规范要求。绝大部分学员多次参加社会文化活动,公益演出300多场,观众达数万人,为社会主义文化大建设做出了积极贡献。

中国的老年大学实属新生事物,其教学模式、方法无章可循。我作为一名老年大学教师,也是"摸着石头过河",至于取得的一点教学成果，更是领导重视和学员努力的结果。

专业不同，教学方法不同。即使专业相同，也是教无定法。我的老年大学庐剧专业教学之浅谈只是自己的一点教学体会，也算是一种有益的教研尝试，请领导、同行和热爱庐剧的家乡兄弟姐妹指正。

组建合肥玉兰庐剧艺术团

合肥市老年大学庐剧班成立后，学校要求我们在国家节庆日表演庆贺，同时我们也经常接到社会各界邀请演出的事项。为此，2004年，我在老年大学庐剧班的基础上，挑选出十七八个在嗓音、扮相及年龄等各方面条件相对好的学员，成立了一个"合肥玉兰庐剧艺术团"，专门负责演出。玉兰剧团的所有花费都是自给自足，演员的服装、化装、道具都是自己掏腰包购买的，演员不以此为生，完全是为了兴趣爱好，属于一个业余的公益性演出单位。玉兰剧团行当齐全，有老生、小生、花旦、小旦、老旦、闺门旦、彩旦、舞旦、青衣、小花脸等；行政管理方面，像正规剧团一样，有团长、副团长、办公室主任、宣传队、乐队、舞台总监等，可以说是麻雀虽小，五脏俱全。

玉兰剧团刚成立的头两三年内，遇到很多困难，如没有排练场地，我们就到公园、环城马路、广场等空旷地方去排练，夏天天热蚊子多，大家就拿着小板凳、扇子，带上一杯矿泉水就去排练了。冬天天冷，我就把大家喊到家里进行排练。后来，合肥市文化馆（位于城隍庙内）腾出一间房子，供玉兰剧团和黄梅剧团共用，从而解决了我们的排练场地问题。从始至今，玉兰剧团最大的困难是，没钱请乐队、舞美等专业人员，所有事情都由我一人负责。就连演员头上戴的、身上穿的，都要我具体负责。戏谚说，"宁穿破不穿错"，演员穿什么衣服，戴什么帽子，如何扮相，都是按照人物的身份和性格而定的，并不是穿得越漂亮越好。所以，我感觉退休之后比退休之前还要忙了，因为之前，我只要演好自己的角色就可以了，现在教授唱腔、编导节目，联系演出、舞美、乐队、道具、服装等，都需要我亲力亲为，整天忙得不可开交，恨不得把自己掰成两半用。

玉兰剧团成立后，先后排练了六台受百姓欢迎的大戏。排练的第四个大戏就是家喻户晓的《梁山伯与祝英台》。新中国成立前，我曾演出过这个戏，但那是水戏，没有固定的台词。新中国成立后，《梁祝》一直由鲍志远主演。现在，由我来给这些业余爱好者导演这部戏，难度可想而知。于是我找来《梁祝》的剧本，仔细研究。当时，城隍庙对面有家老母鸡店，环境幽静，且有空调，每天下午排练结束后，我就到老母鸡店吃碗面，在一个安静角落里设计唱腔、动作、台词、道具等。之后，我就指导演员排练，先主要演员，后次要演员，从唱腔到动作，一句一句，一点一滴地手把手地教，生、旦、净、丑等每个行当都要教。曾有记者在采访时问我："老年大学的学生都说你是庐剧全才，不仅教老戏，还编新戏，不仅教旦行，还教生行，伴奏、舞美等也指导，你是怎样做到的？"我说："我从事庐剧事业70多年了，长期的耳濡目染，看都看会了。"

《梁祝》是中国经典的爱情剧目，在国内有很多不同剧种的版本，甚至在其他很多国家也有不同版本的《梁祝》。为了更好地表现《梁祝》的主题和庐剧的观赏特点，我对原剧进行了创新设计，增加了两个人物出场戏——梁山伯的妈妈和马文才，给这两个人物设计唱腔、设计台词。同时我还增加了一场半戏，让八个小蝴蝶全部上场。八个人物一同上场，而舞台空间有限，这就增加了舞台表演的难度，但经过精心设计，效果不错。《梁祝》排练好了以后，我把庐剧院的领导、以前的老领导侯振宇和同事王鹏飞及老年大学的领导，都请来观看彩排、提意见，结果得到他们的一致好评。王鹏飞说："丁大姐，你怎么有这么多好点子？你是个演员，不是导演，能把剧排得这么好，我很钦佩，真了不起！"现在，《梁祝》是玉兰剧团的保留节目，且是开炮戏。

《王三姐抛绣球》是庐剧传统剧目，也是戏迷耳熟能详的曲目。我小时候演过这个戏，但已记不太清楚了。我想把这个戏排起来，但手头没有剧本，怎么办呢？我就和老年大学庐剧班班长徐新生和杜国平三个人一起自编剧本，设计唱腔、舞蹈动作等。在《王三姐抛彩球》中，我在原有剧本的基础上，增加了四个人物。剧本搞出来后，我就像排《梁祝》时一样，一点一滴地教。在排出来之后，人物鲜明，比较受欢迎。这部戏现在也是玉兰剧团的保留节目，是压台戏。

在此前后，我还精心指导玉兰剧团排练了《休丁香》《秦雪梅》《双锁柜》《秦香莲》等四台大戏。在排练这些大戏时，有些地方也做了创新。如《秦雪梅》之《秦雪梅观画》这一场中，我设计了八个雪梅同时出场，这就增加了舞台的美感和观赏性。在《秦香莲》这部戏中，第八场铡美案是剧中最精彩的地方。因此，玉兰剧团在排练《秦香莲》时，我把这台大戏中的经典场面浓缩成了时长为42分钟的《铡美案》，突出剧中人物和情节，并对原剧情、唱腔做了改编，重点突出秦香莲外柔内刚、包公清明廉洁的气质，使其主题更突出，更符合当代人的戏曲欣赏品位。

除了上述六台大戏外，玉兰剧团还排练了多台备受群众喜爱的小戏，如《借罗衣》《讨学钱》《秦雪梅观画》《采茶》《点大麦》《看相》《孟姜女过关》等。此外，玉兰庐剧团还根据时代发展的新形势，编排了许多新剧目，如《三媳争婆》《五分钟婚礼》《庆寿》等。

玉兰剧团属于公益性演出单位，平时，玉兰剧团深入工厂、敬老院、幼儿园、劳改队、少管所、部队、郊区及乡镇等进行慰问演出，得到观众的热捧和各级政府的褒奖。玉兰剧团也接受有偿的服务性演出，如农村有红白喜事、生孩子、娶媳妇、家里盖房子上梁都有人请我们去唱。有人请吃饭，有人给钱，但给不给、给多少都随便他们，我们从不主动要钱。前几年，演一场多时能挣四五千块钱，我们就按照多劳多得的原则，分成4个档次发给大家。

由于玉兰剧团的演员大都是业余爱好者，演出时绝大多数都是自带干粮，没有报酬，有些人不免有些怨言。有人讲："别的剧团不仅管饭，还唱戏分钱，我们天天白忙活，累死累活搞不到钱。"有人想跳槽，把服装带走。我就请内行的专家评估，把大家投资买的服装都分了。自此，我规定，以后演主要角色的，自己置办服装，群众角色的服装由我来买。还有一次，三个主要演员一起跳槽，跑到别的剧团去了。没多久，他们觉得还是在玉兰剧团好，又主动回来了。平时，也有个别演员因一些事情闹别扭，每当这时，我就要做他们的思想工作，通常是以哄为主、吓为辅，一般都能说服他们，但也有些演员不理解，与我吵，有一次我血压一下被气到 180。① 虽然难，但是一想这是为传承庐剧做贡献，我也心甘情愿了。

虽然艰难，但玉兰剧团也取得了不少成绩，现在在社会上也是小有名气。玉兰剧团曾先后赴中国台湾、香港、北京、深圳、黄山及韩国、日本等地进行戏剧竞赛活动，演员多次获得特等奖和一、二、三等奖。如 2006 年文化部在合肥举办的"中华魂"全国中老年地方戏比赛中，学员张玉华、许新生、左其海获一等奖；学员沈时英 2008 年参加第五届中韩国际文化艺术节，演唱庐剧《观画》，获得一等奖，我被评为优秀先进指导教师；2009 年由文化部举办的全国老年地方戏比赛，学员薛文珍、管正芝、彭克翠三人演唱的《绣罗衫》获一等奖，周多梅获二等奖。

被评为国家级非物质文化遗产传承人

2006 年 5 月 20 日，经国务院批准，庐剧成为第一批国家级非物质文化遗产。② 2008 年，第二批国家级非物质文化遗产传承人名单公布，安徽省有 22 人被评为非遗传人，其中庐剧有 1 人。当时我并不知道这件事情。有一天，庐剧院有人打电话给我，惊讶地问道："丁老师，你为什么不是庐剧非遗传承人呢？"我才知道此事。我听到这个消息后，感觉有无这个头衔都无所谓，我已经退休了，评选的事不去参与，且我一直在为传承庐剧而努力，只要心中有，何必在乎那一张证书？何必自找烦恼呢？

不久，庐剧院领导调动，调来一个新领导。有一次剧院开会，请宣传部部长

---

① 在笔者采访录音期间，丁老师借中途休息的时间，给玉兰剧团学员打电话，做思想工作。还自掏腰包请学员吃饭，化解矛盾。

② 庐剧在形成和流布的过程中，因地域不同，受地方语言、民间音乐和相邻剧种诸多因素的影响，形成了几种流派，分为西、中、东路（或曰上、中、下路）。西路以六安为中心；中路以合肥为中心；东路以芜湖、和县为中心。2006 年，庐剧中的中路和西路同时被列入首批国家"非遗"保护名录。2011 年东路庐剧被列入第三批国家"非遗"保护名录。至此，庐剧的西、中、东路已全部被列入国家"非遗"保护范围。

视察工作,我也受邀参加。院长问我:"你是庐剧传承人吧?"我说不是,他大吃一惊,即刻向宣传部部长汇报,部长得知我不是庐剧传承人后也很吃惊,说:"丁玉兰不是庐剧传承人,这岂不是笑话?赶快写报告申请。"

我在准备传承人申报材料时,想到了孙邦栋,他是我的老搭档,著名庐剧老艺人,国家一级演员。如果我被评上了,他没被评上,岂不是难过?于是我就向领导汇报说:"孙邦栋也是著名庐剧老艺人,能否把他也带上?"领导说:"你能否评上都难说,搞两个人就更难了。"我还是坚持说:"你就试试看吧。两个人都批准了更好,若是孙邦栋被评上了我没被评上,我没有意见,我相信如果我被评上了他没被评上,他也不会有意见的。"结果,我们两个人在2009年都被评为国家级非物质文化遗产项目庐剧代表性传承人。

丁玉兰与孙邦栋被评为国家级非物质文化遗产庐剧项目代表性传承人

对于名誉,我从不争抢,但也渴望,能获得"国家级非物质文化遗产庐剧项目代表性传承人"这个称号,我感到十分光荣、十分自豪。既然是传承人,一定要做好传、帮、带工作,把自己的艺术一点一滴地传给下一代。自从被评为国家非物质文化遗产代表性传承人后，我对庐剧艺术的传承工作更加重视、更加自觉了。既然国家赋予我这个光荣的称号，我就不能辜负了国家对我的信任。

我积极配合家乡肥东县，做好"庐剧之乡"的申报工作。2011年9月，肥东县被安徽省正式命名为"庐剧之乡"。同年国庆期间，肥东县举办了隆重的"庐剧回娘家"活动，庆祝荣获"庐剧之乡"称号，安徽省首届"丁玉兰杯"庐剧演唱大赛同时在肥东举行。省、市、县的领导高度重视，都参加了这次活动。我和孙邦栋等肥东籍的庐剧表演艺术家，也参加了这次活动。在比赛中，我为观众演唱了《秦雪梅观画》片段。在接受记者采访时，我表示："庐剧是安徽古老的地方剧种，拥有深厚的群众基础。庐剧从农村中来还要到农村中去，只有来自民间，面向民间，才是它的生命力所在。"活动中演出了许多精彩的庐剧，给广大观众及庐剧爱好者提供了一场丰富的庐剧文化盛宴。这对宣传庐剧、传承庐剧起到了积极的推动作用。

2013年，庐剧"儿童暑期学习班"在合肥市城隍庙举办。这次活动是由合肥市演艺公司、合肥群艺馆组织的，由合肥群艺馆具体承办。我被邀请担任学习班的老师，教授孩子们庐剧艺术。这次一共有17个孩子报名参加学习庐剧，大的16岁，小的才9岁。我给学习班的孩子教唱腔，指导他们排戏，看着他们认真学习的样子，我内心也充满了喜悦之情。

除了参加诸如上述公开性的传承活动外，我平时在老年大学教授庐剧，在玉兰剧团排练节目，为前来求教的全省各地的庐剧艺人及庐剧爱好者辅导，整天为庐剧而奔波，也算是为传承庐剧做点贡献。

在传承庐剧表演艺术上，我会不遗余力，千方百计地把我的艺术传给后人，但遗憾的是，至今没找到合适的人来接班。对于庐剧艺术的传承，我有两个梦想：

一是想把庐剧唱腔带到学校的课堂里去。培养人才要从娃娃抓起，没有小孩来接班，是不行的。希望庐剧能走进课堂，作为兴趣班在学校开设课程。这件事，需要政府给予大力支持。2017年，我们已进入学校了，这个愿望算是初步实现了。二是希望政府筹办一个庐剧艺术馆。这也是一种传、帮、带，在艺术馆里，大家可以看庐剧、学唱腔，了解庐剧的历史。

荣获德艺双馨终身成就奖

2009年9月，在我舞台生涯演出70周年之际，为表彰我对庐剧事业发展所做出的贡献，在省、市领导的支持下，"著名庐剧表演艺术家丁玉兰舞台艺术70年暨庐剧演唱会"在合肥市长江剧院上演。同时，我被中共合肥市委授予"德艺双馨"的称号。我的一个学生（科大的程瑞琴）还特意送了我一副对联，即"台上演戏台下教戏戏比天大，人前做人人后为人人比神圣"。前不久，我又获得第十二届安徽省德艺双馨终身成就奖。德馨、艺馨，是我在艺术道路上的毕生追求，能够得到社会、得到政府的嘉奖，我感到十分欣慰。

作为著名演员，我对自己的要求比较严格，认认真真演好每一场戏。不管是给中央高层领导演出，还是为乡下普通老百姓演出，我的态度都是一样的认真、负责。不能因为是给领导演出，我就重视，而给老百姓演出就掉以轻心了。我觉得这是对艺术负责，对观众负责，对自己负责。另外，对待艺术，也不能以金钱的多少来衡量。不能说，别人给我的出场费多，我就好好演，给得少，我就糊弄一下。不能把艺术当作商品，更不能把自己的演唱艺术作为向人民索取金钱和物质报酬的资本。20世纪80年代，各地剧团兴起小分队承包赚钱的情形，一些人劝我说："丁玉兰，你的名气组班唱戏，收入一定很可观。"但是我谢绝了他们的邀请。因为我生在农村、长在农村，是在农村演出出名的。正是由于农民观众的抚育和热爱，我才有今天的成就。因此，我忘不了农民观众。为了满足他们的愿望，我带队下乡演出，为农民送戏上门。有时在镇上搭个简陋的舞台，有时在农家的稻场上演出，我从不计较条件和金钱报酬，一丝不苟地演出自己的拿手好戏。有时一天演两场，有时抱病仍强打精神坚持演出。现在，我在老年大学教授庐剧，也有一些人出高价邀请我去讲课。他们劝我说："丁老师，你在老年大学上一节课才90元钱，你到我这里来做辅导，一节课给你800元。"我拒绝了。因为我觉得，在老年大学我是为传承庐剧做贡献，出去讲课纯粹就是为了赚钱，这违背了我的初衷，我是不会做的。身边的人知道后，问我：

"你与金钱有仇吗?"我说:"我与钱没仇,但艺术不能与金钱挂钩,艺术一旦跟金钱挂上了钩,那就变了味了,就不是艺术了。庐剧的辉煌不是用金钱买来的,也是买不来的。"

排演新编庐剧《庆寿》

戏曲要想发展,必须具有创新和与时俱进的精神。我跟形势跟得比较紧,常常根据形势发展的需要,不断创作出新的剧目。2008年四川汶川地震后,玉兰剧团新创作小戏《五分钟婚礼》(王鹏飞编写),歌颂汶川地震中一段感人的事迹。创建文明城市时,我们也根据形势需要编排了新戏。

2005年,为纪念中国人民抗日战争胜利60周年,合肥市庐剧院的余冠华以我和弟弟在日本侵华期间的苦难遭遇为素材,编写了庐剧《姐弟俩》,揭露了日军侵华的罪行。2015年,中国抗战胜利已经70周年了。从这年3月,我就开始思考排练一部新戏,以纪念抗战胜利70周年。4月,老同事王鹏飞从北京来到合肥,我就找到他,谈了自己的一些想法,得到他的支持。关于剧本的素材,王鹏飞提供了一些,但我感到不满意。我就把父亲被日本鬼子杀害的事情,详细地讲给他听,他听后感觉不错。于是,我们就决定以这个真实的故事为素材,编写剧本。

王鹏飞有文化,会演戏,也会编导,写了不少剧本,《花园扎枪》就是他根据老艺人张金柱口述剧情加工改编而成的。他的儿子王晓鹰非常有出息,是国家一级导演、文学(艺术)博士。我请王鹏飞来编写剧本,他满口答应并很快就把剧本写好了,起名《庆寿》。我本还想请他当导演,但他说自己年纪大了,让我另请别人。到外面请导演,涉及经费问题,玉兰剧团没有这样的经济条件。于是,我就决定自己来导演、自己作曲。

为了演好《庆寿》,我先设计好该剧的唱腔,然后将人物的动作、道白等一一细致安排好。在这当中,我根据剧情,对剧本人物、道具等做了一些修改。为了尊重王鹏飞,我特意将他请到家中,向他做了说明。他说:"丁大姐,我都喊了你

60年大姐了，你根据剧情做改动，我完全同意。就照你改的来排演！"由于我每天的时间都安排得满满的，既要在老年大学上课，还要接待记者的采访，白天非常忙。为了不耽误白天的工作，我常常在凌晨三四点就起来设计唱腔。在设计唱腔过程中，我回想起父亲被日军杀害的情景，常常触动感情，哭得总是收不住。

《庆寿》这部戏，主要人物有丁奶奶、儿子、媳妇、孙女及家人若干。剧中的道具，本来只有一根讨饭棍。我根据剧情又添加了一件血衣、四杆枪、日本鬼子穿的服装、工人穿的服装和麻袋等。在排演过程中，为演出逼真一些，我带大家去南京参观大屠杀纪念馆，让演员亲临现场去感受。这批经费是阿凡同志帮我举荐画家黄晓舟赞助的。2015年9月3日，在纪念抗日战争胜利70周年之际，玉兰剧团在市政府广场演出了这部戏。在这部戏中，我倾注了很多的精力和感情，是我为中国人民不忘国耻，实现中华民族伟大复兴而做出的一份真诚的努力。

给玉兰剧团全体党员讲党课

2016年5月，我在袁贤平书记的一再请求下，给玉兰剧团的全体党员作了一次讲课。讲课内容如下：

同志们，讲党课在我们团队是第一次，在我个人也是第一次。本当由袁书记讲，可他一再谦让，要我讲。也好，我就来锻炼锻炼，作为中心发言人来和大家共同学习。

今天这一课，主要根据党章和围绕党的十八大制定的"四个全面"（全面建成小康社会，全面深化改革，全面依法治国，全面从严治党）战略布局和"三严三实"（三严：严以修身，严以用权，严以律己；三实：谋事要实，创业要实，做人要实）有关精神讲三点，即三个加强。

一、加强学习，提高认识水平，把我们工作做得更好一些

习近平总书记早在为干部培训班学习教材上作序时指出：中国共

产党人依靠学习走到今天,要勤于学,敏于思,坚持博学之,审问之,慎思之,明辨之,笃行之,以学益智,以学修身,以学增才。

同志们,总书记这些学习论述、要领、方法,既精辟,又生动,我们应该熟读之、牢记之、运用之。

习总书记最近视察安徽,对党员干部及全体党员一再强调,要认真学习党章,用党章对照检查自己,哪些做到,哪些没做到,没做到的如何改。党章党员义务第一条就是学习,党员必须认真学习马列主义、毛泽东思想、邓小平理论、"三个代表"(代表中国先进生产力的发展要求,代表中国先进文化的前进方向,代表中国最广大人民的根本利益)和科学发展观。

联系到我们实际,一是要学习政治、关心国家大事,"做政治明白人";二是学习业务技能,发挥余热,更好为人民服务;三是要学做人,"做人要实",要做诚实的人。

同志们,我虽然文化水平不高,可我时刻都在学习,就连吃饭睡觉有时还在学,这个学就是习总书记说的——敏思之,吃饭、睡觉也要考虑问题。有时走路,走在街上,看到一些标语、广告、门联上的字,进行辨认习字。最要紧的是我坚持天天记日记,将每天的工作、感受、思想活动状况一一记下来,坚持有 40 多年了,笔记本有三十多本。"文化大革命"时被抄家烧掉十几本。日记对我帮助很大,一是有助于提高文化;二是有助于工作顺利开展,帮助回忆。教学、排戏等日常工作不算少,再加上不断有记者来采访,这里要材料,那里要材料等,单靠记性是不行的。另外,我也挤时间看报纸、文艺刊物,学政治,学文化。

在座的多数同志文化都比我强,你们学习条件比我优越,你们可能没我专心,缺少我的能坚持、有毅力。从学戏情况看,经常忘记台词,一台戏学会了,几天一过就忘了,说明用心不够。若是很用心,就是会"学而时习之",学过了要经常温习温习,这样就不会忘。

二、加强团结,发扬互帮互学、互谅互让精神

党员义务第五条"维护党的团结和统一"。党员以及入党积极分子,不做不利于团结的事,不说不利于团结的话,既要维护好党内团结,更要维护好与群众之间的团结。同志间在一起共事,难免会发生这样那样的矛盾,产生分歧意见时,要做到心平气和地商谈,互谅互让理解对方,大事讲原则,小事讲风格,互学互帮。党员毕竟是少数,非党同志占多数,团结工作大头在群众,我们的业务、演戏、排戏大头也在群众,占多数的党外同志,重点靠内因——思想觉悟。希望紧密团结在党小组、党支部周围。人心齐、泰山移,团结才有力量。团结又是双向的,相互双方都有责任维护,孤掌难鸣,一个巴掌拍不响。许多同志,经历过多年工作锻炼,在党的培养影响下,思想水平都比较高,要求也应该高一些。"严以修身,严以律己",党员要自觉遵守,积极分子、其他同志都应该做到。积极分子要求进步,要求加入党组织,这很好,我们欢迎这些同志努力争取早日加入党组织来。党员不仅要从组织上入党,更要从思想上入党。入党也是一种信仰、信念,即对马列主义、毛泽东思想有足够深刻的信仰、信念。入党动机要纯,不要图名图利,就是信仰共产党的"三个代表"。

共产党之所以有力量,能够取得一个又一个的胜利,就是因为有千千万万无私无畏的同志勇于献身。今天讲的是党课,是以高标准、严要求来讲话,联系到我们团队实际,先讲一点有时出现得不够好、妨碍团结的现象。同志间有时不为多大事,或为一点鸡毛蒜皮的小事,就能吵起来……还有遇到演出任务时,总有一些麻烦事,这个不干,那个请假,难题都出来了……

希望同志们共同努力,减少类似情况的发生次数。当然,我们团队亮点也不少。近期以来,团队演出少,几乎没什么收入,经济很紧张。有七位同志伸出援助之手,向团队捐款捐物,钱数还不算少。第一个站出来的是沈时英同志,接着就是张玉华同志,紧紧跟进的张萍

同志，这三位同志每人都捐 2000 元，徐文香捐 1000 元。王继红同志解决剧团排戏场地问题，花费也不少。许新生、刘力也都出钱出力。这是我们团队非常可喜的亮点。起初，我一直在犹豫，不想要大家这份捐款，你们既不是财团，也不是商贾，经济并不宽裕，有的还有一定困难。但大家做了，精神可嘉，但毕竟是自掏腰包来助公，我总觉得有点对不住大家。不料，这次有个去北京参加竞赛的活动，我们团参赛项目被评上，需要剧团进京参加最后比赛，不去可惜，去吧，没有一定的经费怎行？紧要关头，这份钱帮了大忙，救了驾。

回到主题，维护党的团结和统一，这是党的生命，具体到一个党小组、党支部。固然没有那么严重，但也不能小看。一个小组是党的一个细胞，一名党员就是细胞中的一个分子。有时一面旗帜、一个党支部，就是一个堡垒。哪个环节出了问题，整体都或大或小受影响。

从我们玉兰剧团这个团队党支部讲，我希望能在袁书记领导下，形成政治空气浓厚、同志间协调和谐的氛围。就像毛主席过去说的那样，弹钢琴要十个指头一齐动，才能弹出悦耳好听的曲调来。只要我们大家心往一处想，劲往一处使，我们就能把玉兰庐剧艺术团办得红红火火，这也是大家的光彩。

三、加强党性锻炼，做合格党员、优秀党员

什么是党性？党章规定，中国共产党是以马列主义、毛泽东思想武装起来的政党，是工人阶级先锋队，是中国特色社会主义事业的领导核心。共产党员是工人阶级具有共产主义觉悟、共产主义远大理想的先锋战士，是全心全意为人民服务的勤务员。

怎样加强党性锻炼？

一是要牢固树立唯物主义观念和社会主义价值观。唯物主义观念，就是一切从实际出发，看待问题、处理问题，都要实事求是。社会主义核心价值观是富强民主、文明和谐、自由平等、公正法治、爱国敬业、诚信友善。共产党人既是唯物主义，又是辩证唯物主义者，就是要用发展的眼光看问题,不能把人或物看得一成不变,看到别人的短处,更要看到别人的长处,也要看到自己的短处,这就叫全面看待问题,切忌观点片面。还要具体问题具体分析,具体对待,还不能千篇一律。

二是立场坚定,具有共产主义远大理想。当然,共产主义理想,不是一朝一夕就能实现的,而是要多少年、多少代人不懈的奋斗,最终才能够实现的。共产党员必须要有远大的理想。习总书记说,若是没有理想信念,就会导致精神缺钙。缺钙,就意味着精神空虚。党员要始终站在党的立场,维护党和人民的利益,习总书记说"在党为党,在党护党"。在是非面前,要做党的宣传员、捍卫员。社会上偶尔出现少数说话不负责任的人,随便乱说,对中央领导说三道四,今天说这个如何如何,明天说那个如何如何,都是无事生非,严格讲就是造谣。共产党员,正义的人民,碰到这类人要发声,要对自由主义糊涂者宣传道理,善意地说服、帮助、教育;对极少散布对社会不满,不怀好意的人,要用新中国成立前后的大量事实认真严肃地加以驳斥。只有共产党才能救中国,只有共产党才能建设好中国,事实胜于雄辩。

三是时刻掌握应用唯物主义辩证法,即一分为二的观点,用两分法去处理矛盾,比如演传统戏,要去伪存真、去粗取精。为人处世,好的意见要吸纳,错误主张要避免。

课就讲到这里,不妥不对的地方,下次会议大家讨论批评纠正。

这一课的讲稿,我下了一定功夫,花费了不少脑筋,有时吃饭睡觉都在考虑,如何讲,讲哪些内容。自从袁书记把这项任务交给我,我总想对得住同志们和袁书记,所以我除了认真读党章以外,还回忆以往记过的笔记,像教学备课一样查资料,是认真备了课的。①

―――――――――

① 笔者在丁玉兰的这篇讲稿中,发现里面夹着一张纸条,上面密密麻麻地记着诸如"三严三实"的含义、出处,以及"敏思之""审问之""慎思之""笃行之"等的意思。她为这篇讲稿所付出的努力,由此可见一斑。笔者被她的这种活到老、学到老、认真负责到底的精神深深感动。

我现在的生活

我今年已经 87 岁了,按理说应该在家颐养天年、尽享天伦之乐了。但我不行,事情太多,歇不下来。既要给老年大学的庐剧班上课,又要为玉兰剧团的演员排戏;既要联系演出,又要参加社会活动,有时还要接受新闻媒体的采访。总感觉时间不够用,每天的日程都安排得满满的。今天是礼拜二,你们来采访,下午还有事。这个礼拜的日程已经安排满档了。很多事情至少要提前一个礼拜约定好,否则安排不过来。除了已安排好的,还有一些临时办事的,如刚刚玉兰剧团的人就是突然有事找上门来找我办事的。

我每天早上起床后,打开电视听听新闻,了解国家大事。我们搞文艺的,不了解国家大事是不行的。边听新闻边练功、踢腿、抬步,手脚都要活动。锻炼 40 分钟左右,开始洗刷,然后简单地弄点早饭吃。我每天早上喝一杯牛奶,隔天吃一个鸡蛋。7 点半我就从家里准时出发了,或去排练场排戏,或去老年大学上课。每周一、三、五、日共 4 个半天排戏,周二、三 2 个半天上课。上课排戏连轴转,遇到特殊情况还要加班。上午忙完,没时间烧饭,我就在外面买点快餐之类的吃,然后休息 20 分钟,如果离家近,就回家休息;如果在外面,就近找个僻静的地方,坐在凳子上休息一会。下午 2 点,又从家里出发了,或去上课,或去指导彩排。晚上回到家,我整个人都筋疲力尽了,必须坐在沙发上休息 20 分钟。然后准备晚饭。晚饭烧好后,开始边泡脚边记日记,这个习惯我已经保持几十年了——记录每天的工作和心得。以前我还写一些思想活动,但自从"文革"发生后,思想性的活动就不写了,只记录具体的事情,包括我一天的活动、剧团的活动、老年大学的活动,也包括国家发生的大事。如"一路一带"我也记。我还记一些生字,比如我在外面见到不认识的字,晚上回来就赶紧记下来,写错的字也记下来,我有个本子,专门记生字和错字。日记天天记,主要目的是帮助我回忆,否则事情太多记不得。日记写完,开始吃晚饭,顺便瞅两眼喜欢的电视节目。然后打电话做剧团人的思想工作,这是最累人的,也是最耗时、最令人头疼的一件事情。我有很多的精力和时间都花在处理人事关系上了。剧团(指玉兰剧团)的人有时这个闹情绪,安排好的角色不演了,有时那个有想法,都要我去解决。打电话一个个地做思想工作,常常是又哄又吓。一天的事情忙完了,总算可以放松一下了,我就搞搞家务、浇浇花,这也是我休息的一种方式。每天大概凌晨才能躺下,三四点钟就醒了。醒来之后,就要考虑一天要忙的事了。如果这天有课,就备课;如果排戏,就把唱词、动作等都想一遍,把这一天的事情安排好。

除了像这种平淡而忙碌的一天外,如遇到重大活动或演出,我就更忙了。我和孙邦栋都是国家级非遗传承人,我今年 87 岁了,老孙都 89 岁了。从去年开始,省非遗保护中心对高龄国家级非遗代表性传承人,进行口述史抢救性采录工作。他们对我进行了采访、录音和录像,包括人生经历、技艺流程与特色

2017 年 4 月在省黄梅剧院剧场
演出《小辞店》剧照

等。今年又提出要补录一段现在的舞台艺术。我接到通知后,有思想包袱。毕竟几十年没上台演出了,很多动作都生疏了。虽然我一直给人家排戏,但这与自己演还是有很大不同的。但该做的事,顶着压力也要干。于是,我就开始考虑演哪个戏好。想来想去,还是选中了《小辞店》,因为它的唱腔好听。然后就背台词、唱腔,练动作。那些天,我每天一醒来,第一件事就是背台词、做动作,一连七八个早上都是这样。等台词、唱腔、动作都熟练了,我和老孙约定好,到

他家去排练。就这样,我和老孙又排练了 3 个半天的时间,终于把这部戏排下来。排好后,我给导演打电话,让他指导一下。导演说:"照了,就按你们自己排的来。"4 月 26 日,我们在省黄梅剧院剧场演出了《小辞店》。那天早上,我 6:30 就来到化装室,化装师专门给我仔细化了装。到我真正上台演出时,反而没思想包袱了,好不好就这一锤子了。演出结束后,我的学生捧着鲜花来祝贺我,纷纷夸我演得好。有个学生说:"动作那么标准,唱腔那么好听,还那么年轻。丁老师,台上的那个人是你吗?"

　　由于工作繁忙,与家人相处的时间就少了。老伴在世的时候,每个礼拜孩子们都会回家吃饭。如今,孩子们都很难见到我。稍微有点空的时候,我给他们打打电话,但聚在一起的时间很少。为了庐剧,一切辛苦的付出都是值得的。庐剧,已是我生命中必不可少的一部分!

附录一

我眼中的丁玉兰

为了更全面、更客观、全方位地了解丁玉兰,我们采访了丁玉兰的一些老领导、老同事和玉兰庐剧团的学员等。现将大家对丁玉兰的评价附在后面。

李之冬

(合肥市庐剧院　舞美)

我与丁玉兰老师共事,至今已五十五年了,我对她的工作和生活都比较了解。丁玉兰老师一辈子从事庐剧事业,在新中国成立后的几十年里,对于新闻媒体和领导层而言,丁玉兰几乎成为庐剧的代名词,或者说是庐剧的代表符号。皖中地区(江淮地区)是庐剧主要流行区(因此也叫中路庐剧),丁玉兰在庐剧观众中的知名度,一直占据第一位。她对庐剧的贡献可以分为以下几个方面:

一是扩大了庐剧的影响力。她自小因生活所迫,从事倒七戏演唱,成为职业庐剧女演员。在 20 世纪三四十年代那种社会环境下,地方戏中女演员凤毛麟角,她的成名,扩大了庐剧的影响。她和当时的戏班子中一批庐剧精英涌现,为新中国成立之初政府接收庐剧奠定了艺术基础,实际上这也是庐剧命运的一次转折。

二是丁玉兰在《借罗衣》中表演的"跑驴"动作,填补了庐剧剧种没有表演特色的空白。大凡戏曲名角,必须具备自己的代表性剧目、代表性唱段和表演特色。早期庐剧演出身段和表演都较弱,丁玉兰演出的《借罗衣》的跑驴舞蹈具有独创性,填补了庐剧原来没有自己表演特色的空白。最初,该剧在六安地区创作时,剧中人物二嫂子回娘家,途中只是过场戏。经省庐剧团加工后,丁老师创作了这段舞蹈,就有了戏的内核,因此,也就成为经典。

三是丁玉兰的嗓音甜润,她把中路庐剧的声腔表现得如泣如诉,具有示范性。庐剧在早期流传的过程中,唱腔较为混杂,丁玉兰实际上为中路庐剧传统唱腔树立了一根标杆,其中不仅仅是演唱方法,还有对声腔曲牌的筛选和声腔表现力的把握,这对庐剧的普及至关重要。她的代表唱段《秦雪梅观画》至今无人能够超越。其实,《观画》的唱词"水词"痕迹特浓,几十年来曾经几次邀请专业编剧修改或重新填写,都没有成功,至今保持原貌。关键是这段唱腔集中体现了庐剧的音乐元素,且欢快华美,跌宕起伏,十分流畅,把观众对唱词的注意力淡化了,很是难能可贵。

四是丁玉兰花费毕生精力致力于庐剧的发展与传承。她不仅视庐剧为终身事业,而且是生命的组成部分。现在,她都80多岁的高龄了,仍然在为庐剧的传播不停地奔忙。

丁玉兰的局限在于,由于文化的限制,她把当下看得很重,作为领军人物,她无法以自己的认知去引领剧种的改革,从而适应时代变迁带来的审美变化的需求。她对庐剧传统剧目的缺陷思考较少,传统看得重,以致庐剧观众中把传统剧目视为正宗的力量长期占据上风。庐剧至今几乎停留在较为初级的演出阶段,这与以丁玉兰为首的几位领军人物在思想深处,一直缺乏对声腔改革重要性的认识是多少有联系的。当然,地方戏的改革是一项系统工程,不能说她们有多少责任,而是她们没有为改革作示范,从而以自己的影响去推动改革。她退休以后致力于培植业余庐剧演出也是争论较多,焦点在于一方面承认她为庐剧传承的一片苦心,同时又因为业余庐剧班社的组成人员中老年占绝大部分,舞台演出较为粗糙,令人失望。如果她在功成名就之后,能把主要精力用于培养和推出庐剧年轻一代,或者从娃娃抓起,也许庐剧后继乏人的状况会比目前稍有改善。①

对丁老师的人生经历,我曾用四句话来进行简单的归纳和总结,即"勤苦从艺,忍让为人,一生节俭,半世浮沉"②。

勤苦从艺。勤苦从艺的"勤",无须过多解释,一个从事戏剧工作的人,勤奋是基本的职业要求,如果连这一基本要求都做不到,何谈成就? 其实不仅是戏剧工作,其他工作也需要勤奋,只是内涵不同而已。

丁老师的苦,是可以写出很多文字的。概括地说有三个方面,一是生活苦。她小时候讨过饭,吃不饱穿不暖。后来演戏渐渐名气大了,但在20世纪三四十年代那种动荡的社会环境中,民间艺人生活的艰苦,现在年轻人很难想象。她们常住凶宅、破庙,常为无米之炊而犯难。新中国成立后,丁玉兰的名气如日中天,即使在"三年困难"时期,也能享受名演员的些许"特供"。但是,她家中上有老母亲下有五个子女,八口人的生活只靠她和丈夫傅昌盛的工资维持。再加上她演出繁忙,家中操持全靠老傅和母亲,他们身上保留了很多农民的生活习惯,不知道一个演出繁忙的主要演员是需要特殊呵护的。所以,丁老师家的生活水平在省庐剧团大院中一直是中等略偏下,她自己受到的家庭呵护也比同样是庐剧名家的孙邦栋、鲍志远老师差得很远。按理说,丁老师进入老年后,子女独立了,负担减轻了,收入也改善了,应该是享受生活的时候了。可是,她终日忙于她的老年大学庐剧班,忙于玉兰庐剧团的排练和演出,常常以五六元一盒的盒饭充饥,早起匆忙来不及做一顿精美的早餐,晚上很晚到家,精疲力竭也就草草对付了。不过在别人看来很苦的生活,她倒也习以为常了。二是她的从艺苦。例证无法历数,列举她人生三个阶段中的三件事可见一斑。她小时候拜师

① 对于李之冬老师的这段评价,丁老师是持不同意见的。她认为作为一名演员,对于戏剧改革,仅凭个人力量是无法达到的。即便有改革的想法,也因当时的环境和地位的局限难以施展。至于在培养接班人方面,丁玉兰曾几次呼吁政府有关部门,培养庐剧人才,要从娃娃抓起,或者招收一批青少年来教授,这样,该有多理想呢! 但客观现实是违背不了的,因经费、就业等实际情况的限制,招不到年轻人,即便发现几个不错的苗子,仍难长久保留下来。

② 对于李之冬老师的"勤苦从艺,忍让为人,一生节俭,半世浮沉"这16字评价,丁玉兰老师认为非常准确、到位,是她的真实写照。

学艺,拜京剧艺人郭士龙为师。那个时候学戏在京剧行中有"打戏"一说,即学生稍有懈怠,师傅伸手就打。郭师傅自然是自己亲身经历并且也用到自己的授徒过程中,有一次,竟失手将小小的丁玉兰(当时叫梅姐)打得昏死过去。丁玉兰苏醒后,母女二人仍需向师傅赔礼道歉,这就是那个时代梨园行的规矩。第二件事是,女演员成长比起男演员更为艰难的是在性别上,旧社会唱戏属于下九流,地位极低。那种动荡的年代,女孩子抛头露面要面对种种恶势力,地痞流氓、不轨劣绅、兵油子等等。还有生理上的妊娠和产子。丁老师怀第二个孩子,直到临产前的一个时辰还在台上唱戏。从前的医疗条件极差,常言女人生孩子是过鬼门关,这种临产还未下舞台的风险,现在想来都感到后怕。第三个例子是她无法割舍热爱她的观众,也为此留下遗憾。1983 年,剧团去定远县蒋集演出,出发时她的母亲病情危重,无奈蒋集观众翘首以盼。可是,一天后传来噩耗,老母亲已经离世。她匆匆赶回合肥料理完后事又返回蒋集,不能在父母的弥留之际陪伴和守候,总是难以弥补的缺憾,何况她的母亲是从讨饭的境地风风雨雨一直拉扯着她走过来的。我想,即使已过去多年,当她每每想起这种遗憾,心中定会有难以形容的痛苦!第三,是她自己的精神苦。在她们那个时代,一个成名的女演员,身后一定要站着一个文化人。就像评剧演员新凤霞身后有吴祖光,越剧演员王文娟身后有孙道临,黄梅戏演员严凤英身后有王光亚等。为什么?一是那一代演员的文化水平都不高,身边这个文化人可以是她的老师,帮助她在提高文化的同时,增强对艺术的理解能力。二是依靠和主心骨作用,一个女演员成名后所面临的挑战和选择是随时随地都有的,这就要懂得"取舍"。身旁的文化人可以用他旁观者的冷静,用他知识的力量指导其在什么机遇中可以"取",什么情况下就一定要"舍"。许多出名的人往往失控于取舍,大多只想到取,越多越好,而不知"舍"有时是更大成功所必备的要素。三是引领她融入文化的主流社会。所谓主流文化圈,其实是一个以知识排座次的职场交流的泛称。戏剧虽然是大众艺术,但说到底还是要靠文化说话。一个成名的女演员,在和文化圈交往过程之中,人家对你礼数周全,但内心之中你只是一个客人。讨论文化和艺术,你的意见往往无足轻重。有身后文化人的打拼,就会顺利很多。丁玉兰的丈夫老傅,也是从农民到艺人一路走来,是一个很勤恳很善良的人。遗憾的就是他无法支撑丁老师所要面对的一切。丁老师常常生活在三种状态之下,在外面,往往礼遇有加;在团内,舞台上她总是主角;而在台下,因为文化的限制就很难有话语权,并常常被忽略。因为省庐剧团是由三部分人员组成,原各地文工团的新文艺工作者、省文艺高校和省艺校、庐剧艺人中的佼佼者。三路人马中,前两部分都有一定的文化基础,唯独艺人在表演上虽强,文化上却是短板。她回到家中,住房窄小,生活清苦,更是另一种心境。所以,人生之中,生活清苦是浅表的,忍受过去可以成为人生积累;从艺艰苦是过程性的,就像唐僧取经要经历九九八十一难一样,是取得成就必不可少的历练;而精神苦却是一种折磨,是时时萦绕于怀的苦痛。这种苦痛可以说伴随她一生。

谈到丁老师的忍让为人,有诸多细节,让人难以置信。该忍让的她忍让,不该忍让的她也能忍让。唯一使人欣慰的是这种长期忍让的习惯,让她平安地挺过了那疯狂的十年灾难。

丁老师的节俭,俯拾皆是。她家中的陈设和用具堪比一般市民,她身上的衣服上档次的很少,珠光宝气更无从谈起,饮食方面从不讲究。可以说,她的节俭也留下少年时困难人生的烙印。人过八旬还有什么舍不得的呢?习惯了。

所谓半世浮沉,是概括性用语。我把她事业顺畅、心情愉悦的时期称作"浮",把她心情黯淡、事业蹉跎的时期称作"沉"。仔细算算,不一定正好对半平分,当然,也无须逐一计算。她的顺畅和愉悦的时期,其节点有两个。一是20世纪50年代,庐剧声威大振,她自己各种荣誉加身,在我想来应该像梦境一般。二是退休以来的生活,这时已完全摆脱单位内的人事纷争,一帮老同事阅尽沧桑,重回建团初期那种互相宽容和相互尊重,小聚不断。老年大学庐剧班虽然学员之间免不了时有小的摩擦,但在尊重丁老师这一点上是一致的。其实,对于她把所有精力用于老年大学和玉兰庐剧团,我是反对的。因为老年大学学员热情虽高,但年龄偏大,更没有演唱和表演基础,对庐剧传承没有太大的意义。何况她是庐剧的招牌,容易给人感觉庐剧就是这个品位,从而对庐剧产生误解。但现状是,庐剧走进校园非她一己之力能够实现。目前庐剧的专业队伍已经很小,业余演出松散无序,声腔变异司空见惯,她用自己的力量留住一些基本观众,用专业剧团演唱的一些声腔去影响随意性很大的业余演出,也是一种贡献吧。

"山色浅深随夕照",这是清人的诗句。丁玉兰老师一心要在自己的黄昏之年为她钟爱的庐剧事业增加一点亮色,其愿可嘉,其举堪佩。①

王鹏飞

(合肥市庐剧院离休干部 著名庐剧演员)

我1934年出生,1949年参加工作,最初在滁县青年团工委工作。那时,刚值解放,滁县地委准备建立滁县的地方文工团,1949年10月,从各处调集人马组建滁县文工团。我因喜欢唱歌,性格又比较活跃,就被调到滁县地委文工团工作,在此工作了2年。文工团副团长王东柏,是曹禺的学生,很有水平,经常向我们青年人灌输文艺思想和文艺理论,还经常带领我们上山下乡到农村演出。1951年秋,我们团参加了"中央人民政府南方老根据地"访问团,代表党中央、毛主席、中央人民政府慰问大别山老根据地人民,比较好地完成了任务。我们很希望把我们的工作向毛主席汇报,于是以两个十三四岁的小演员的名义向毛主席写了一封信(信封里面夹了两张小演员的小照片),汇报文工团在农村演出的成绩和收获,并请当时的文化部部长周扬转交给毛主席,请主席给予指示。主席看后,用中央革命军事委员会信笺,书写了"面向农村"四个字赠给滁县地委文工团。主席的题词寄到文工团后,我们团所有人员都欢欣鼓舞,增添了面向农村为农民服务的决心和力量。

1951年,新中国实行戏曲改革,主要内容是改戏、改人、改制。安徽省也开始整顿文艺队伍,其中一个措施是撤销地方文工团,成立专业剧团。当时,合肥的平民剧社被收归国营,作为改革的试点。为了建立一支新的文艺队伍,除了保留原有老艺人外,还从皖北文艺干校、滁县文工团、阜阳文工团、巢湖文工团

---

① 本文是李之冬老师撰写,在此表示感谢。

调来了一批人。我就是这个时候调到庐剧团的,那时叫"皖北地方戏实验剧场"。

我们先是看戏,边看边学,有时也演个龙套角色。当时倒七戏的表演形式仍是唱水词戏。演员上场前,由派戏人讲一下故事情节,演员按照固定的程式、固定的套路,上台后临场发挥。由于没有固定的台词,演员可以随意添加或减少,所以叫水词戏。那时候,我们看到庐剧的表演如此散漫,对来到这里工作是有些不满意的。领导给大家做思想工作,我们才从感情上慢慢接受。

我调到皖北地方戏实验剧场后,最初担任文化教员工作。当时,从旧社会过来的老艺人除了陈廷榜(男扮女演花旦,后改做导演)、孙邦栋上过几年私塾,有一定文化外,其他大多是文盲。为了让他们尽快掌握文化,团里建立了专门的学习制度,每天专门安排读报、讲课的时间。我每天给大家读报纸、读文件。1952 年 7 月,皖北文教处举办"皖北地区速成识字法师资培训班",我得知消息,积极争取报名参加,与王国光(丁玉兰的名字就是他给起的)一同被派去学习,结业后在团内开办识字班进行扫盲教学。当时负责文化课的还有王国光、王淼。我和王国光主要负责教学员识字,王淼则负责讲授古典诗词和文学。经过一段时间的学习,一字不识的老艺人,除了个别年老者外,都能认识一千五至两千个常用字,能够自己读剧本、读书看报。随后,我们又在扫盲班的基础上,开办了旨在培养有文化的新艺人的"文化班",教授他们写信、写报告等应用文学的能力。

在排戏期间开办的扫盲班和文化班,累计不到一年的时间,但这段经历却使我们终生难忘。当时,一些年龄比我大、辈分比我高的老艺人,如我喊丁玉兰为大姐,喊王本银为大爷,但他们却把我这个年轻的老弟、晚辈,亲切地称为"老师"。其实,在庐剧传统技艺方面,他们是我的老师。我们相互学习,彼此尊重。

老艺人不仅不识字,连基本的乐理知识也不懂。他们根本不知道 **123** 是什么。张嘉明当时主管音乐工作,负责教授音乐基础课,从最基础的音阶、音谱教起。由于老艺人听惯了锣鼓伴奏,弦乐过门使他们觉得很难张开口。为了减少老艺人的不适应,张嘉明将某些前奏作成了连接不断、任意反复的旋律,任凭演员何处开口都可立刻接上唱腔伴奏。同时,为了将原来只用打击乐敲打的"起板锣"和"大过台""小过台",改变或融入弦乐伴奏,张嘉明为各种曲调创作了旋律适宜的前奏、间奏、过门、尾声等大量乐曲。他为庐剧音乐发展做出了很大的贡献,我称他为庐剧音乐的开荒牛。

在扫盲的同时,移植剧目《梁山伯与祝英台》正在紧张地排演。那时,全国都在进行"戏改"工作,上海在"戏改"方面做得比较好,越剧《梁祝》非常成功。省文化局指示剧场派遣一个班子去上海观摩学习,将《梁祝》用倒七戏的形式移植到合肥舞台上来。于是,文化局艺术科科长余耘,带领导演、作曲、主要演员赴上海观摩学习。以前庐剧演出时,没有弦乐伴奏,只有锣鼓。孙邦栋演唱时,他的父亲曾用京胡给他托腔,但这只是偶尔为之,没有从根本上打破锣鼓伴奏一统倒七戏舞台的状况。排演《梁祝》时,庐剧首次采用了全新的艺术手段演出,如用固定的台词、固定的剧本、弦乐伴奏等,改变了过去那种锣鼓伴奏、信口编词、各行其是的散漫状态。《梁祝》的导演是靳怀刚,他是京剧票友,很有水平。作曲是张嘉明,他组建了乐队,建立了以京胡等民族乐器为主,并大胆运用提琴和单簧管等西洋乐器的民族管弦乐队。《梁祝》的演出,开创了庐剧的一片新天地,让观众觉得耳目一新。

《梁祝》的主演是鲍志远,之所以没有选用丁玉兰,是因为丁玉兰当时不识字,正在学习文化和乐理知识,新知识、新理念太少,很难一下子适应《梁祝》这个以全新艺术形式排演的戏。《梁祝》之后,我们又排演了一个现代戏《罗汉钱》,演员以新文艺工作者为主。这就引起了一些老艺人的议论,说领导不够重视老艺人。但实际剧团实行的方针是双花并蒂、新老并重,即古装戏和现代戏同样重视,新文艺工作者和老艺人同样重用。因此,在之后排演的《宝莲灯》中,丁玉兰就饰演了三圣母的角色。

1958年,我们创作了一出新戏《牛郎织女笑开颜》,当时影响很大。那年天气非常干旱,大家的抗旱势头比较大,安徽出现了三首比较有名的民歌。"大红旗下逞英豪,端起巢湖当水瓢。不怕老天不下雨,哪方干旱哪方浇。""万条蛟龙接上天,牛郎织女笑开颜。如今车干天河水,不等七七就团圆。""如今天地都归社,管天管地管神仙。"剧作家金芝就以这三首民歌为基础,编写了新戏《牛郎织女笑开颜》。那时,大家热情高涨,干劲很足,几天几夜不睡觉,仅一个星期就把这个戏排好了。《牛郎织女笑开颜》的导演是陈廷榜,后来他因事调出,就成立了一个导演组。导演组有四五个人,我任组长,有管舞台的,有管武打的,有专管感情戏的,大家各取所长,各有分工。戏排出来后,气势很大,很受欢迎,影响也很大。

1963年,国防委员会副主席张治中视察安徽,省庐剧团专门在稻香楼为他作了专场演出,丁玉兰主演《双锁柜》、我主演《花园扎枪》。张老看过后很高兴,第二天从稻香楼打来电话,指名要我和丁玉兰去谈谈。当时团长胡士楠说:"张老是巢县人,非常热爱庐剧。你俩见到张老,可以向他反映我们的困难。主要是两个方面,一是演员宿舍太差,二是没有自己的演出场所。"我们见到张老后,与他交谈得非常愉快,还把他请到省庐剧团来视察。当时,张老来到丁玉兰、孙邦栋、我等主要演员家里看了看(鲍志远和王本银不住在团里),还看了年轻学员的练功房。练功房虽然破旧,但学员都精神抖擞,朝气蓬勃。张老非常高兴,嘱咐大家好好学习、好好练功、注意安全等。后来,经过张老的帮助,省里拨款30万给省庐剧团盖了宿舍大楼,并把省政府礼堂作为我们的演出地点。为了这事,丁玉兰在"文革"中挨批了,其实这是为庐剧团做了好事。

丁玉兰嗓音甜润,吐字清晰,歌声优美动听。《观画》的唱腔非常具有代表性,丁老师唱得炉火纯青,快起来如高山流水,高音的地方像是蜜蜂钻天,非常动听。

她很努力,很能钻研,既可以演大家闺秀,又可以演村姑农妇,能够演不同类型的角色。为了演好二嫂子骑驴的舞蹈,她勤奋练习,创作出了跑驴的动作,很受观众欢迎。她戏德非常好,从不挑角色,既能演主角,也愿意演配角,各种角色都能适应。她的缺点就是对新事物接触得少,抱残守缺多一些。

20世纪50年代,是庐剧发展的辉煌时期,但后来逐渐被黄梅戏赶超。原因是什么呢?我认为,一个剧团的兴衰,离不开天时、地利和人和这三个条件。天时,即当时整个国家的状况。新中国成立伊始,各级领导对文艺工作都十分重视。省庐剧团是安徽省最早建立起来的一个国家正式剧团。当时，政府把最有影响的班社收归国营，从各个文艺单位调来党政领导及导演、乐队、舞美等各方面的人才。当时的文艺科科长余耘把自己的爱人胡士楠调到庐剧团来当协理员，后来当副团长、团长，由此可见领导对庐剧的重视。黄梅戏剧团比庐剧团晚成立一年，也很受领导的重视。可以说，两个团的"天时"条件都很好。庐剧是合肥本土文化，黄梅戏最初在安庆，来到合肥后，从"地利"条件上讲不如庐剧。但后来黄梅戏的发展及影响都超过了庐剧，原因可能就出现在"人和"上。20世纪五六十年代，政治运动特别多，有运动就要整人。在政治运动中，黄梅戏剧团在政策范围内，保护自己的业务人员。而庐剧团则比较"左"，常借政治运动整人。如靳怀刚、张嘉明、陈仲、王淼等许多人都受到过劳改劳教。我也曾受到过处分。1957年，我为靳怀刚抱打不平，结果被打成右派边缘，还作检讨。1959年，我被认为右倾思想严重，下放到阜阳农村劳动锻炼。当时，省里的领导对文艺事业非常重视，经常看我们的演出，因此对我们演员都比较熟悉。省委书记曾希圣见我长久不登台演出，问到同坐人员，得知因右倾下放，很不高兴，说："青年党员哪来的右倾？调回来，调回来!"省文化局副局长江枫在一些政治运动中，冒着生命危险在政策范围内保护了一些人，很受大家的热爱和尊重。但是，在"文革"中，他却以包庇"牛鬼蛇神"的罪名受到审查迫害，最终跳河自杀。在历次政治运动中，庐剧人才受到伤害太大，有的挨整被限制利用改造，有的则失望离去了。没了人才，一个剧种还怎么发展？

侯振宇

（安徽省庐剧团原团长）

庐剧团往事很多，好事、喜事、酸甜苦辣的事都有。我年龄大了，记忆力也比较差，事情做过了就忘了。我就讲一些我还记得的事情。

丁玉兰是安徽地方戏代表性人物，为庐剧做出了不可磨灭的贡献。她扮演的角色，在人民群众中，在各级领导中，都留下了深深的、美好的印象。现在，丁玉兰是80多岁的老人了,仍整日为庐剧事业而奔忙,把一生的心血都奉献给庐剧事业。

我作为一个庐剧爱好者,对丁老师非常敬佩,她许多精神激励着我,值得我学习。我首先预祝丁玉兰同志,也是我的亲密战友,继续为庐剧再创辉煌,为庐剧事业继续发展做出更大贡献。但也希望丁老师要爱惜自己的身体,不能过于操劳。

庐剧辉煌时期,深受安徽大江南北广大群众的喜爱。丁玉兰和孙邦栋是名演员,是剧团主要演员,但不管到哪个地方,从来不搞特殊化,与大家同吃、同住、同劳动。20世纪50年代,我们庐剧团到定远蒋集演出,下面黑压压一大批民工,我们演出了《休丁香》《借罗衣》《双丝带》《双锁柜》《玉簪记》等,群众看得喜笑颜开,第二天干活都带劲。有天晚上刮大风,挂在舞台口的三盏汽油灯被风吹灭了两盏,后来连最后一盏也被风吹灭了。我们说不演了,坐在江堤大坝上看戏的广大民工讲不行,最后民工硬是拿着手电筒,配合我们把那场戏演结束。群众的热情给我留下了深刻印象。庐剧是深受广大群众喜爱的、不愧为安徽地方戏的主要剧种,它是扎根于群众之中的。

丁老师、孙邦栋等当时深受广大群众喜欢。那时丁玉兰在安徽到处都有粉丝。20世纪60年代初,我们到芜湖演出《花绒记》,反串小生陈金榜,有A、B角。那时我们天天演出,有时一天演两三场,早上起来还要练功,还要教学员,很累,就安排A、B角轮流演。陈金榜的A角是丁玉兰,B角是王秀兰,年轻、漂亮。演出之前,我们到街头巷尾贴几张海报:"今天晚上安徽省庐剧团在百花剧场演出《花绒记》,主演孙邦栋、王秀兰。"那天晚上,正好江西省话剧团在不远的和平剧场演出《古城春秋》,我和丁玉兰就前去观摩学习。看到中途,剧团来人找我说:"剧场出事了,赶快回去吧。"我赶回去一看,剧场闹哄哄的,只听见有人喊:"下去,我们让丁玉兰上场。下去!"我只好上台安抚观众:"对不起,我们事先贴海报了,今天丁玉兰不演出。明天晚上丁玉兰演出。"但观众不买账,喊道:"不行,我们就要看丁玉兰演出。"我硬着头皮让王秀兰上台了,她刚唱了一句,台下又哄起来,"下去下去",一连搞了四次。我说:"丁玉兰在休息,没有化装。你们要等一个小时。""好,照,别说一个小时,几个小时都等。"我们演出平时一般 10 点就结束了,这场戏一直演到 12 点多,群众才肯离去。这反映了观众对庐剧、对丁老师的热爱。

当时庐剧不仅为广大群众所喜爱,一些干部领导也深爱庐剧。如张治中,安徽巢县人,爱国名将,国防委员会副主席,对家乡非常有感情,对庐剧非常热爱。1957 年庐剧很幸运受邀到北京演出,张治中特地来到招待所看望我们。后来又经他牵线,让我们到怀仁堂演出。开演之前,他来到后台,给我们加油鼓劲。他说:"今天晚上无论如何都要把戏演好。"张治中对演员特别关心,连演员的小名他都知道。王本银小名叫小庄锁,他对王本银说:"小庄锁,今天晚上不要慌,不要紧张,等会你们看,今天晚上多热闹咪。"张老这么一说,我们认为今天晚上肯定有重要人物来看。果然,当晚就是给毛主席、周总理等中央领导的专场演出。演出结束后,毛主席、周总理等上舞台与大家一一亲切握手,周总理还留在台上与我们交谈了 42 分钟。我们回到住处后,心情难平,非常激动,一夜未能睡着觉。1963 年,张治中到安徽视察,我们在稻香楼为他作了专场演出,并请他到省庐剧团视察。丁玉兰虽然是名演员,但工资也不高,孩子又多,生活比较困难,一家几口人就住在一楼的一间房子,床单、被子都破破烂烂的。领导觉得这让张老看到也不光彩啊。于是把别的演员的被子抱过来、花盆端过来,把房子稍微布置了一下。后来,在张治中帮助下,省里拨款 30 万,在现在百货大楼正对面的位置,盖了一栋四层的宿舍楼。

20 世纪五六十年代,庐剧经历了一段辉煌时期。这与政府的扶植与观众的支持是分不开的。那时,从来不用担心排练经费问题,且观众相当热情。大幕一开,台下的观众黑压压的一片,夏天没有空调,观众看得大汗淋漓都不肯离去。那时,我作为一名庐剧工作人员,感到非常骄傲和光荣。

"文革"中,庐剧受到冲击。我被打成"走资派",丁玉兰被戴上"三名三高"的帽子,被关进一个牛棚里,大门上写着"牛鬼蛇神屋",早上起来打扫厕所、打扫卫生、劳动、学习、写检查交代。

现在,由于多种文艺形式的出现,大家的娱乐方式也多了,庐剧的发展受到冲击,演出市场惨淡。在这种情况下,庐剧的发展,需要政府的扶持。我比较反对"唱响黄梅戏"的提法,戏曲是百花园子,要百花齐放,不能一花独放。庐剧唱腔丰富多彩,小生有小生调,老生有老生调,旦角有旦角调,老旦有老旦调,小丑有小丑调;有悲调,如二凉、寒腔;有喜调,如三七、花三七、小生三七。庐剧真假声结合,表现力非常丰富。丁老师字正腔圆,演唱起来声情并茂,她演的《观画》真是百看不厌,百听不烦。

丁玉兰过去是庐剧的领头人,现在是传承人,一直为传承庐剧默默奉献。前年,她腿不好,我们几个同事来看望她。结果,她与我们寒暄几句后,就把我们放在一边,与作曲者一起研究、讨论唱腔去了。她的这种忘我的精神,特别值得我们学习。我相信,有了政府的支持,有了丁玉兰等人的传承,庐剧是不会消亡的。

袁 帆
(庐剧迷)

我叫袁帆,今年 29 岁,是丁老师的忠实粉丝。我家是肥东的,小时候家乡唱戏多,随处都能听到戏,但听到专业演员演唱比较少。我奶奶是个戏迷,非常喜欢听丁老师唱的倒七戏。听她说丁老师唱的《借罗衣》非常赞,非常好听,但我一直没有机会听到。后来长大出来工作,有一次到合肥,在市场上偶然看到丁老师《借罗衣》碟片,就买回来看,感觉非常好听。我就慕名去寻找丁老师,经过多方打听,在合肥市老年大学找到了她。于是,我就报名参加了庐剧班,跟在丁老师后面学庐剧,一直学了 3 年。后来为了生计,我离开合肥到外地找工作去了,但心中总感觉对庐剧、对丁老师有许多不舍,所以打算来合肥开个面店铺,做包子卖,一边工作,一边学庐剧。我认为从学戏中可以学到很多东西,如为人处世等。丁老师对我非常照顾,我一人在合肥,遇到事情都会与她商量,她都会热情帮助。可以说,是庐剧的艺术魅力和丁老师的人格魅力又把我召到合肥来了。

许新生

（小学退休老师，合肥市老年大学庐剧班班长兼玉兰剧团副团长）

我以前喜欢听小倒戏。20世纪50年代，我上初二时，有一次我姐姐带我到合肥剧场看戏，正好是丁老师演的《机房教子》（庐剧《秦雪梅》的一个折子戏），我感觉非常好听，一下子就喜欢上了它。但后来一直没有机会接触庐剧。1998年，我从小学教师岗位退休，准备来老年大学报名学习书画。碰巧听说丁老师在老年大学教授庐剧，于是我就报了庐剧班。

丁老师的唱腔字正腔圆，表演声情并茂，能真实反映出剧中人物的内在感情，她的表演非常细腻。我看过其他剧种的表演，但感觉他们的表演都没有丁老师表演得那么细腻。如《机房教子》《叹十里》，丁香牵牛时，有转弯的地方，向左转时，要用右手推着牛屁股；向右转弯时，要用左手推着牛屁股走。像这种细微的地方，丁老师表演得特别细腻。

丁老师不仅艺术造诣很高，而且在传承庐剧中表现出的无私奉献精神，让我非常感动。为了传承庐剧，她组织成立了一个玉兰剧团，既当老师，又当导演。排戏时，丁老师是上午排、下午排、晚上排、周末排，根本不计较个人得失。有时排戏排到很晚了，她还自掏腰包请我们吃饭。到外面演出时，不管路程远近、天气好坏，丁老师都跟学员同吃同住，从不搞特殊化。有一次我们到大圩演出，住的地方条件艰苦，丁老师和大家一样，晚上就睡在用板子搭的床上。她是80多岁的老人了，我觉得这很不容易，也很受感动。能遇到这样一位德高望重、德艺双馨的好老师，我感到非常荣幸与自豪。

附录二

丁玉兰大事记

1931 年

农历八月十六,出生在安徽省肥东武集户村外婆家的一间鸭棚里,取名棚姐。

父亲杨永才,身有残疾,常年在梁园一带讨饭;母亲武子芳在家务农。

1932 年~1936 年

寄居在外婆家。四五岁时就帮助大人做些力所能及的活,如放牛、提水、烧饭、洗衣服、带小孩等。与同村的小二子、小马子、小侉子等伙伴一起玩耍,学唱山歌、秧歌、门歌。

1937 年

夏末,因生活所迫,全家来到梁园镇讨饭。

害眼疾,因无钱医治,导致左眼失明。

冬,梁园镇西菜园青菜、萝卜等蔬菜长势不好,一家人生活窘迫,重返回外婆家。

1938 年

春,在外婆家挨过春荒。

秋,荒年歉收,娘仨因生活所迫离家外出讨饭。父亲仍在梁园讨饭。

10月，父亲在梁园被日本鬼子杀害。

冬，跟随母亲走街串户讨饭。

1939 年

春，讨饭时，结识了唱倒七戏的丁家班。

春夏，跟着妈妈一起卖艺讨饭。

娘仨被丁家班收留。

10月，随丁家班来到含山粑粑店。丁家班生意清淡，陈家云建议让丁玉兰登台演出，并负责教授。丁玉兰首次登台演出，第一个戏是《雷打张继宝》，很受欢迎。

母亲武子芳在陈家云的撮合下，与丁家班班主丁有和拢家。

1940 年

年初，丁家班在含山县城唱戏，戏台后面一家失火，驻守镇上的伪军说是丁家班带了马虎子（新四军）来放火，把戏班子的10余人全部捆走。后由伪军营长太太出面，才将丁家班的人释放。但丁家班从此被赶出含山县城。

农历十月，丁家班在秦集演出，遭到恶霸谢二鹏的刁难。丁家班散班回乡。

年底，跟随继父丁有和回到肥东老家——尼度庵。

1941 年

年初，回武集户看望外婆。大舅因得知母亲改嫁，丁玉兰唱倒七戏，觉得丢人现眼，与武姓族长密谋严惩母亲。在小老舅帮助下，娘仨连夜逃跑。

丁有和重聚人马外出演戏。

秋，与弟弟同台演出的第一个戏是《莲花庵出家》。

冬，启蒙师傅陈家云病逝。班主丁有和被国民党兵打伤，丁家班遭遇困境，被迫停演。

1942 年

一开春,丁家班重新聚合人员,外出演戏。

夏,得伤寒,差点丧命。

由于无人教戏,只好在戏班"偷戏"。

1943 年

春,在梁园镇中山纪念堂,丁家班与费家班合班演出,既演倒七戏,又演京剧,轰动了梁园镇三街六巷的居民和四周农民看客。由于京剧和倒七戏合班演出,倒七戏吸收了京剧的一些程式化动作,如车回门、拉架子、坐公堂等。

秋,正式拜著名京剧演员郭士龙为师。

1944 年

春,丁家班在柘皋一带演出,遇到新四军。新四军邀请丁家班随部队作阵地宣传,演出《吴汉杀妻》等戏。

开始在丁家班担任重头戏,成为皖中一带最受欢迎的女主角。

1945 年

抗日战争结束,但国民党政府仍不允许倒七戏进入较大城镇演出,戏班子仍在皖中一代农村流动演出,过着漂泊不定的生活。

1946 年

长成标致出众的大姑娘,经常遭到地痞流氓的骚扰。是年秋,在含山县演出,棚姐被国民党一个连长看上,想强行纳为妾,后在好心房东帮助下,逃离虎口。

1947 年

秋,在草庙集演出时,遇到初恋王文富。

1948 年

年初,在父母包办下,被迫与丁有和的外甥傅昌盛成亲。

是年冬,第一个孩子夭折。收养大女儿小贵英。

1949 年

9 月,应邀加入合肥平民剧社,逐渐成为剧社主要演员。

正式起名丁玉兰,演出《观画》大获成功,在合肥一夜走红。

1950 年

2 月,二儿子傅成道出生。

1951 年

6 月,平民剧社改为国营,继续在该社担任主演。

是年,三儿子傅成新出生。

1952 年

年初,在省广播电台第一次录音《观画》。

平民剧社改名为皖北地方戏实验剧场,成为安徽省第一个国营地方戏曲剧团。国家派来专职艺术领导,调来一批新文艺工作者。新老艺人团结协作,共同提高倒七戏的艺术质量。

6 月,赴上海观摩学习新戏《梁山伯与祝英台》。

7 月,参加省艺训班学习。

倒七戏《梁山伯与祝英台》大获成功,开辟了倒七戏发展的新局面,对全省戏剧改革工作起了推动作用。

加入中国戏剧工作者协会(次年,该协会改名为中国戏剧家协会)。

是年,四儿子傅成明出生。

1953 年

春,饰演《宝莲灯》中的三圣母,是从演草台戏到剧本戏转型成功的第一部戏。

主演《小女婿》《擦亮眼睛》等现代戏。

苦学文化,苦练功夫。

是年,加入安徽省文联。

1954 年

4 月,排演《借罗衣》,饰演女主角二嫂子。

7 月,当选为合肥市第一届人大代表。

10 月,参加华东区第一届戏曲会演,演出《借罗衣》,获得演员一等奖。

12 月,出席安徽省第一届文学艺术工作者代表大会。

1955 年

7 月 1 日,经安徽省人民政府批准,倒七戏定名为庐剧。

排演《玉簪记》,饰演女主角陈妙常。

被评为"安徽省青年积极分子"。

跟随安徽省庐剧团在全省进行巡回演出。

1956 年

参加安徽省第一届戏曲会演大会,演出《双丝带》,扮演侯美容,获得演员一等奖。

出席安徽省社会主义建设积极分子代表大会,被评为"安徽省社会主义建设积极分子"。

8 月 28 日,在《安徽文化报》发表《对庐剧唱腔的两点意见》。

10 月,当选合肥市第二届人大代表。

是年,小女儿傅晓梅出生。

1957 年

4 月,参加安徽省地方戏赴京汇报演出团,演出《休丁香》《借罗衣》,受到首都艺术界的重视。

4 月 30 日,受周恩来总理邀请,参加国宴。

5 月 1 日,应邀参加五一劳动节天安门观礼。

5 月 6 日晚 ,在怀仁堂为毛主席、周恩来、朱德、刘少奇等中央领导作专场演出。

5 月 12 日,正式加入中国共产党。

7 月 4 日,在《合肥日报》发表《我们不演毒戏》。

8 月 11 日,与严凤英等一同投书《安徽日报》,响应梅兰芳等不演坏戏的主张。

8 月 18 日至 27 日,在《合肥日报》连续发表《进京汇报演出散记》。

8 月 20 日,在《安徽文化报》发表《驳斥右派分子的谬论》。

8 月 22 日,在《安徽日报》发表《我们永远跟着共产党》。

是年,在《安徽文化报》发表《粉碎右派进攻　省庐剧团欣欣向荣》。

1958 年

1 月 5 日,在江淮大戏院为周恩来总理演出《秦雪梅观画》。

1 月 10 日,在《合肥日报》发表《把毒草连根拔掉!》。

6 月,当选为合肥市第三届人大代表。

7 月 25 日,在《安徽日报》发表《下乡下厂演出感想》。

8 月,排演《牛郎织女笑开颜》,参加安徽省第二届戏曲会演。

9 月 18 日,与王本银等在稻香楼为毛泽东主席演出《讨学钱》《借罗衣》《牛郎织女笑开颜》。

9 月,出席安徽省直机关社会主义积极分子代表大会,并获得奖章。

是年,主演《借罗衣》,由安徽电影制片厂和上海江南电影制片厂联合拍摄搬上银幕。

是年,被选为安徽省文联委员。

1959 年

9 月 27 日,在《安徽日报》发表《从苦海到天堂》。

在《花绒记》中,反串小生陈金榜。

10 月,在省委礼堂为朱德委员长演出《双锁柜》。

是年,上山下乡巡回演出,跑遍了马鞍山、和县、铜陵、舒城、当涂、芜湖、寿县、霍邱、六安、繁昌、滁县、明光、淮南、肥东、肥西及南京等地。

1960 年

春,赴福建前线慰问演出。

7 月至 8 月,参加中国文学艺术工作者第三次代表大会。

9 月,被安徽省艺术学院(省艺校)聘为兼职教师,主讲唱腔、表演艺术。

是年,收余华春、王秀兰、赵从芝为徒。

1961 年

8 月 17 日,在《安徽日报》发表《也是庐剧"再生记"》。

赴淠史杭工地慰问演出。

当选为合肥市第四届人大代表。

1962 年

春,与王本银、孙邦栋等省庐剧团主要演员,在省文化局"挖掘传统、抢救传统"指示下,对旧本《秦雪梅》进行整理疏通,剔除封建迷信、鬼神、色情等荒诞不经的糟粕与毒素,重新设计唱腔,形成新庐剧《秦雪梅》。

主演修改整理后的《秦雪梅》,在合肥连演三个月,场场爆满。

6月,与王本银等六位著名演员,联名在报刊上发表《又红又专》倡议。

秋,生病住院。将自己的感受写成《病中》一文,发表在《安徽日报》副刊上。

参与挖掘并整理传统剧目。

1963 年

初夏,为前来安徽视察工作的国防委员会副主席张治中演出《双锁柜》,并与剧团同事王鹏飞一起邀请张治中来省庐剧团视察,请他帮助解决庐剧团宿舍、排演场所的问题。

12月7日,在《安徽日报》发表《下乡演出归来》。

1964 年

任省政协第三届委员会委员。

省庐剧团掀起大演现代戏热潮。出演了《千万不要忘记》《血泪荡》《江姐》《刘胡兰》《金沙江畔》《鸡毛飞上天》多部现代戏,塑造了新时代各种不同类型的人物形象。

1965 年

在金寨山区参加文化工作队。

1967 年~1969 年

遭批斗、关牛棚,靠边站。

1971 年~1975 年

在合肥市庐剧团当教师,教授庐剧并带学员下乡演出和体验生活。

1976 年

排演《红霞万朵》。这是"文革"后第一次登台演出,饰演一个仅有四句唱腔的群众角色。

复排演出《借罗衣》。

1977 年

演出现代戏《江姐》,饰演江姐的 B 角。

1978 年

5 月,出席安徽省文艺工作者会议。

被选为中国剧协安徽分会理事。

10 月,演出《秦香莲》,连演一百三十余场。

加入安徽省政协第八届委员会。

1979 年

10 月,参加全国第四次文代会。

以"文代会的归来"为题,在安徽省电台作广播讲话。

重新整理演出《秦雪梅》。

年底,带队下乡巡回演出。一直到 1985 年,足迹遍及皖东、皖南、合肥地区等十多个县、市的广大地区,所到之处普遍受到热烈欢迎。

1980 年

1 月,当选合肥市第八届人大常委会常委。

出席合肥市首届文代会。

是年,其事迹和艺术成就被收入《中国艺术家辞典》一书。

1981 年

任合肥市庐剧团副团长。

出席市"先代会",被评为"合肥市先进工作者"。

中国音协副主席贺绿汀来合肥,在稻香楼专门录了丁玉兰的《秦雪梅观画》《借罗衣》《点大麦》唱腔。

整理改编并主演《小辞店》。

加入合肥市文联,任剧协副主席。

收凌艳惠、张国英、彭泽南为徒。

1982 年

参加并辅导全市青年演员汇报演出,并担任会演评委。

主演《秦香莲》第八场,即《铡美案》。此剧被拍成纪录片,作为日本久留米市文化交流作品。

1983 年

3 月,当选政协安徽省第五届委员会委员。

7 月,当选合肥市人大常委会第九届常委。

任合肥市庐剧团名誉团长。

1984 年

参加合肥市首届戏曲节。

1985 年

赴上海拍摄戏曲艺术电视剧《双锁柜》(上、下集),主演于翠岚。

《丁玉兰演唱专辑》《双锁柜》盒式磁带出版发行(黄山音像公司出版发行)。

被评为省政协积极分子。

出席合肥市各级政协委员为四化建设服务第二次经验交流会,获得先进个人称号。

协助定远县炉桥庐剧团演出《认母》,由安徽电视台拍摄曲艺片。

1986 年

录制《秦雪梅》(上、下集)、《休丁香》(上、下集)、《借罗衣》、《小辞店》盒式磁带(海威特音像有限公司录制出版)。

录制《秦香莲》(上、下集)、《点大麦》、《张太和休妻》盒式磁带(中国录音录像公司出版,安徽制片中心录制发行)。

1987 年

是年,其事迹和艺术成就被收入《华夏妇女名人大辞典》一书。

1988 年

12 月,被评为国家一级演员。

是年,其事迹和艺术成就被收入《当代中国名人录》一书。

1989 年

获省劳动模范称号。

12 月,传记文学《丁玉兰》出版发行。此书是著名作家完颜海瑞根据丁玉兰的生平事迹写成的。

1990 年

4 月,参加省文联组织召开的京剧表演艺术家李慧娘座谈会。会上发言并表示:作为一名年过半百的人,要抓紧做好对庐剧青年一代的传、帮、带工作,使庐剧事业兴旺发达。

5 月,给长丰县庐剧团演员李秀红在表演和唱腔上进行辅导,经过辅导,该演员在"华东18地区地方戏曲竞赛"比赛中获得二等奖。

7月,由合肥市文化局主办的合肥地区中青年演员大奖赛进行,担任评委。其间,亲赴肥东、肥西、长丰及合肥市庐剧团,对参加比赛的剧目,如《秦雪梅观画》《休丁香》等,作专门讲话,并对每位担任角色的演员,在表演、身段上做具体辅导。

8月,根据莎士比亚《威尼斯商人》改编的庐剧新剧目《奇债情缘》准备赴京参加第二届中国戏剧节比赛,关门弟子张国英担任女主角鲍惜霞,丁玉兰非常关注,天天到排练场给予辅导。

10月,安徽省举行张治中先生100周年诞辰纪念活动。在稻香楼宾馆,为从台湾归来的张治中先生的儿子张一真及其亲属,中央、省市领导,登台演出庐剧《借罗衣》。演出后,受到中央、省直领导人洪学智、卢荣景等人的亲切接见。

11月,合肥小戏院正式开业。

1991 年

9月,被合肥市文化局评为文化系统先进个人。

是年,安徽洪水泛滥,积极投入抗洪救灾斗争中,被省文化局评为"抗洪救灾积极分子"。

1992 年

4月,被合肥市文化局评为"文化系统先进工作者"。

是年,其事迹和艺术成就被收入《中外文学艺术名人肖像》。

1993 年

享受国务院颁发的政府特殊津贴。

从合肥市庐剧团正式退休。

返聘担任省艺校庐剧班老师,一直带到1997年学生毕业。

是年,其事迹和艺术成就被收入《中国大文化英才传略会典》。

1994 年

6 月,其生平事迹被收入《中国当代文艺名人辞典》。

被合肥市文化局评为"文化系统先进工作者"。

1995 年~1996 年

筹备电视剧《梅姐》。这是以丁玉兰为原型的六集电视连续剧。

1996 年

3 月,获文化部教育司颁发的"全国中等艺术学校戏曲教育大赛"唱腔赛华东地区"园丁奖"。

1997 年

9 月,丈夫傅昌盛去世。

省艺校毕业生分配到合肥市庐剧团,丁玉兰继续在市庐剧团辅导他们。

2002 年

受邀到合肥市老年大学教授庐剧。

2003 年

6 月,被授予安徽省劳动模范、合肥市劳动模范称号。

11 月,合肥市庐剧团改名为合肥市庐剧院。

是年,其事迹和艺术成就被收入《中国戏剧家大辞典》。

2004 年

组织成立玉兰庐剧表演团。

2006 年

6 月,庐剧被国务院批准列入"首批国家级非物质文化遗产名录"。

2007 年

荣获"中华杰出爱国英才"称号。

10 月 1 日,被中国中外名人文化研究会、中华两岸三地专家企业家联合会等评为"中华杰出贡献爱国人士"。

获中韩国际青少年文化艺术节"优秀辅导老师奖"。

是年,其生平事迹被收录入《世界名人录》。

2008 年

玉兰庐剧团学员沈时英参加第五届中韩文化艺术节,演唱《秦雪梅观画》,获得一等奖,丁玉兰被评为先进指导老师。

在国际青少年赴日交流展示活动中,获"优秀辅导老师奖"。

2009 年

5 月,获得"共和国优秀儿女"称号。

荣获合肥市功勋母亲奖。

被授予国家非物质文化遗产传承人。

6 月,省艺校学生吴婷表演《秦雪梅观画》,获得中央文化部颁发的全国参赛二等奖,丁玉兰获得"园丁奖"。

9 月,由合肥市文广新局主办,合肥庐剧院担纲演出的"丁玉兰舞台艺术七十周年暨庐剧演唱会"在合肥市长江剧院上演。省、市有关领导参加,中国文联、中国剧协、国家非物质文化遗产办公室发来贺电、贺信。省委常委、宣传部相关领导发来贺信,向合肥庐剧院及丁玉兰表示热烈祝贺。

10 月,被誉为"2009 共和国脊梁年度人物"。

2011 年

9 月,肥东县被定为"庐剧之乡"。

10 月,肥东县举办"庐剧回娘家"活动,安徽省首届"丁玉兰杯"庐剧演唱大赛同时举行。

2012 年

12 月 8 日,庆祝合肥市老年大学玉兰庐剧艺术团成立和丁玉兰教学 10 周年汇报展演举办,演出《茶山新歌》《借罗衣》《梁山伯与祝英台》《讨学钱》《江姐》《王三姐抛彩球》《秦雪梅》等节目。

2013 年

被聘为第二届安徽省庐剧研究会顾问,指导庐剧研究工作。

被蜀山区老年大学评为优秀教师。

与杨文英为蜀山区老年大学加工、排演庐剧《三媳争婆》,获大赛特等奖(该剧原导演为荣会娟)。

2014 年

在中国老年保健学会"十佳老人"评选活动中,被评为"好学老人"。

在合肥市老年大学、蜀山区老年大学、庐阳老年大学,均被评为优秀教师。

2015 年

6 月 6 日,接受新加坡《联合早报》记者采访,谈庐剧的现状及发展对策等问题。

导演新编庐剧《庆寿》。此剧以丁玉兰父亲在梁园镇被日本鬼子杀害为素材,控诉日寇滔天罪行。由王鹏飞编写剧本,丁玉兰导演、设计唱腔,吴老师记谱。

六安著名庐剧表演艺术家武克英、叶金萍带领两位学生,特地来到合肥向丁玉兰学习《借罗衣》，丁玉兰给予热情指导。

在 2015 安徽省德艺双馨艺术家评选中，荣获"德艺双馨终身成就奖"。

2016 年

1 月，被聘为中国艺术家协会安徽省名誉主席。

5 月，率玉兰庐剧团赴北京参加由中国广播电视协会、中国文化管理协会、韩国光州广域市政府共同举办的"歌舞中国——2016 年全国少数民族电视歌舞展演暨大型赴韩集体舞台合唱演出选拔活动"。参加这次竞赛的共有 36 个单位，竞赛范围广、难度大、要求严、竞争力强，玉兰庐剧团在总决赛中表演的《茶山新歌》荣获舞蹈组银奖和优秀组织机构奖，丁玉兰获优秀指导老师奖。

7 月，率玉兰庐剧团赴香港参加演出。

是年，入选 2016 年度国家"名家传戏——当代戏曲名家收徒传艺"工程，安徽仅四人入选。

2017 年

4 月 26 日，在省黄梅剧院剧场为国家非遗专场演出《小辞店》。

丁玉兰演出剧目

丁玉兰在几十年的演艺生涯中,既主演过《小辞店》等传统戏,又主演过《江姐》等现代戏;既能扮演她所擅长的青衣、花旦,又能反串小生。她塑造了许多经典的艺术形象,如《借罗衣》里爱慕虚荣的二嫂子,《观画》中的大家闺秀秦雪梅,《休丁香》中心地善良的郭丁香等。无论是村姑还是大家闺秀,无论是青衣还是花旦,她都表演得出神入化、活灵活现。

丁玉兰自8岁登台演出,参演的剧目大概有一百五十出,由其主演的现在能数得出来的亦有一百三十余出,其中犹以《借罗衣》《小辞店》《休丁香》《秦雪梅》《秦香莲》《双丝带》《双锁柜》等最为拿手,或被录制成唱片、磁带,或被拍成电影、电视剧,有的甚至被拍成新闻纪录片,带到国外放映。

为了更完整地了解丁玉兰的演艺生涯,现将她演出的剧目、扮演的角色,都一一记录下来。

《雷打张继宝》(张继宝)

《皮氏女三告》(公主)

《秦雪梅》(丫鬟爱玉、秦雪梅)

《看相》(刘翠英)

《乌龙院》(阎婆惜)

《白灯记》(小艾)

《乌江渡》(苏月英)

《莲花庵出家》(女主角季氏)

《寡妇上坟》(商琳,秦雪梅)

《荒草山扫雪》(曹玉姐)

《薛世荣上京》(周桂英)

《卖花记》(张秀英)

《荷花记》(金凤英)

《孙自高卖水》(赵兰英)

《合同记》(又名《王清明招亲》),(王素珍)

《珍珠塔》(小姐陈翠娥)

《点大麦》(翟妻)

《蓝桥担水》(兰玉莲)

《抹纸牌》(女主角)

《荞麦记》(三小姐)

《武家坡》(王宝钏)

《四郎探母》(公主)

《桑园会》(秋胡妻罗敷)

《秦雪梅观画》(秦雪梅)

《天河配》(织女)

《小放牛》(村姑)

《小辞店》(店大姐)

《闯帘》(祝英台)

《二隔帘》(王兰英)

《王婆骂鸡》(王婆)

《郭华卖胭脂》(王月英)

《吴汉杀妻》(吴汉妻)

《薛仁贵征东》(外国公主)

《薛平贵征西》(王宝钏)

《休丁香》(丁香)

《杀子报》(女主角)

《陈杏元和蕃》(陈杏元)

《白玉楼》(白玉楼)

《白玉带》(山寨主陆翠屏)

《秦香莲》(秦香莲)

《赵五娘上京》(赵五娘)

《孟姜女》(孟姜女)

《双蝴蝶》(金蝴蝶)

《白蛇传》(未改本的白素贞)

《大劈棺》(女主角田氏)

《反情》(张阿英)

《红灯记》(周桂英)

《乌金记》(程氏)

《金镯玉环记》(妹妹桂莲)

《梁祝》(未改本的祝英台)

《双怕妻》(张妻)

《劝赌》(女主角)

《扒沙》(女主角)

《南天门》(小姐)

《赵月娥思春》(赵月娥)

《打补缸》(王大娘)

《打桃花》(桃花)

《马前泼水》(崔氏)

《吃大烟》(女主角)

《放风筝》(女主角)

《放鹦歌》(女主角)

《余老四拜年》(张阿英)

《拦马》(杨八姐)

《余老四反情》(张二女)

《打灶》(三春女)

《大宋金球记》(公主)

《恨大脚》(大脚女)

《对药》(店长女)

《八贤王》(女主角)

《阴阳配》(王贵英)

《卖洋纱》(蔡大姐)

《打长工》(东家女)

《十把穿金扇》(女主角)

《站花墙》(王美蓉)

《送香茶》(陈秀英)

《王小赶脚》(女主角)

《血汗衫》(尹氏)

《四老爷打面缸》(周腊梅)

《玉蜻蜓》(张氏)

《赵匡胤送金娘》(金婉)

《余王认母》(母亲)

《蜜蜂记》(小姑娘)

《王小过年》(王小妻)

《郑小娇》(小娇)

《双包公》(包公妻)

《十八摸》(小姑娘)

《三看御妹》(刘金定)

《三不愿意》(大小姐崔秀英)

《杨青卖妹》(小妹)

《曹瞎闯店》(女主角)

《活捉张三郎》(阎婆惜)

《闯山》(武花旦董金莲)

《香罗帕》(赵蕊芝)

《钓蛙》(姑子)

《五女拜寿》(小女儿)

《天仙配》(七姐)

《打补丁》(寡妇)

《杨八姐闯幽州》(杨八姐)

《朱洪武放马》(小姐)

《乾隆皇帝游苏州》(正宫娘娘)

《双珠凤》(霍府小姐霍定金)

《采茶》(姑子)

《捣松》(张四姐)

《闹花灯》(兰花)

《瞎子下山》(店奶奶)

《桃花搭渡》(婢女桃花)

《劝小姑》(嫂子)

《张太和休妻》(妻子何氏)

《麻疯女》(麻疯女)

《三世仇》(女主角)

《血泪荡》(女主角)

《小女婿》(杨香草)

《借罗衣》(二嫂子)

《孟丽君》(孟丽君)

《三请樊梨花》(樊梨花)

《宝莲灯》(三圣母)

《玉簪记》(陈妙常)

《双丝带》(侯美容)

《牛郎织女笑开颜》(织女)

《花绒记》(陈金榜)

《双锁柜》(于翠岚)

《妇女代表》(嫂子)

《擦亮眼睛》(中年女性)

《王杰》(女民兵)

《学雷锋》(女战士)

《歌颂好八连》(女民兵)

《李华英》(嫂子)

《状元与乞丐》(柳氏)

《夺印》(中年妇女)

《金沙江畔》(土司)

《幸福的人》(工人媳妇)

《姊妹易嫁》(妹妹素梅)

《鸡毛飞上天》(党支部书记)

《千万不要忘记》(支部书记)

《红霞万朵》(三婶)

《江姐》(江雪琴)

《龙马精神》(嫂子)

《战斗青春》(革命母亲)

《刘胡兰》(寡妇)

"庐剧皇后"丁玉兰

后　记

本书的倡议者是陆勤毅、侯露、裴章传和我。2014年春,我们4人联名向合肥市人民政府并吴春梅副市长提交了一份建议信,建议为著名庐剧艺术家丁玉兰撰写一部传记类图书。

中共合肥市委、市人民政府历来十分重视合肥文化事业的发展,对丁玉兰这样一位地方文化艺术的标志性人物更是倍加关注。很快,吴副市长代表合肥市人民政府批示同意为丁玉兰著书,并给予课题资助。

如何真实、准确地再现丁玉兰的庐剧人生?在与丁玉兰反复讨论、商议后,我们一致认为,从历史学的视角、以口述的方法,采写和整理丁玉兰80多年来的所见所闻、所想所言。《我的庐剧人生——丁玉兰口述史》就是这样一部如实记录丁玉兰艺术人生的著述。

历史学视域下的口述史著述,没有完备的标准和系统的理论框架,但是,口述史不是文学创作,不是"演义""戏说",也不是道听途说。口述史的基本要素是真实。口述者(当事人)对自己亲身经历而非传闻的事实事实说,采写者、整理者对口述者的叙述如实记录,不必做任何情感的渲染。口述者实实在在地"叙事",采写者、整理者原原本本地记录、整理,"情"和"理"自在其中了。同时,口述史的采写、整理不仅仅是做记录和看似简单的文案,而是基于历史学思维下的研究工作,倘若采写、整理者缺乏对当事人所处时代、社会背景的了解和深切思考,记录与采写就不会有"筋骨","口述"也难觅历史感。可以说,历史学研究的功底直接影响着口述史著述的质量。

本书的采写、整理者段金萍是安徽省社会科学院的青年学者,曾参与撰写《安徽通史·新中国卷》《中国历史读本》和《合肥通史·当代卷(1949-2011)》等。从2016年3月开始,段金萍对丁玉兰连续采访近一个月的时间,而后,又花费数月,对采访记录进行整理、排列、归纳,并参考相关的资料,核对、订正相关内容,吸纳审读者提出的建议,又补充采访丁玉兰,于2016年底完成了丁玉兰口述史的采访、整理工作。

为使这本口述史更能透射出历史的光影,采写、整理者还将口述者的历史背景按口述者的经历,分时期地给予简介,便于读者对各个历史时期有个大致的了解。此种写法在口述史著述中十分鲜见,或许是一种尝试和创新吧!

陆勤毅教授和我先后审读了初稿,并提出了建议和意见。口述者丁玉兰和采写整理者段金萍吸收了这些意见,再度给予补充、整理。

安徽省社会科学院和安徽省政府参事室(文史馆)对本书的采写、整理和出版给予了支持。合肥市人民政府副市长吴春梅自始至终关心、支持这项工作。安徽文艺出版社社长朱寒冬、编辑胡莉为本书出版辛勤劳作!合肥市庐阳区民政局退休干部杨杰是本书的联络员,为口述者与采写整理者之间的沟通,不辞辛苦。还有更多的庐剧爱好者和丁玉兰的"粉丝们"也都积极支持,翘首以盼本书出版。在此,谨向所有为本书编写出版做出贡献的同志们、朋友们表示由衷的感谢!

沈葵

2017 年 11 月